JN290197

超図解
ケースで学ぶ
MBA
マーケティング

BB&B社編
河井年夫 著
長山浩章

シグマベイスキャピタル

まえがき

　MBA におけるマーケティングの位置付けとは何か。

　ビジネスの一般的な流れは，お金を使って商品・サービスを開発し，マーケットに販売したものに対し，対価であるお金を得るという過程である。

　ここでは，以下の通り大きな課題が3つある。

① 如何に商品・サービスが売れる仕組みを作るかについての検討
② ビジネスの経済評価
③ ビジネス活動を行う組織体の活動についての検討

　①を扱うのがマーケティング，②はアカウンティング・ファイナンス，③はマネジメントの守備範囲である。これらは米国 MBA のコア科目に相当するもので，一通り概観することにより，ビジネスを多角的に捉えることができる。ビジネス活動を支える，車の両輪ならぬ「車の4輪」としてその優劣はないが，とにかく物が売れないことには何も始まらないという観点から，本書を上梓させていただいた。

　そもそも MBA 体系を学ぶ必要性はどこにあるのか。

　日本においては，船場の呉服問屋から高度成長期においてさえ，ビジネスの方向性は単純で，経験と勘によるビジネスが可能であった。今やマーケティングの最先端を行くビール業界も，スーパードライが世に現れる1987年頃までは職人気質のビール生産と，自分を売り込む式の営業が展開されていた。しかし，このスーパードライが競争激化を引き起こし，各社が一気にマーケティング活動を加速度化していったのである。

　上海での株安が瞬く間に全世界に波及し，世界の人々が固唾を呑みながら株

価を見つめる。これに象徴される様に，ビジネスは日増しにワールドワイドになり，この流れに巻き込まれることを余儀なくされる。グローバリゼーションにより，世界共通のビジネスの常識となりつつあるMBA的言語を身に付ける必要が生じている。例えば中国のリーダーは，米国MBAなどに学び科学的なマネジメントの下，ビジネスを展開している。この様な中，MBA的な知識，考え方は共通言語としてのビジネスの常識になりつつあるのである。

　中国人の交渉相手が次の様な質問・議論をしてきたらどうするか。

● ROEはどれ位か。
● それはサンクコストと考えることができるのではないか。
● お宅の製品の中国でのポジショニングはどのようなものか。
● 御社が得意とする「カンバン方式」「見える化」も含めてコスト戦略の全体像を出してもらいたい。

　やはり議論をする前提として，一通りの基礎は身に付けておく必要があろう。
　しかし，この様な常識的知識も，多くの人はその習得に多くの時間，コストをかけることは出来ない。MBA留学は，時間とコストが法外で，一般には対象外と言える。幸い，近年簡潔・明瞭にまとまったMBA本が数多く出版され，それらは一読に値するものである。しかし，文章で表現された書籍は，全体構造を把握するのがそれほど容易でなく，全体を鳥瞰的に捉えた理解に至るのにそれなりの時間がかかる。早い理解を意図した「MBA図解本」的なものも出版されているが，この類の本は，基本学習を終了した人のまとめには適切であるとしても，入門者にとっては，その図解が示す結論に至った論理の流れがわからないと，かえって分りずらいものである。
　この様な現状を鑑み，真に分り易く本格的な学習ができる教材を開発すべきである，との理念の下企画されたのが，本書「超図解　ケースで学ぶMBAマーケティング」である。口語タッチの解説と図解をセットにし，短時間でMBAの本質を身に付けることを目的としている。

基礎編に用いた図表の多くは，BB&B社e-ラーニング教材「スーパーCGMBAシリーズ」の動画を静止画化したものである。スーパーCGシリーズでは，図を分解し動画化することにより，MBAに関する多くの説やケースの動画化を図り，フラッシュ化した動画とナレーションによりレクチャーを展開している（http://www.ebbb.us参照）。なお，いくつかはこの書籍のために独自開発した図表もある。

　本書には図解以外に，全編が一つのストーリーとして流れていること，ケースが豊富であるという特徴がある。

　ストーリー性を出すため，同一人が記述し，各章にまたがり一貫性のある話の展開を目指した。例えばビールの開発ストーリーをある章で歴史的に俯瞰し，他章にて分析を加えるといった展開である。応用編は本書の特別編として準備したが，MBA仲間であり，これまで多くのマーケティングリサーチや企業コンサルティングの経験を有される三菱総合研究所の長山主任研究員（現在㈶地球環境戦略研究機関に出向中）にお願いした。

　ケースは，基礎編ではマーケティングの最先端を行くビール・飲料を中心に，豊富な事例を実際に各社にインタビューすることにより作成した。応用編では，ケースそのものを深く記述する内容となっている。ここでは，とりわけ対象企業への深いインタビューに基づいている。

　概要としては，基礎編では，テキストとして位置付けから各章を平均的な分量で解説している。また，論理の明確性を保つため，【分析→計画→実行→コントロール】というストラテジックマネジメントのフレームワークの中で各論を展開した。実際のMBAでは，これらを平均的に学習するというより，どちらかというと，分析と計画に重点が置かれる。これは，環境分析・資源分析・戦略・価格・ポジショニングといった項目に該当する。

　視点を変えると，マーケティングは売れる商品（品質，価格）開発の方法とその売り方の2点に尽きると思われるが，品質や価格は，マーケティングの力だけではどうしようもないという面があり，技術的なサポート，現場のコストダウンの賜物でもある。これに対して，売り方の前提としての，【商品をどう

伝えるか】というポジショニングの考え方は，マーケティングの専属事項である。また，現実にポジショニングの巧拙が売上やブランド形成に大きな影響を与えることから，基礎編ではポジショニングを特に丁寧に論じている。

　応用編のマーケティングリサーチでは，統計学などに基づく専門的な見地から解説を加えられている。また，マーケティング先進企業のケースを一気通過的にとらえ，現場の生々しい開発ストーリーが記述されている。

　最後に，編集にあたりお世話になったシグマベイスキャピタルの清水正俊社長，出版制作部相良有紀氏，インタビューに対応していただいた各企業の方々，本書の共著者として応用編をご執筆いただいた長山様に深く感謝申し上げる次第である。

2007年4月
河井年夫

目　次

まえがき　　1

基礎編

第1章　マーケティングとは何か　10
1．マーケティングの基本的な考え方　10
2．マーケティングマネジメント　11
3．マーケティングに対する考え方の歴史的変遷　13
4．マーケティングコンセプトとセリングコンセプトの比較　13
5．ビール産業に見られるマーケティングの歴史　15
6．マーケッターを取り囲む環境　18
7．テクノロジーとマーケティング　19

第2章　プランニング　23
1．プランニングの全体像　23
2．ストラテジックプランニング　25
3．ストラテジー　32

第3章　分析　47
1．分析の全体像　50
2．マクロ環境分析　50
3．マーケット分析　54
4．内部環境分析　60

5．競合分析　　　　63

第4章　マーケティング戦略　69
 1．マーケットリーダーの戦略　　69
 2．チャレンジャーの戦略　　73
 3．フォロアーの戦略　　76
 4．ニッチャーの戦略　　78

第5章　ターゲットマーケットセグメンテーション　80
 1．セグメンテーションとは何か　　80
 2．セグメンテーションの必要性　　84
 3．セグメンテーションの方法　　85
 4．マーケットターゲティング　　88

第6章　ポジショニング　91
 1．ポジショニングの位置付け　　91
 2．Ries & Trout のポジショニング　　91
 3．Ries & Trout のポジショニングの変遷　　99
 4．今考えられるポジショニングのテクニック　　103
 5．ケース分析　　104
 6．ポジショニングクライム　　113
 7．ポジショニングから差別化へ　　113

第7章　価格　115
 1．価格決定の基本原則　　117
 2．価格の特殊性　　120
 3．価格目的　　121
 4．需要曲線の把握　　122

5．コスト構造の把握　　　126

　　6．様々な価格決定の方法論　　　129

第8章　チャンネル　　136

　　1．チャンネルの意義　　　136

　　2．チャンネルデザインの概要　　　137

　　3．1st STEP　チャンネルの種類の選択　　　140

　　4．2nd STEP　各チャンネルにおける数の選択　　　144

　　5．3rd STEP　自社関与の程度の決定　　　146

　　6．4th STEP　チャンネルデザインの決定　　　148

　　7．リテーラー　　　148

　　8．ホールセラー　　　155

　　9．ロジスティックス　　　156

第9章　コミュニケーション　　165

　　1．コミュニケーションの手段　　　165

　　2．コミュニケーションにおける情報伝達のプロセス　　　169

　　3．コミュニケーションプランニング　　　173

第10章　コントロール　　188

　　1．数値によるコントロール　　　188

　　2．総合的なコントロール　　　192

応用編

第1章　マーケティングにおける最新のトピック　　200

　　1．マーケティングにおける重点の変化　　　200

　　2．最近の注目トピック　　　202

第2章 ケース分析　205
　1．P&G社のファブリーズ—消費者理解に基づくマーケティング　205
　2．キリンビール社の「のどごし〈生〉」にみるマーケティング戦略　210

第3章 マーケティングリサーチ実務　223
　1．マーケットリサーチの手順　223
　2．マーケティングリサーチにおける数量的な手法　227
　3．コンジョイント分析　229
　4．マーケティングリサーチにおける注意　233

出典　235
索引　237

基礎編

第1章　マーケティングとは何か

1. マーケティングの基本的な考え方

　ビジネスをする人は，素朴に商品を売りたいと考えている。それも継続する形で売りたいと考えるはずである。売るための直接の活動は営業であるが，力任せの営業により単発的に販売に成功しても，継続的に売れる仕組みを構築できるとは限らない。

　反対に，売れないのは商品が優れていないからと，品質を追究しても継続的に売れるとは限らない。生産者サイドから考えた品質の高い商品が，消費者の望んでいる商品とは限らないからである。そこで，消費者の望む商品という観点から，消費者ニーズを調査し，考え，開発することになる。もちろんここで

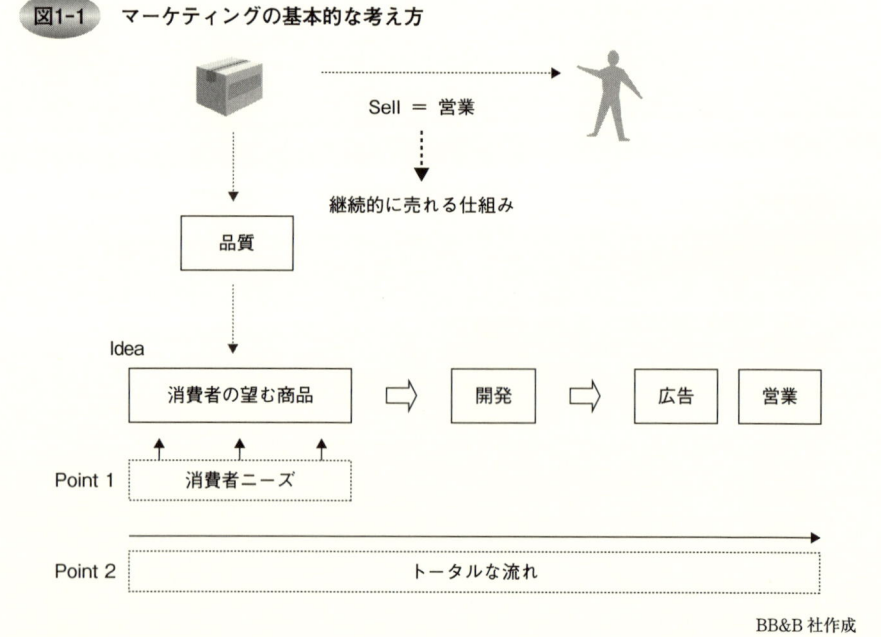

図1-1　マーケティングの基本的な考え方

```
         Sell ＝ 営業
  [商品] --------→ [人]
    |       ↓
    |   継続的に売れる仕組み
    ↓
  [品質]
    |
    ↓
  Idea
    ↓
  [消費者の望む商品] ⇒ [開発] ⇒ [広告] [営業]
         ↑
Point 1  消費者ニーズ

Point 2  ────────── トータルな流れ ──────────→
```

BB&B 社作成

営業は必要である。広告が必要なこともあるだろう。結果的に全体としてうまくいった時，顧客との継続的な取引関係が成立する。

ポイントは，以下の二点である。
① 消費者ニーズが最初にあるということ。
② 商品開発，営業といった活動を単独で考えるのではなくトータルな流れとして考えること。

ただ，商品なのか営業なのか，人によって捉え方は様々である。「商品を売るな，自分を売れ」つまり，人が基本にあり，その上に商品力があるという考えもあれば，「商品が主役の営業活動であるべきだ」と考える人もいる。

営業活動は定常的に行われるため，売れない理由をいつも商品のせいにしても仕方がないという側面があるため，「自分を売り込め」というのは一理ある考えである。しかし長期的に見ると，消費者のニーズにより合致した商品は何か，その絶え間ない追究が必要なことは明らかである。

2．マーケティングマネジメント

マーケティングを計画的に管理していくプロセスがマーケティングマネジメントである。これは「分析→計画・開発→実行→コントロール」という流れに集約することができる（図1-2）。

●分析……………人々のニーズをつかむこと。
●計画・開発………ニーズが合致した商品・サービスを企画・開発し，人々のウォンツを喚起すること。また価格を検討すること。
●実行……………商品・サービスを市場に伝え，販売すること。
●コントロール……結果を見て，新たに分析を行い計画を修正すること。

これらのサイクルが繰り返されること，これが現在のマーケティングマネジメントの考え方である。しかし，歴史的には様々な考え方を経てきた。

図1-2 マーケティグマネジメントの流れ I

- 人々のニーズを捉える → 分析
- 人々のニーズに応える商品を企画・開発する → 計画・開発
- 価格を設定する → 計画・開発
- 商品情報を市場に伝え，販売する → 実行
- 結果を見て計画を修正する → コントロール

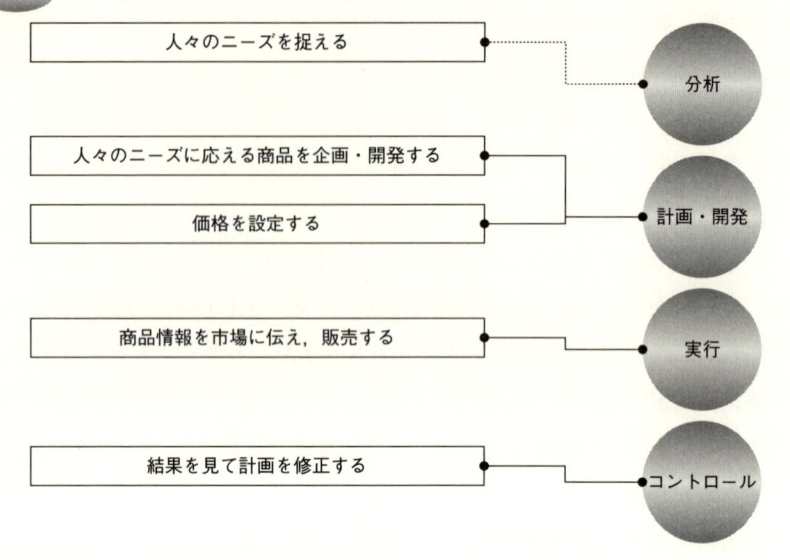

BB&B 社作成

図1-3 マーケティングマネジメントの流れ II

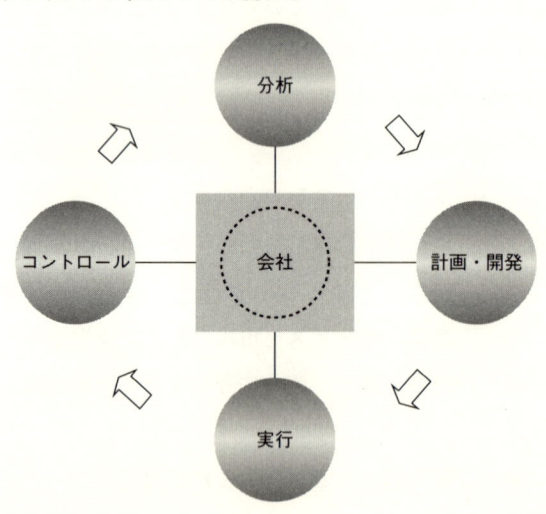

会社を中心に、分析 → 計画・開発 → 実行 → コントロール の循環

出所：BB&B 社 e-ラーニング教材

3. マーケティングに対する考え方の歴史的変遷

マーケティングに対する考え方の歴史的変遷を見てみよう。古くには，生産や商品そのものを重視した，プロダクションコンセプト，プロダクトコンセプトという考え方があった。これは高品質の商品・サービスを提供すれば売れるという発想である。商品そのものが不足している時代には通用する発想だが，現在のマーケットには通用しない。次に，実行を重視した，セリングコンセプトという考え方が生まれた。販売努力なしに商品は売れないという反省から，積極的販売活動をマーケティングの中心に据える考えである。しかし，消費者は自らの意向に沿わない物を買うことはない。

そこで，「分析→計画・開発→実行→コントロール」と流れる，マーケティングコンセプトという概念が生まれたのである（図1-3）。

徹底したマーケティングにより，新製品が生み出されている今日のビール業界を例に出せば，ビール業界全体にマーケティングコンセプトが浸透したのは，「アサヒスーパードライ」が発売された頃（1987年）からに過ぎない。

4. マーケティングコンセプトとセリングコンセプトの比較

マーケティングコンセプトとセリングコンセプトを図1-4で比較すると，セリングコンセプトは工場から製品が出てきて，マーケティングは販売中心，販売量が利益と考えられる。マーケティングコンセプトは，ターゲットとしたマーケットの顧客ニーズがまずあり，マーケティングは販売に限らず，分析，戦略の策定など総合的になされることになる。顧客満足度をいかに達成したかが利益ということになる。

セリングコンセプトでは，消費者ニーズはさておき，生産者，販売者が自らいいと思うこだわりの商品，例えば，エンジンとデザインに優れたスポーツカーを販売しようとする。しかし，多くの一般消費者は，高額なスポーツカーを選択することはない。彼らにとって大事なのは，燃費や使い勝手なのである。

これに対しマーケティングコンセプトでは，一般消費者が何を自動車に求めているかを調査した後，そのニーズ，商品コンセプトを考える。そして商品を

図1-4　セリングコンセプト・マーケティングコンセプトⅠ

Selling concept

工場 → 商品 → 販売中心のマーケティング → 販売量＝利益

Marketing concept

ターゲット → ニーズ → 総合的マーケティング → 顧客満足＝利益

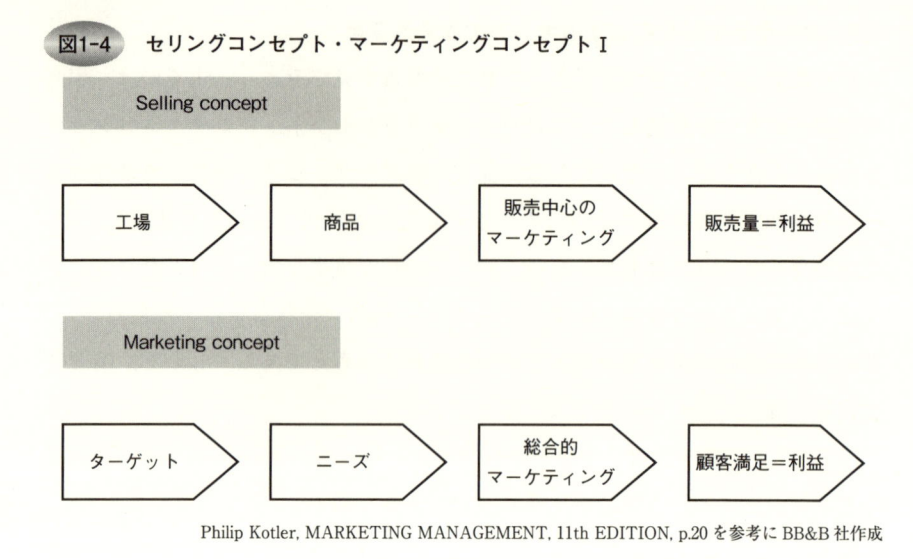

Philip Kotler, MARKETING MANAGEMENT, 11th EDITION, p.20 を参考に BB&B 社作成

図1-5　セリングコンセプト・マーケティングコンセプトⅡ

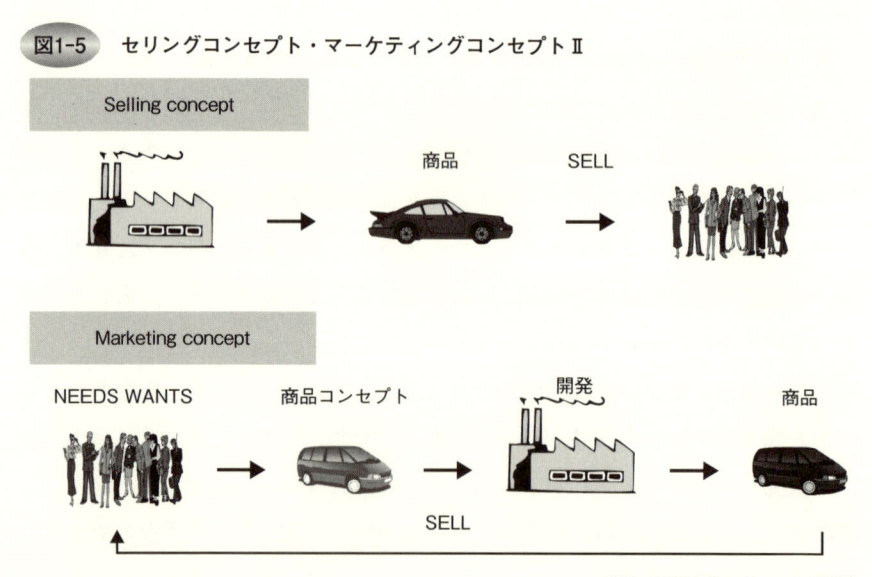

Selling concept

工場 → 商品 → SELL → (消費者)

Marketing concept

NEEDS WANTS → 商品コンセプト → 開発 → 商品 → SELL → (NEEDS WANTSへ戻る)

出所：BB&B 社 e-ラーニング教材

開発し,完成品を消費者に提示する。もともと消費者が望んでいた商品なので,多くの消費者がそれを受け入れる結果になる。マーケティングコンセプトによるスポーツカーの販売も考えられる。スポーツカー好きな消費者にターゲットを絞って,今どのようなスポーツカーが望まれているかを調査し,スポーツカーを計画・開発,販売する場合である(図1-5)。

このようなプロダクトコンセプト,セリングコンセプト,マーケティングコンセプトの流れは,戦後におけるビール会社のマーケティングの変遷を見るとよくわかる。この書物では適宜,ビールの事例を多く用いるので,まずはビール戦争の戦後史をシェアとともに振り返っておこう。ストーリーは,主にアサヒVSキリンのコンテクストで描いて行く。

5. ビール産業に見られるマーケティングの歴史
5-1 戦後におけるキリンのガリバー型寡占

戦前,ビール産業の主流は,1906年大阪麦酒,日本麦酒,札幌麦酒の3社が合併して生じた大日本麦酒であった。

しかし,戦後の「過度経済集中排除法」による財閥解体で,1949年「大日本麦酒」はアサヒビールとニッポンビール(後のサッポロビール)に分割された。この時点でのアサヒのシェアが36.1%なのに対し,キリンは25.3%であったが,その後形勢は逆転,キリンがシェアを伸ばしたのに対して,アサヒ,サッポロは徐々にシェアを低下させて行く。キリンは1976年,ついに63.8%のシェアを確立し,1985年まで60%以上のシェアを維持した。

一方,アサヒのシェアは低下し続け,1985年には9.6%と10%を割り込み,ビールを本業としないサントリーに迫られることになった。同年でのキリンのシェアは61.4%なので,6倍以上の開きがあったことになる。

この間のキリンの躍進は,商品へのこだわり,営業力によるものと考えられる。商品に対するこだわりは,例えば価格の高いチェコ産のホップを使用するなど味への研究を怠らなかったことである。また,高度成長により,これまで贅沢品だったビールを一般大衆も嗜むようになり,このマーケット構造の変化

に迅速に対応したのがキリンの営業である。業務用から家庭用への流れ、また同じ業務用でも大衆居酒屋、町の酒屋など新たなマーケットに地道に営業努力を行い、これらのマーケットを制圧するに至った。

これに対しアサヒは、戦後スタート時点において分割された上、サッポロは東、アサヒは西と、それぞれテリトリーが敷かれた結果、工場、特約店網が分散するという営業上の不利があった。大衆商品化したマーケット構造の変化に対応が遅れるなど、かつての名門ゆえの発想の転換を行うことが出来なかったと考えられる。しかし、苦みを強くしたり、渋みを弱くしたり、味への工夫はあった。幾つかの新製品もあったが、どちらかといえば職人主導のこだわり商品であったと思われる。シェアが低下する中、「ビールを売るな、自分を売れ」の掛け声の下、小売店、問屋、飲食店をまわっての営業活動など並々ならぬ努力があった。

ただ、この間キリンは逆風も味わう。1973年のオイルショックの時期、既に60％のシェアとなったガリバー型寡占企業キリンに、公正取引委員会の触手が延びる。分割要請をかわすために、キリンは、同年設備投資の削減、広告の自粛を約束した。これによりキリンの開発力、営業力が弱体化したのは当然である。アサヒは1985年にシェア9.6％と10％を割り込むが、将に背水の陣、考えをマーケティングコンセプトへ切り替え、反撃の狼煙を挙げた。

5-2 アサヒの復権

窮地に立たされたアサヒは、まずCI（Corporate Identity）と呼ばれる、企業風土を一新させるマネジメントの手法を導入し、理念など会社の方向性を明確にするとともに、品質志向に加え消費者志向を重視する戦略を確立する。プロダクトコンセプトからマーケティングコンセプトへの転換である。1986年「アサヒ生ビール」通称「コクキレビール」でシェア10.1％に拡大、これに続く1987年「スーパードライ」で12.7％にまで回復した後、1989年には、25％までシェアを回復する。その後1992年までは、小康状態が続いていく。

反面キリンは、1985年の61％から徐々にシェアを下げ、1989年には49％と

50％を割り込んでしまう。1990年には「一番搾り」で少しシェアを回復し，1995年まではそのシェアを守るが，形勢は再び変化していった。

5-3 アサヒのさらなる成長とキリンの逆襲

アサヒは，「スーパードライ」に特化した戦略で，1993年「生ビール売上ナンバーワンキャンペーン」などで再び上昇気流に乗り，ついに1997年「スーパードライ」はトップブランドに，1998年にはビールの出荷数量でキリンを上回り，さらに2001年，発泡酒を含めた総市場でトップに立つことになった。この間キリンは，1996年，これまで加熱処理をしていた「ラガービール」を非加熱処理とする，いわゆる「ラガー生化」を行うが，ここから一気にシェアを落し，1999年には40％を割り込んだ。

しかし2006年には「キリン淡麗」「円熟」「のどごし生」など発泡酒の新ジ

図1-6 ビール，発泡酒 シェアの推移

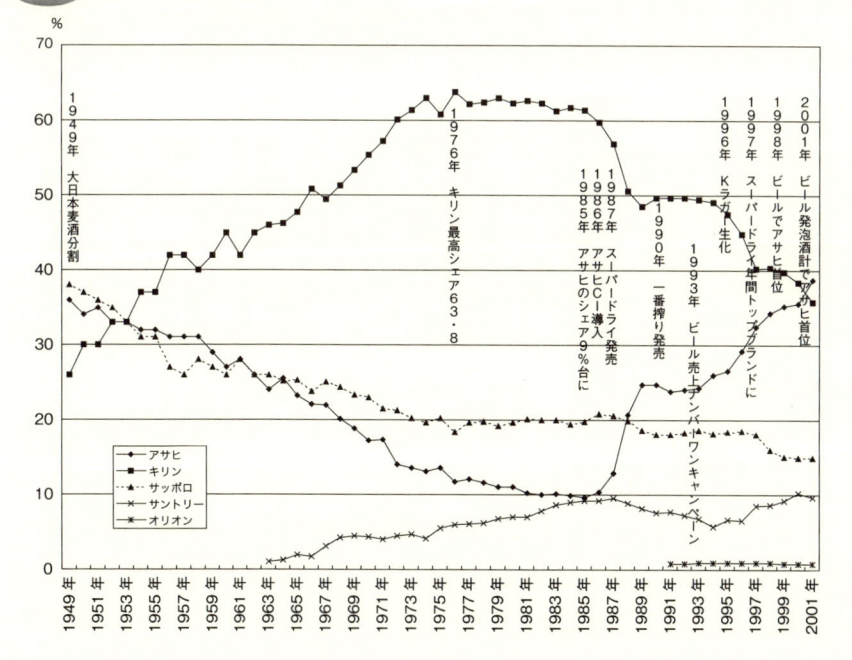

ャンル（第3のビール）などを起爆剤に，キリンがアサヒに肉薄するなど，凄まじいバトルが繰り広げられている。

5-4 「スーパードライ」のマーケティング

ここで，転機となった「スーパードライ」におけるマーケティングの概要を見ておこう。

「スーパードライ」発売以前のシェアの長期低落傾向の中では，「ビールを売るな，人を売れ」との営業一辺倒の発想で，消費者はビールの味を区別して飲んでいる訳ではなく，キリンの圧倒的支配は主に同社の流通支配力，市場支配力に基づいていると考えられていた。ところが様々なマーケットテストの結果，味覚というビールの品質が重要なことが分かってきた。そこで，消費者の味覚にマッチしたおいしいビールを作らなければならないという発想に至ったのである。

味覚に対するマーケット調査を行ったところ，特に戦後生まれの世代が「キリンラガー」の持ち味である「苦み」に必ずしも肯定的ではなく，クリアな味，雑味のない洗練された風味，喉ごしの良さなどを求めていることが分かってきた。この結果を基に開発されたのが「コクキレビール」，そしてこれに続く「スーパードライ」であり，まさに，消費者ニーズにマッチした商品として世に送り出されたのである。同時に，商品の特性を消費者に伝えるための広告，落合信彦を使ったイメージ戦略の広告，100万人試飲キャンペーンといったセールスプロモーション，チャンネル営業，といった商品開発に続くマーケティングのステップも強力に実施し，トータルなマーケティングが見事な効を奏したのである。

6. マーケッターを取り囲む環境

マーケッター（マーケティングを行っている会社のこと）を取り囲む環境を確認しておこう。図1-7を見て頂きたい。マーケッター（会社）は，マクロ環境と呼ばれる大きな環境に囲まれている。マクロ環境とは，人口動態，経済な

図1-7 マーケッターを取り囲む環境

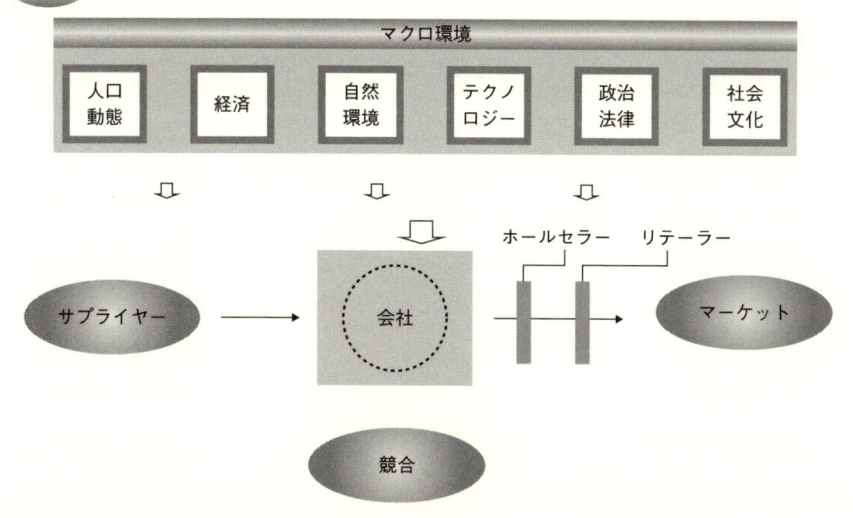

```
┌─────────────────────────────────────────┐
│              マクロ環境                    │
│  ┌────┐ ┌────┐ ┌────┐ ┌────┐ ┌────┐ ┌────┐│
│  │人口│ │経済│ │自然│ │テク│ │政治│ │社会││
│  │動態│ │    │ │環境│ │ノロ│ │法律│ │文化││
│  │    │ │    │ │    │ │ジー│ │    │ │    ││
│  └────┘ └────┘ └────┘ └────┘ └────┘ └────┘│
└─────────────────────────────────────────┘
         ⬇        ⬇        ⬇
                            ホールセラー リテーラー
                           ┌──┐  ┌──┐
  サプライヤー  →   会社    →        →   マーケット
                  
                  競合
```

出所：BB&B社 e-ラーニング教材

ど一企業ではコントロールできない，事実としての環境である。マーケッターは，その原材料の購入先であるサプライヤーに直接係っている。例えば，ビールメーカーのサプライヤーは，ホップ，小麦等の生産者であり，消費者の集まりであるマーケットとも係っている。また，最終マーケットとマーケッターの間にチャンネル（卸，小売店）が介在するのが一般的である。例えば，ビールメーカーの卸は各ビールメーカーの特約店，小売店は酒屋，スーパー，コンビニなどである。競合は，同種の商品を販売する競争相手の会社を意味する。

7．テクノロジーとマーケティング

7-1　マーケティングを支えるテクノロジー

　マーケティングでコンセプトを描いたとしても，その実現にはシーズ（テクノロジー）のサポートが必要な場合がある。アサヒの「コクキレビール」の例で言うと，「コクがあるのにキレがある」というコンセプトに対して，技術部門は，一旦はコクとキレを一緒に実現するのは無理との結論を出すが，技術部

門の努力で克服されることになる。

7-2 緑茶飲料「伊右衛門」に見られるマーケティングとテクノロジーのバランス

　ペットボトル入り緑茶飲料のメガトレンド商品，サントリーの「伊右衛門」におけるシーズとニーズを見てみよう。

　「伊右衛門」の場合，「非加熱無菌充填」「粉体制御」というシーズが念頭に置かれ，顧客のどのようなニーズに応えることが出来るかという発想で商品開発が進められた。「非加熱無菌充填」とは，クリーンルームで非加熱殺菌するもので，高温殺菌のホットパック方式の対極をなすテクノロジーで，緑茶本来の旨みを保つことができる。「粉体制御」とは，石臼で挽いた茶葉を更に1ミクロン以下の超微粒子にする技術で，これを混入させると，お茶にほのかな甘みを残すことが出来るテクノロジーである。

　ここで開発者は，ペットボトル入りの緑茶飲料とはいえ，消費者には喉の渇きを癒すというニーズに加え，「ほっと一息つく」「落ちつける気分に浸りたい」といった母性を求める深層心理があるのではと考えた。その背景には，バブル崩壊により，それまで主流だった成長一辺倒の価値観，スピードライフスタイル，欧米への憧れといったものが崩壊し，ふっと我に返ったとき，もともと日本人が持っていた美徳を見直そうという気持ちになったのでは，という分析があった。

　それでは，この様なニーズに応える緑茶飲料とはどの様なものであるべきか。本来，それは急須で入れた本格的なお茶であるはずであり，この急須で入れたお茶の味に近い緑茶飲料にウォンツがあるのでは，ということになった。そして，この味こそ，お茶の本来の味を保つことのできる「非加熱無菌充填」のテクノロジーにより実現できるものだった。その結果，「伊右衛門」は，清涼飲用史上最速で年間売上高5,000万ケースを達成，メガブランド商品として定着したのである。

図1-8　同じシーズからみた成功商品と失敗商品

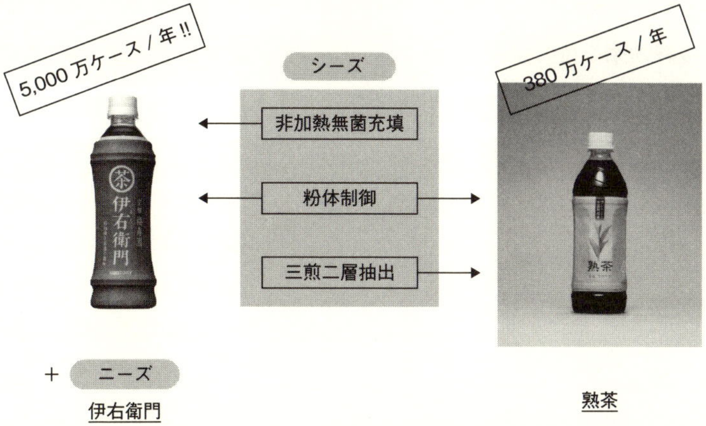

5,000万ケース/年!!

シーズ
非加熱無菌充填
粉体制御
三煎二層抽出

380万ケース/年

＋ニーズ
伊右衛門

熟茶

サントリー広報部提供の画像に基づき BB&B 社作成

7-3　テクノロジー先行型の商品「熟茶」

しかし遡ること2001年，同じく「非加熱無菌充填」を使って開発された商品「熟茶」は，年間380万ケースという惨憺たる結果に終わった。「熟茶」は，烏龍茶とともに中国で親しまれているプアール茶を主原料とする飲料で，「非加熱無菌充填」以外に「三煎二層抽出」という技術で，プアール茶のかび臭さを消し，ペットボトル飲料として飲みやすい味に完成させた商品であったが，シーズが先行し，消費者ニーズに合致しなかった商品といえる。バブル崩壊後日本人が先程のような心情に陥っているとき，何故敢えて中国茶を飲む必要があったのか，この点を十分検討せずにシーズ志向に走ってしまったと開発者はコメントしている。同じシーズを使いながら，「伊右衛門」はそのニーズに応え，「熟茶」は逆らうという関係になっていたのである（図1-8）。

7-4　テクノロジーがマーケットを制する場合

エレクトロニクス業界になるとシーズ色はさらに強くなる。ニーズは分かっていてもそれに応えることが出来るかどうかはシーズ次第である。例えば大型テレビの画質や音声の品質，高い画素数，動きに対する強さ，斜めから見た場

合の美しさなど，これらのニーズの存在はほぼ明らかである。解決はシーズにかかっている。その他，医薬品もさらなるシーズオリエントである。難病の患者はその特効薬を待ち望んでいる。ニーズ，さらにウォンツまで明らかであり，完全にシーズの問題という事が出来る。

第2章 プランニング

1. プランニングの全体像

1-1 マーケティングとプランニングの関係

　前章では，ビール・飲料などを例にマーケティングコンセプトの重要性を説明した。先程の「伊右衛門」は，マーケティングのサクセスストーリーだが，「伊右衛門」を製造販売するサントリーは，緑茶以外に，「BOSS」「ウーロン茶」「DAKARA」といった他の清涼飲料水や，健康食品も扱っている。さらに，最も古い歴史を持つ「サントリーオールド」「モルツ」などの酒類，さらに和風ダイニング「響」やカフェレストラン「プロント」などの外食産業も事業領域としている。

　マーケティングは，これら個々の商品・サービス毎に行われる訳であるが，会社全体のプランニングとしては，その前に会社としてはどの様な事業をドメインとするのかその決定をまず行う必要がある。歴史的に振り返ると，酒類の製造・販売を専業としていたサントリーは，その後，食品産業への参入，外食産業への参入をプランニングしたのである。「伊右衛門」のマーケティングはその先の先に位置する，最末端のプランニングである。

1-2 企業理念から始まるプランニング

　最もズームアウトしたところにあるのが企業理念である。

　例えばサントリーの企業理念は「人と自然と響きあう。この言葉は"世界の人々，人々を取り巻く様々な自然環境と響きあいながら，人々のニーズにもとづいた生活文化の豊かな発展と，その存続基盤である地球環境の健全な維持をめざして企業活動に邁進し，真に豊かな社会の実現に貢献する"という私たちサントリーグループの存在理由ならびに到達目標を表しています。私たちサン

トリーグループは，この企業理念のもと，よき企業市民として最高の品質をめざした製品やサービスをお届けし，世界の生活文化の発展に貢献していきます。」となっている。

企業理念は企業の目指す最終ゴールであるが，抽象的なので，自社を取り囲む環境（外部環境），自社の資源（内部環境）の分析を行い，具体的なゴールに落す必要がある。これを，ストラテジックゴール（Strategic goal）と呼ぶ。この目標に至る具体的アクションプランがストラテジー（Strategy）である。さらに，コントロールと呼ばれる，ストラテジー実行の結果に対して，目標が達成されたかどうか評価し，それに基づいたストラテジーなどの見直しを行う必要がある。

プランニングの流れは，

① 企業理念
② 外部環境・内部環境分析

図2-1 ストラテジックプランニング

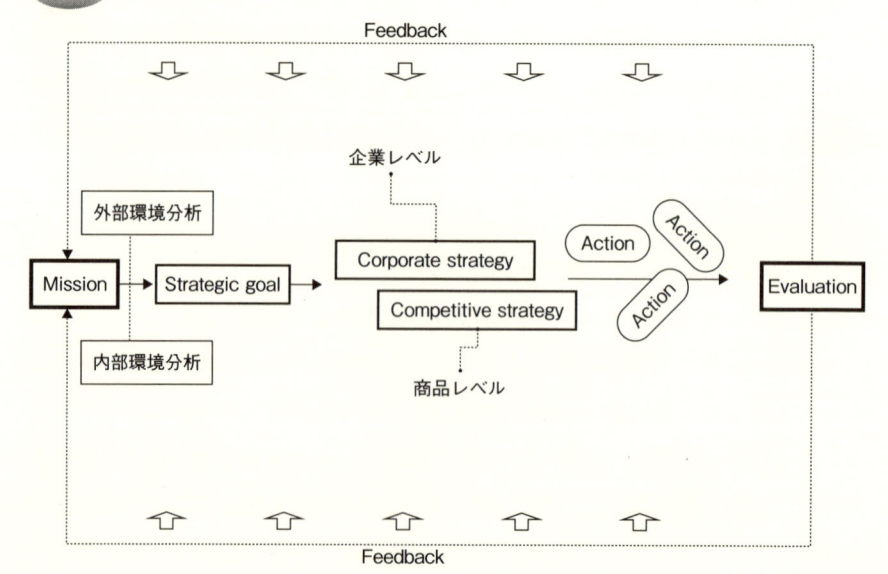

③ ストラテジックゴールの設定
④ ストラテジー
⑤ ストラテジーの実行
⑥ コントロール

という順にするのが一般的である。戦略的なプランニングの方法で，ストラテジックプランニングと呼ばれている（図2-1）。

2. ストラテジックプランニング

2-1 企業理念

ファーストステップは企業理念の定立である。現在のビジネスは何か，将来どの様なビジネスを目指すのか，といったことを定める。商品ベース，マーケットベース，戦略ベースのスコープが述べられる。実際に各社の企業理念は，この時間直線上の様々な位置にある。図2-2は，アサヒ，キリン，キヤノンの

図2-2　企業理念（ミッション・ビジョン）のイメージ図

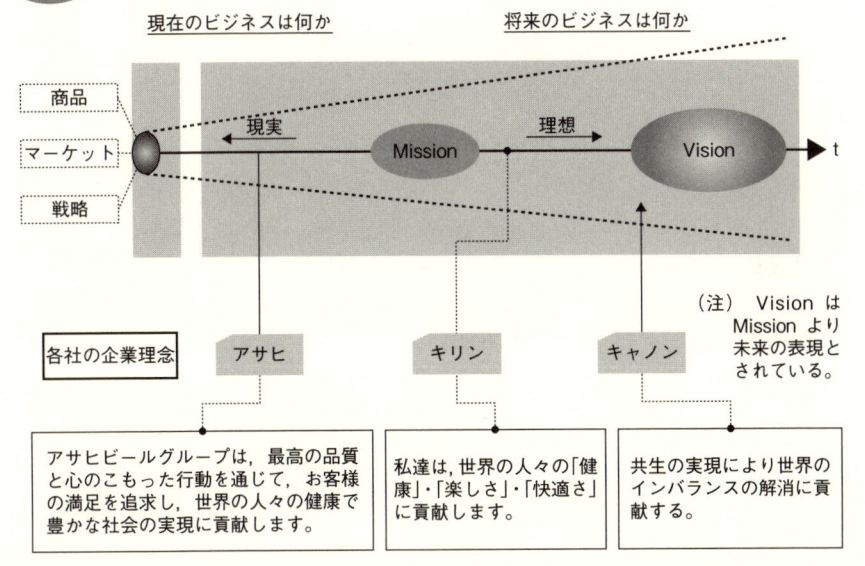

現在のビジネスは何か　　　将来のビジネスは何か

商品
マーケット
戦略

現実 ← Mission → 理想 → Vision → t

（注）VisionはMissionより未来の表現とされている。

各社の企業理念

アサヒ：アサヒビールグループは，最高の品質と心のこもった行動を通じて，お客様の満足を追求し，世界の人々の健康で豊かな社会の実現に貢献します。

キリン：私達は，世界の人々の「健康」・「楽しさ」・「快適さ」に貢献します。

キャノン：共生の実現により世界のインバランスの解消に貢献する。

各社HPの情報をもとにBB&B社作成

理念を時間軸で位置づけたものである（いずれも各社 HP より。キヤノンは要約）。企業理念は具体的に指針にされる必要があるが，そのための基礎資料として，会社が置かれた現状を把握する必要がある。これが分析である。

2-2 外部環境分析，内部環境分析

●外部環境分析…外部環境についての情報を収集し，分析すること。
　　　　　　　　ビジネスチャンスを捉えると共に，ビジネスの脅威を知ることを目的とする。

外部環境の1つはマクロ環境で，人口動態（デモグラフィック），経済，自然環境，テクノロジー，政治法律，社会文化といった分類が一般的である。サプライヤー，マーケット，競合も外部環境である（第1章 マーケッターを取り囲む環境参照）。

これらの環境の変化は，ビジネスチャンスを与えてくれると共に，脅威にも

図2-3　外部環境と内部環境のマップ

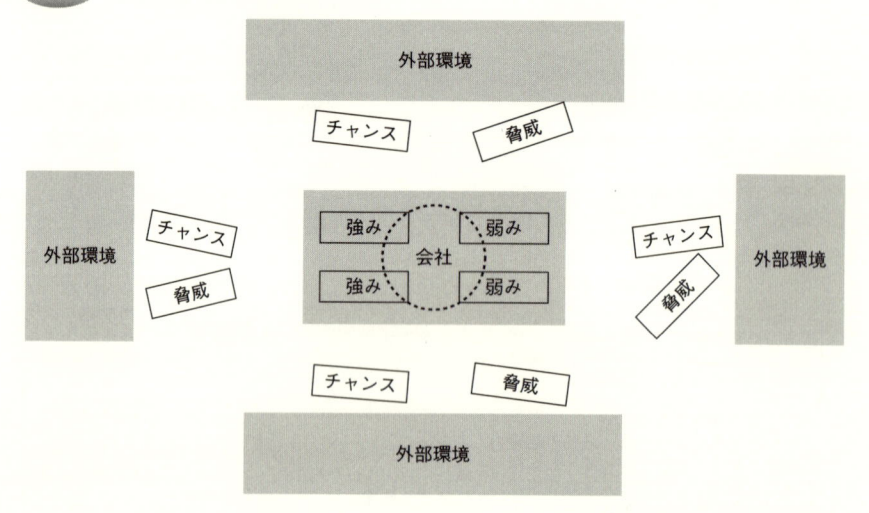

出所：BB&B 社 e-ラーニング教材

図2-4　外部環境分析

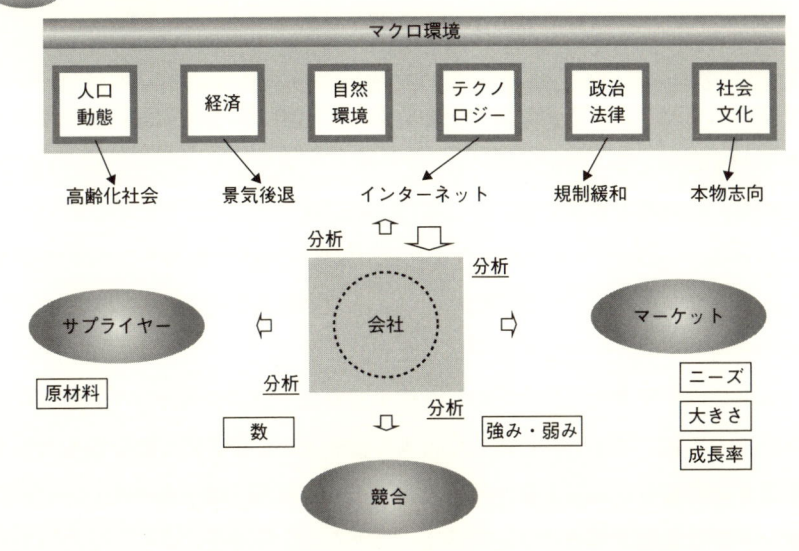

マクロ環境：人口動態（高齢化社会）、経済（景気後退）、自然環境、テクノロジー（インターネット）、政治法律（規制緩和）、社会文化（本物志向）

分析対象：サプライヤー（原材料）、会社（強み・弱み）、競合（数）、マーケット（ニーズ、大きさ、成長率）

出所：BB&B社 e-ラーニング教材

なる。例えば，原油価格の高騰という悪材料も，代替エネルギーのビジネスチャンスとなる。

　ビール会社の攻防を歴史的に振り返ると，このマクロ環境が影響していることがわかる。前章の通り，1949年の大日本麦酒の分割，1973年のキリンに対する公正取引委員会の圧力などは政府規制に他ならない。さらに，アサヒの「スーパードライ」が新しいテイストとして成功した背景には，世代の交代という人口動態の変化が背景にある。その後キリンは，一旦は邪道と考えていた発泡酒でヒットを飛ばすが，背景には発泡酒などに対する課税額が低いという政府規制の問題がある。この様に，戦前のビール戦争の大きな転換点には，マクロ環境の変化が大きな影響を及ぼしていることがわかる。

●内部環境分析…企業の内部の情報を集積し分析すること。
自社の能力を知ることを目的とする。

ビジネスチャンスに応える能力があるか，ビジネスの脅威に対抗できる能力があるかを把握する。内部環境には，マーケティング能力，ファイナンス能力，製造能力，組織能力等がある。

アサヒは，「スーパードライ」ブランドが成果を上げた後，キリンの1989年から始まるフルライン（多品種戦略）による攻勢に対して，「スーパードライ」特化の戦略でその売上をさらに伸ばしたが，これは「スーパードライ」というブランドの内部資源を正しく評価した結果である。内部資源は，人，物，資金，ノウハウ，情報，ブランドといった言葉で表せるが，投資によりその他の資源に転換する性質のものであり，使いようによって拡大，縮小をする。

シャープは大阪万博当時（1970年），万博での宣伝効果により，その出店費用15億円を半導体の自社生産に廻した。これが同社のマイコン制御商品の基礎を形成し，自社LSIを使った，世界初のCOS電卓エイルシーメイトといったヒット製品に結びついていったのである。

2-3 ストラテジックゴール・ストラテジー

ストラテジックゴールとは，ミッションを前述の外部環境分析などにより解釈し，マネージャーレベルが拠り所とするゴールを設定することで，ここ3～5年間における目標のことである。売上高，利益率など具体的数字が定められる。いわゆる中期経営計画における目標はこれにあたる。

アサヒは，「アサヒビールグループは，最高の品質と心のこもった行動を通じて，お客様の満足を追求し，世界の人々の健康で豊かな社会の実現に貢献します。」という企業理念に続き，2004～2006年のグループ長期ビジョンとして，「成長性溢れる新しいアサヒビールグループに向けてお客様満足の徹底，事業構造の変革，革新を賞賛する企業風土を追求し，［活き活き挑戦企業］を実現する」と謳っている。そして，業績目標をROE（自己資本利益率）売上高，

図2-5 ミッションとストラテジックゴール

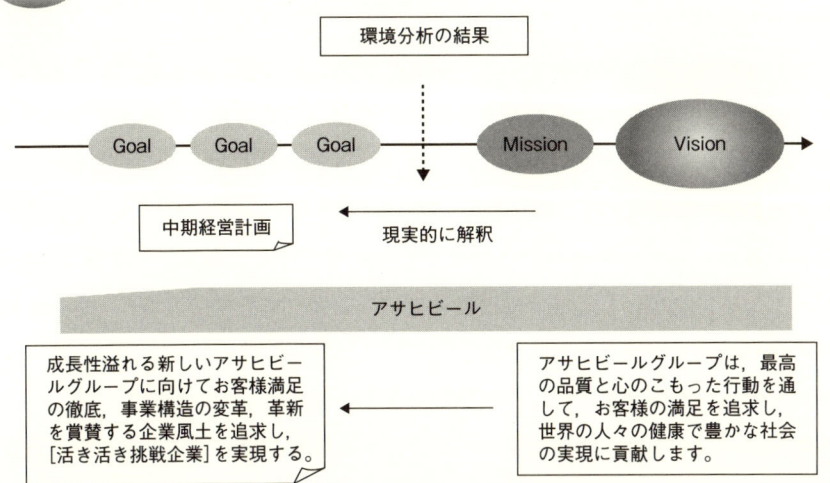

環境分析の結果

Goal — Goal — Goal — Mission — Vision

中期経営計画　　現実的に解釈

アサヒビール

成長性溢れる新しいアサヒビールグループに向けてお客様満足の徹底，事業構造の変革，革新を賞賛する企業風土を追求し，［活き活き挑戦企業］を実現する。

アサヒビールグループは，最高の品質と心のこもった行動を通して，お客様の満足を追求し，世界の人々の健康で豊かな社会の実現に貢献します。

ASAHI NEWS LETTER に基づき BB&B 社作成

営業利益などについて具体的数字で定めている。ROE については 10%超と目標を設定している。これらがストラテジックゴールである（出所：ASAHI NEWS LETTER）。

●ストラテジー設定

ストラテジックゴール実現のためのアクションプランのことで，具体的な記述で，その事業，商品，サービスに関する具体的知識が必要となる。アサヒでは，上記の様なストラテジックゴールの実現に向け，
① 成長分野への重点的な経営資源の投下
② 収益力の増進
③ 商品開発

といったストラテジーを挙げている（出所：ASAHI NEWS LETTER グループ中期経営方針）。

①は事業分野の拡大についての基本姿勢の表明（図 2-6 ［事業分野確定］）であり，②③はそれぞれの事業で，コスト削減に努力し，同時に差別化された

製品の開発に取り組むという，基本戦略の表明（図2-6［各事業分野でどう戦うか］）と解釈される。

さらに具体的な取組方針として，事業拡大については，成長性のある酒類に経営資源を投下し，総合酒類産業を目指すこと，酒類における収益を，飲料事業，食品・薬品事業，海外事業に振り分け，事業ポートフォリオを変革していくことが述べられている。これは，酒類の「スーパードライ」ブランドが安定しているからこそ出来るポートフォリオマネジメントである。つまり，「スーパードライ」を核として，他の消費者ニーズを満たす酒類を追求し，さらに飲料産業，食品・薬品事業，海外事業を育てようというものである。これらは，「スーパードライ」ブランドという内部資源評価の結果としての戦略である。

各事業については，グループシナジーによる製品開発，コストダウン努力が唱えられているが，これは，2001年完全子会社化したニッカウヰスキー，2002年にM&Aした旭化成，協和発酵の酒類事業という内部資源のシナジー効果がまだ十分でないとの評価によるものと考えられる。その他，営業強化，

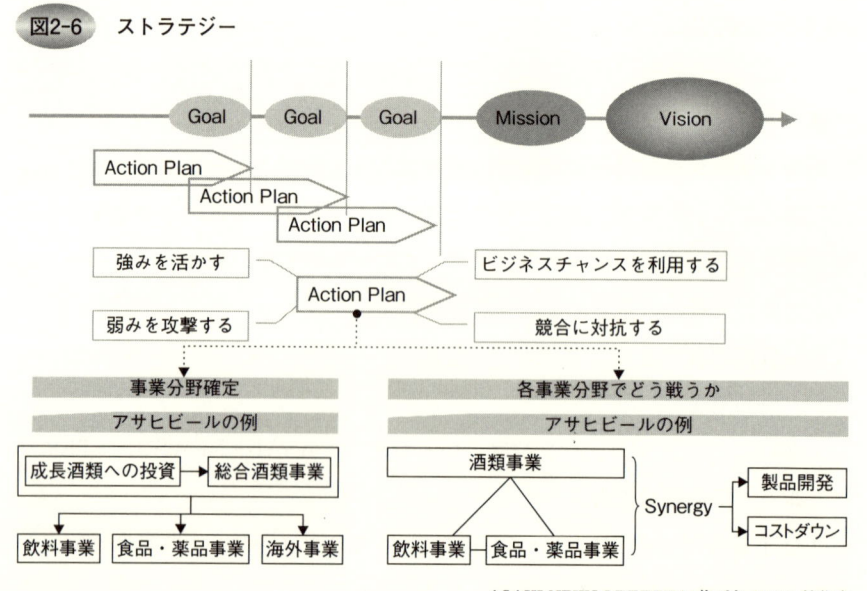

図2-6　ストラテジー

ASAHI NEWS LETTER に基づき BB&B 社作成

図2-7 ストラテジーの実行

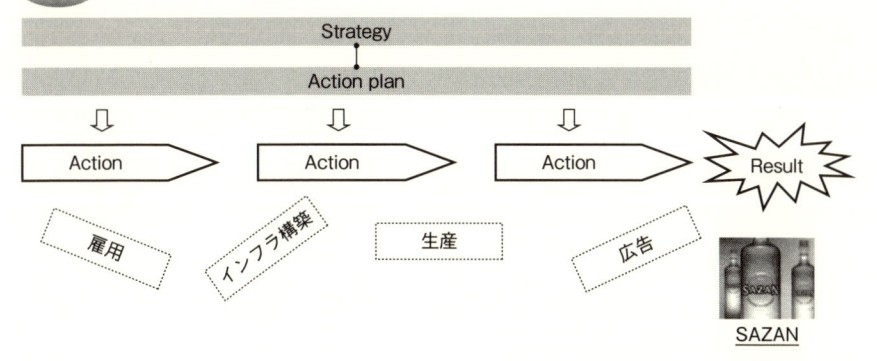

Strategy
Action plan
⇩ ⇩ ⇩
Action Action Action Result

雇用　インフラ構築　生産　広告

SAZAN

アサヒビール社提供の画像に基づき BB&B 社作成

コストダウンについても，グループシナジーが強調されている。

2-4　ストラテジーの実行

実行とは，ストラテジーを解釈してアクションに移し，結果を出すことである。現実に人を雇用し，インフラの整備を図り，生産体制に入ることを意味する。広告を打つことも実行の形態である。

アサヒのストラテジーの実行は，各分野の技術を結集する体制を確立し，実際に共同研究活動を会することである。

焼酎「sazan」はこの様な現実のコラボレーション，ニッカウヰスキーと協和発酵の技術が結集して誕生した。この商品のポジショニング（訴求する商品特徴などのことで，第 6 章で説明）は，「ほのかな香りと爽やかな旨みをあわせ持つ新しい味わい」というメリット訴求と，それを裏付ける「世界的に稀少な連続式蒸溜機"カフェスチル"で蒸溜」するという特徴，機能の訴求である。

2-5　結果の評価

最後のステップは，パフォーマンス，結果の評価である。結果が目標と異なったとき，原因を追究し，プランニング全体の修正を行う必要がある（図 2-8）。

図2-8 パフォーマンスの評価

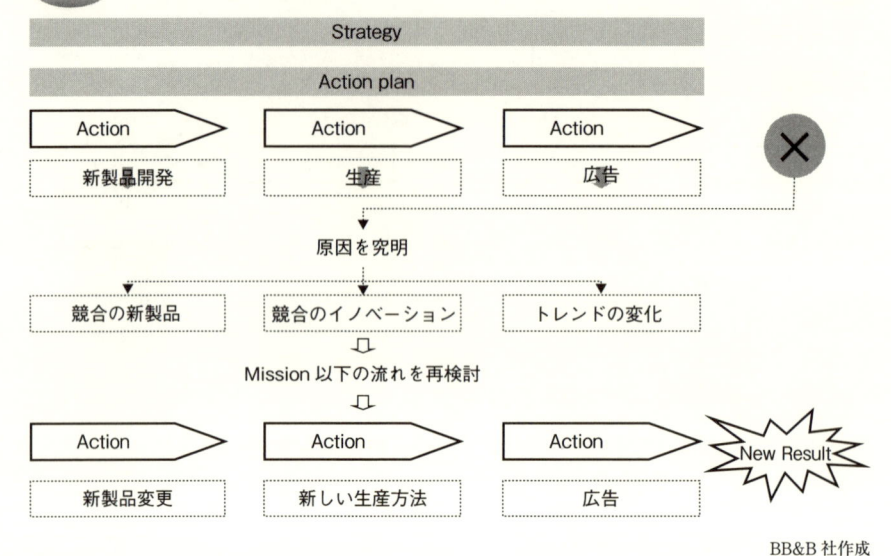

```
┌─────────────────────────────────────────────┐
│                  Strategy                   │
├─────────────────────────────────────────────┤
│                Action plan                  │
└─────────────────────────────────────────────┘
  [Action]      [Action]       [Action]           ✕
  新製品開発     生産           広告
                  │
              原因を究明
                  │
  競合の新製品   競合のイノベーション   トレンドの変化
                  ⇩
          Mission 以下の流れを再検討
                  ⇩
  [Action]      [Action]       [Action]      New Result
  新製品変更    新しい生産方法   広告
```

BB&B 社作成

3. ストラテジー

3-1 ストラテジーの全体構造

ストラテジーは重層構造になっているのが一般的である。先ほどのアサヒビールにみた「事業ポートフォリオの変革」とは事業分野を決定するための戦略、「収益性の増大」とは各事業分野でいかに戦うかという戦略である。

どの事業分野で戦うかといった、企業ドメインを決定する戦略はコーポレートストラテジー、事業ごとの戦略はディビジョン（部門、事業部）ストラテジー（Corporate strategy）と呼ばれている。その中心は競争優位の戦略（Competitive strategy）である。競争優位の戦略をサポートするのが、製造、人事、広告といった職能別戦略（Functional strategy）である。

3-2 コーポレートストラテジー（Corporate strategy）

コーポレートストラテジーの役割は、企業として何をビジネスとするか、企業ドメインを決定することである。例えばアサヒは、酒類事業以外に、国内飲

図2-9 ストラテジーの全体構造

Corporate Strategy

Division Strategy

①新しいSBUを持つか どうかの判断
②どのような方向に？ どんな方法で？

本業 SBU

Competitive strategy
- 競争優位性を確保するための戦略
  例：差別化戦略

Functional strategy
- 製造
- 人事
- 広告

BB&B社作成

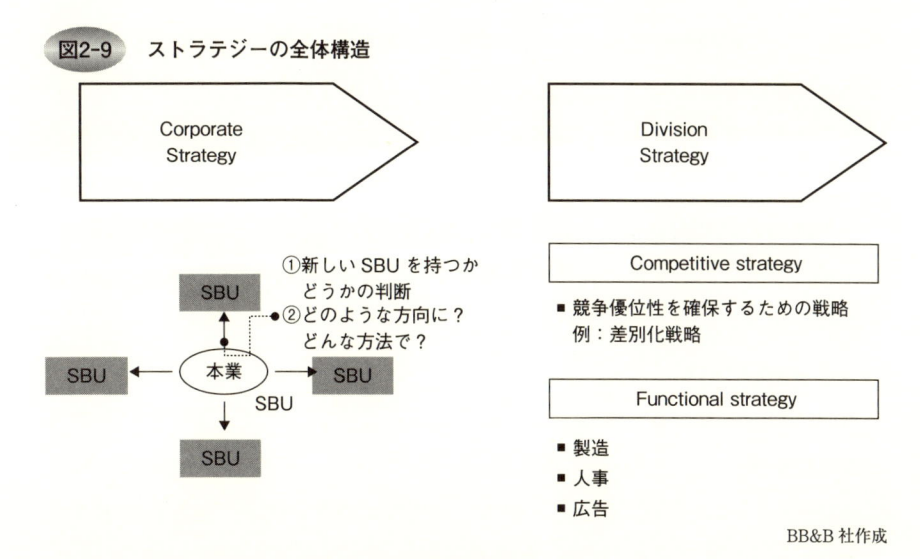

料事業，国内食品，薬品事業，国際事業というビジネス単位を持っている。この様なビジネス単位は，戦略的に決めたビジネス単位ということで，SBU（Strategic Business Unit）と呼ばれる。SBUの数を一つにするか（集中；Concentration），複数にするか（多角化；Diversification）という点に関するストラテジーということになる。これら戦略の全体像については図2-10を参照されたい。

● SBUを1つにする戦略

一つの事業に集中する戦略は，コンセントレーション（Concentration）と

図2-10 SBUの拡大・縮小方法

Concentration ← Joint venture / Alliance / New business / Integration → Diversification

Divestment / Retrenchment

SBU拡大

出所：BB&B社e-ラーニング教材

呼ばれる。この戦略をとっているのはマクドナルド，KFC，吉野家などである。また，日本の建設業は，一部不動産業などへの進出も見られるが，多くは土木，建築に特化する戦略である。特殊なノウハウであり，他のビジネスへの転換が困難なことによる。

　この戦略の有利な点は，資源を集中できるためコアビジネスを構築し易く，特化した分野においては，優位性を確立できる点が挙げられる。逆に，他社のイノベーション，トレンドの変化などによりコアビジネスが苦境に立ったとき，寄る辺がないことになる。

　米国においても，特に高齢者は，砂糖，人口甘味料，カフェインといった成分が健康を害するのを恐れ，これらを主原料とするコーラの消費が減っている。コカコーラ，ペプシは共に，ジュース，ミネラルウォーター，スポーツドリンク，ビタミンドリンクといった，非炭酸飲料を商品ラインアップに加えている。コーラ戦争では後塵を拝したペプシだが，非炭酸飲料では，一歩先んじている。トレンドの変化を予想したペプシは1990年初頭から，ペプシコーラ専業からの脱却を図り，"総合飲料カンパニー"というストラテジーを掲げ，1998年にはジュースブランド「トロピカーナ」を，2001年にはナンバーワンスポーツドリンクブランド「ゲータレード」を，それぞれM&Aで傘下に収めたのである。

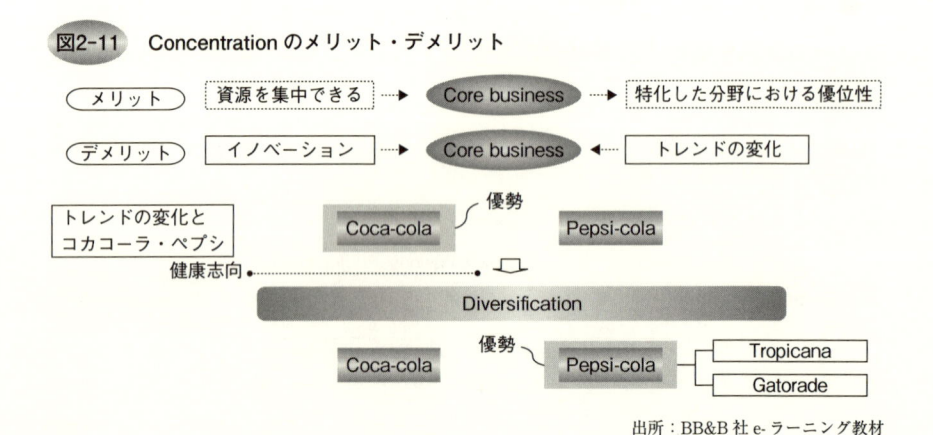

図2-11 Concentrationのメリット・デメリット

出所：BB&B社 e-ラーニング教材

●単一ビジネス下でのビジネスの拡大

　一つのビジネスに集中する中でも，ビジネスの拡大は可能である。特定ビジネスを拡大すればよい。

　まず，既存のマーケットでビジネスを拡大する方法がある（Market penetration）。アサヒは，ビールに関しては，「スーパードライ」にかなり特化した戦略で，「何杯飲んでも飽きない」とその特徴を説明をし，使用頻度を高めようとしている。また，発売当初の1987年は，ヘビーユーザーをターゲットにしていたが，現在のターゲットはライトユーザーにまで拡大している。

　次に，地理的にマーケットを拡大する方法がある（Geographic expansion）。例えば，キリンビールは中国を戦略地域に定め，上海に拠点を置く麒麟（中国）投資有限公司を核として，東北山三省，長江デルタ，珠江デルタという三つの重点地域に事業展開を図っている。この背景には，国別ビール消費量を見たとき，日本が横ばい傾向（2004年で対前年増加率0.7％）にあるのに対して，中国での急激な伸び（2004年で対前年比14.6％）といったことが挙げられるだろう。

　さらに，既存マーケットに対し，既存製品の改良版を開発し，販売する方法（Product development）が考えられる。キリンにおける「ラガー」に対する「一番搾り」，「淡麗生」（発泡酒）に対する「円熟」，アサヒにおける「新生」（新ジャンル）に対する「新生3」「ぐびなま。」などである。

　もう一つ水平統合（Horizontal Integration）と呼ばれる手法がある。M&A的手法を用いながら，自社と類似したビジネスを拡大する方法である。

　みずほフィナンシャルグループ，三菱UFJフィナンシャルグループ，三井住友フィナンシャルグループという3大メガバンクは，都市銀行，長期信用銀行などが水平統合を繰り返しながら，今日に至ったものである。この背景には，バブル経済の崩壊による不動産や株の価格の低下，これに伴う多額の不良債権に各行が追われ，日本の金融システム全体に対する不安が横切ったことが挙げられる。財務面のシナジー効果，店舗の統廃合，諸経費の共通化によるコスト削減，市場支配力の強化といった期待の下，都市銀行，長期信用銀行の水平統

合により，現在の3大メガバンクに至ったのである。

2005年に誕生した三菱東京UFJ銀行を例に，水平統合を考えてみよう。旧東京三菱銀行と旧UFJ銀行の水平統合の背景として，

① 財務面では，UFJの低い自己資本比率の問題を解消すること。
② 市場支配の面では，首都圏に強い旧東京三菱，関西，東海に強い旧UFJが合わさることにより，三大都市圏でバランスのとれた店舗網を形成することが出来ること。
③ 法人に強い旧東京三菱とリテール部門に戦略の重点をおいていた旧UFJが合わさることにより，幅広い顧客層をターゲットにすることが期待されること。

などが挙げられる。

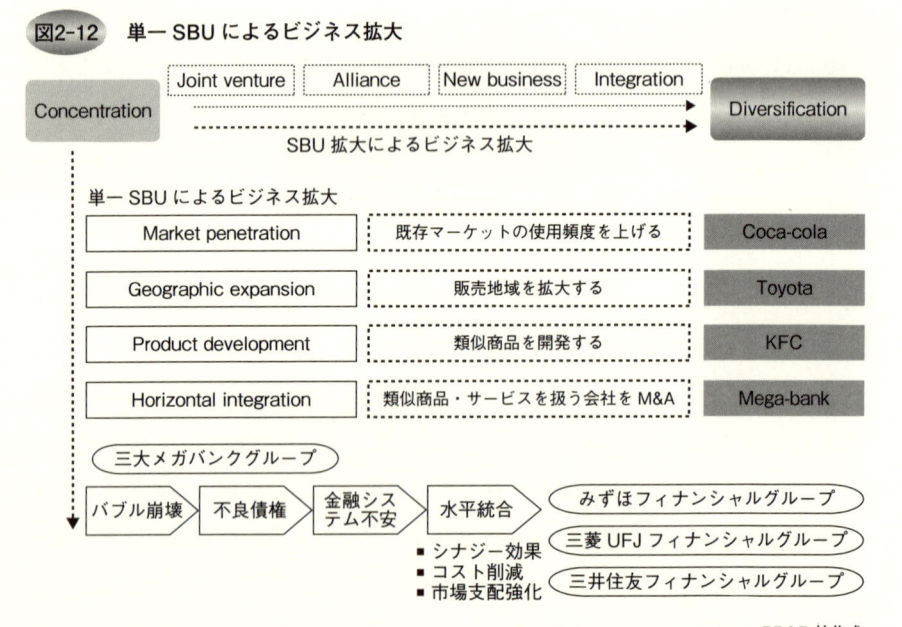

図2-12　単一SBUによるビジネス拡大

Concentration	Joint venture	Alliance	New business	Integration	Diversification
		SBU拡大によるビジネス拡大			

単一SBUによるビジネス拡大

Market penetration	既存マーケットの使用頻度を上げる	Coca-cola
Geographic expansion	販売地域を拡大する	Toyota
Product development	類似商品を開発する	KFC
Horizontal integration	類似商品・サービスを扱う会社をM&A	Mega-bank

三大メガバンクグループ

バブル崩壊 → 不良債権 → 金融システム不安 → 水平統合
- シナジー効果
- コスト削減
- 市場支配強化

→ みずほフィナンシャルグループ
→ 三菱UFJフィナンシャルグループ
→ 三井住友フィナンシャルグループ

BB&B社作成

●ニュービジネス創設による多角化

自社内にニュービジネスを育てることによる SBU の拡大の事例を，日本の伝統的な産業に見てみよう（図 2-10 の New Business）。

子会社，孫会社等の設立を中心に多角化する戦略をとってきたのは，例えば，日本の鉄道会社である。鉄道会社の多角化モデルは阪急電鉄の創設者である小林一三氏によって開発され，小林一三モデルと呼ばれている。鉄道事業を軸にターミナルデパート，沿線の住宅，レジャー施設を一体的に運営して沿線住民を囲い込むというのが基本的なビジネスモデルである。この手法のパイオニアである阪急電鉄は，阪急百貨店，阪急不動産などといった関連会社を作るなどして事業を多角化し，宝塚歌劇団といったエンタテインメントを作ることで沿線価値を高めてきた。革新的だったこれらの鉄道周辺の業界も，その後の競争激化や少子高齢化，トレンドの変化等により，事業環境は厳しくなり，発想の転換が求められている。

トレンドをつかみ，自社の強みを生かしながら戦略的にビジネスを展開しているのは，JR 東日本である。

JR 東日本は「ニューフロンティア 2008―新たな創造と発展」の中で，駅を最大の経営資源と評価している。そして，その駅の利便性を向上させる中で，

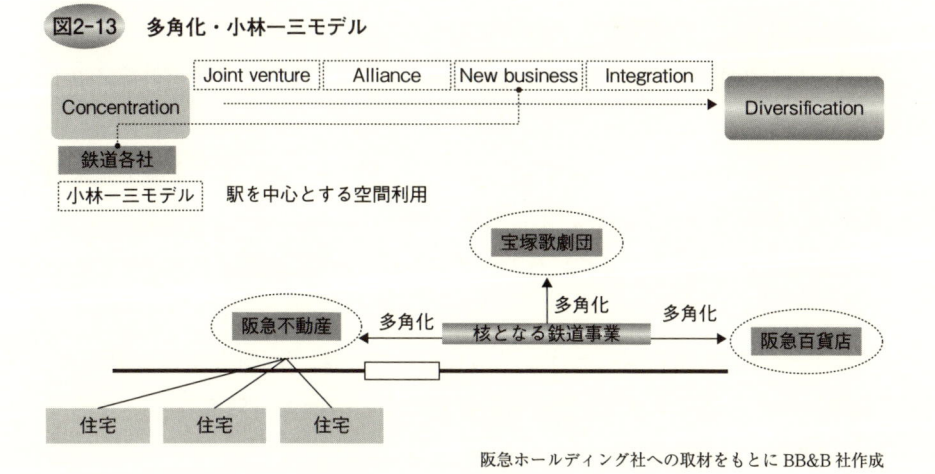

図2-13 多角化・小林一三モデル

阪急ホールディング社への取材をもとに BB&B 社作成

周辺ビジネスを拡大させている。

　具体的には，上野，大宮，西船橋，品川といった大規模開発の中で，ショッピングモール「Dila」，駅構内開発小売事業「ecute」といった駅構内開発事業を推進している。そして，この開発事業の中で東日本キヨスク，日本レストランエンタプライズ，JR東日本フードビジネスといった既存の関連会社が収益事業を展開している。かつてのキヨスクや立ち食いそばについては，リニューアルを進めているほか，商品内容を見直したり，提供する食材の品質やメニュー強化を図ったりしている。

　さらに，ハンバーガーレストラン「ベッカーズ」，コーヒーショップ「ベックスコーヒーショップ」，回転寿司の「うず潮」，おむすび専門店の「ほんのり屋」などは，エキナカという立地の有利さに甘んじることなく，素材や新鮮さなどに拘り，エキソトの競合に対しても十分競争優位に立てる内容の食材を提供している。

　新業態としては，コンビニエンスストア「NEWDAYS」の展開，企画性のある「駅弁屋旨囲門」や「マンスリースイーツ」などが挙げられる。「マンスリースイーツ」は月替わりで仕入先や商品を入れ替え，常に飽きのこないよう工夫したスイーツ専門店である。消費者ニーズにそのまま応えるという，マーケットインのビジネスモデルといえる。

　また，多様化する消費者ニーズに対応するため，自社資源だけでなく，無印良品，ユニクロ，吉野家といった角界の雄とアライアンスを結び，外部ノウハウの導入を図っている。

　この様な，戦略的ビジネス展開の結果，JR東日本グループによる小売業の売上は，2005年で1兆円を超える水準となり，これはイオンを筆頭とする，小売業売上ランキングで8位にランクインされ，あの三越を上回る存在となっている。

　もう一つのJR東日本における多角化事業の柱は，Suicaビジネスである。「2006年度JR東日本グループ経営計画」では，Suicaを「鉄道事業」「生活サービス事業」に次ぐ第三のビジネスの柱と詠っている。

もともと自動改札システムを発展させた，次世代の出改札システムとして，2001年にスタートしたSuicaであるが，交通系のICカードとして確固たる基礎が形成された今日，それを経営資源と捉え，Suicaをベースにした，多角化事業の展開が開始されている。

すでに，1993年からスタートしていたカード事業「ビューカード」との融合を図り，電子マネー事業やクレジットカード事業への展開が進められている。ここでも，グループ外企業とのアライアンスが，事業の牽引となっている。例えば，JALカードと組んだ「JALカードSuica」，これはJALカードで貯めたマイルがSuicaに転換できるなど魅力あるサービス提供である。また，「ビックカメラSuicaカード」は，家電量販店ビックカメラとのアライアンスにより誕生したもので，ビックポイントをSuicaと交換できるものである。

この様にJR東日本は，鉄道事業を核にした業務拡大を戦略的に行い，小林一三モデルを現代において見事に再現しているのである。

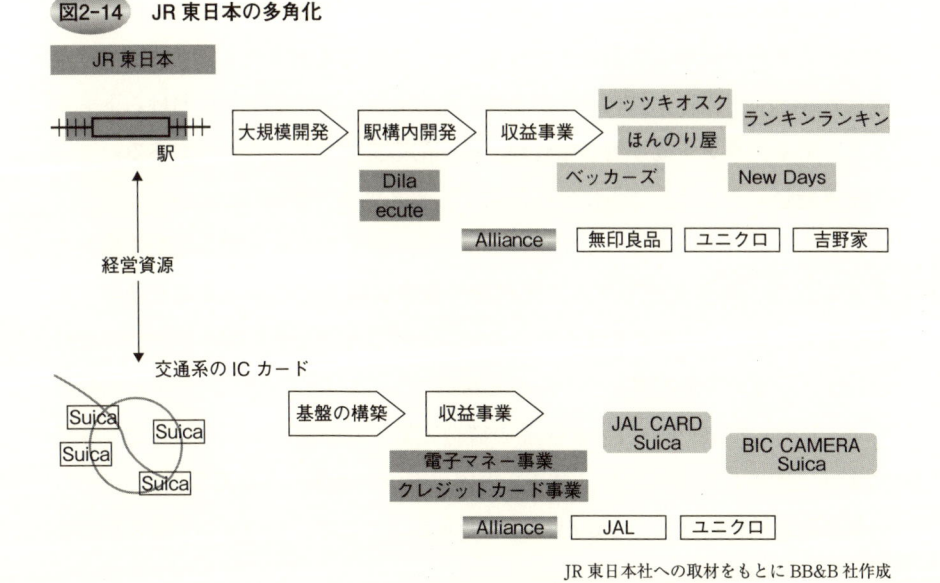

図2-14　JR東日本の多角化

JR東日本社への取材をもとにBB&B社作成

●バーティカルインテグレーション（Vertical integration；垂直統合）

多角化のもう一つの形態，垂直統合についてケースに基づきながら説明しよう（図2-10 Integration）。

垂直的とは，ビジネスの縦の流れである。つまり，サプライヤーから原材料が流れ，メーカーが生産し，流通業者を経由して消費者に届ける一連の流れである。この中で，例えばメーカーがサプライヤーや流通を統合するのが垂直統合である。これにより原材料加工や販売へと自社のコントロールの範囲の拡大，生産や販売との一体化による経営効率の上昇が可能になる。基盤となるテクノロジーなどについて，サプライヤー任せにせず，自社も関与するかあるいは，自社を内製化することも垂直統合的なビジネスモデルといえる。このモデルのデメリットは，サプライチェーンの流れを固定するので，消費者ニーズに対応した多様なビジネスモデルの構築が困難なことである。

米国のジーンズメーカーリーバイス社は，バーティカルインテグレーションを進めた。小売店をM&Aで統合し，次々と専門店を形成していった。リーバイス社は，この形態を通じて，小売ビジネスを自己のコントロール下に置いたのである。

トヨタのいわゆる「系列」は垂直統合モデルの一形態である。それは，部品やモジュラーの提供者であるサプライヤー，これらを組み立てるメーカー，販売会社など，グループ約800社が連携して，サプライチェーンにおけるトータルなコストダウン，効率的在庫管理，効率的販売を実現するものである。

垂直統合モデルは，さらに専門部品，生産ノウハウといったものを，系列で囲い込み，門外不出のものとすることが可能で，これにより参入障壁を築くことができる。90年代デジタル家電が価格競争に陥り，日本の家電業界の利益低下傾向に歯止めが掛からなかったのは，サプライチェーンマネジメントが行き届かず，水平分業していたからだと指摘されている。つまり，水平分業体制では，DVDプレーヤーなど新製品の製造装置，基幹部品といったものが容易に海外に流出しやすいことになり，中国，台湾の企業は，研究投資を使わず，一気に同水準に達することが出来たのである。そして，このコスト構造を武器

に低価格攻勢をかけてくるので，許容限度を超えた価格競争に陥り，利益を確保することが困難になるのである。

　松下電器産業もこの様な悪循環の影響を少なからず受け，2001年度，最終損益が4,310億円の大赤字を計上することになった。翌年度は黒字転換を果たすが，この回復をもたらした一つのストラテジーが垂直統合モデルである。基幹部品のブラックボックス化を図るため，コア事業における材料・部品から完成品に至るまでの垂直統合を徹底した。具体的には，システムLSIなど様々なテクノロジーを内製化し，これを知的財産として保護するといったことを行った。

　シャープが三重県亀山市に建設した亀山工場は，同じ敷地の中で液晶パネルから液晶テレビまでを一貫生産する，デバイス部門と商品部門が一体化した工場である。この一貫生産でコストダウンとともに，テクノロジーのブラックボックス化を図っている。

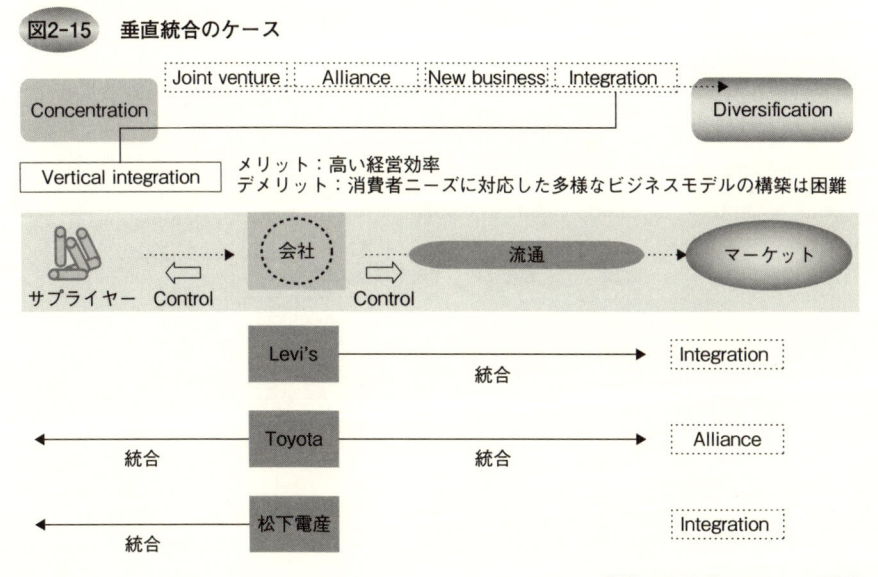

図2-15　垂直統合のケース

メリット：高い経営効率
デメリット：消費者ニーズに対応した多様なビジネスモデルの構築は困難

出所：BB&B社 e-ラーニング教材

● ダイベストメント（Divestment；撤退戦略）

行き過ぎた多角化を修正するのが撤退戦略である（図2-10 Divestment）。既に成立しているビジネスを売却したり清算したりするもので，IBM 社が PC 事業（Think pad）を，2005年中国の PC メーカーであるレノボ社に売却した例がそうである。これに対し，一部工場閉鎖など工場を閉鎖する戦略は，リトレンチメント（図2-10 Retrenchment）と呼ばれている。

3-3　競争優位の戦略（Competitive strategy）

● 全体構造

集中するにせよ，多角化するにせよ，そこには1つ以上の SBU が存在する。各 SBU の戦略が，競争優位の戦略である。競争に打ち勝ち，利益を上げ，その存在を長期的に保つための戦略である。ちなみに，多角化し，複数の SBU を持つ場合，成長性，シェアの異なるものを組合せとして持つべきと言われている（ポートフォリオマネジメント）。

図2-16　Corporate strategy の全体構造

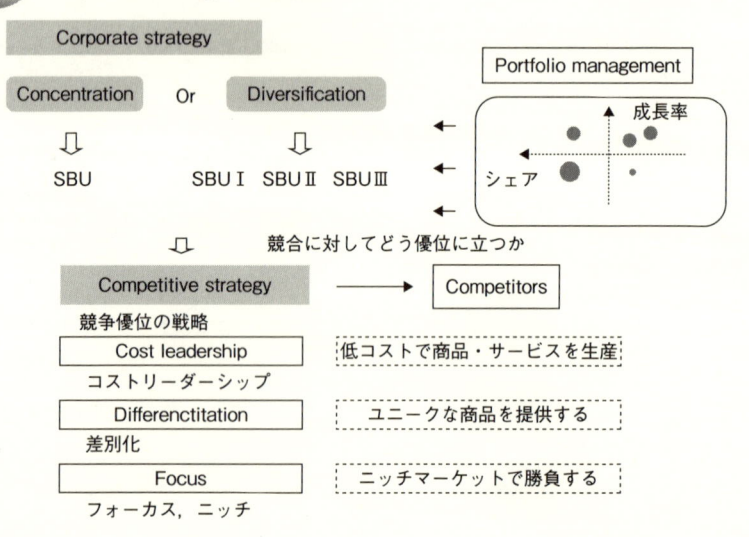

```
          Corporate strategy
                │
    ┌───────────┴───────────┐
 Concentration   Or   Diversification        Portfolio management
    ⇩                      ⇩                    成長率 ↑
   SBU              SBU I  SBU II  SBU III       シェア ←
                           ⇩
                   競合に対してどう優位に立つか
                 Competitive strategy  →  Competitors
                   競争優位の戦略
                  ┌─────────────────┐
                  │ Cost leadership │   低コストで商品・サービスを生産
                  └─────────────────┘
                   コストリーダーシップ
                  ┌─────────────────┐
                  │ Differenctitation│  ユニークな商品を提供する
                  └─────────────────┘
                    差別化
                  ┌─────────────────┐
                  │      Focus       │  ニッチマーケットで勝負する
                  └─────────────────┘
                   フォーカス，ニッチ
```

出所：BB&B 社 e- ラーニング教材

各SBUがとるべき戦略の基本は，ハーバードビジネススクールのマイケルポーター教授が提唱した，以下の3つの基本戦略にある。

① コストリーダーシップ（cost leadership）
② 差別化戦略（differentiation）
③ フォーカス戦略（focus）又は，ニッチ戦略（niche）

●コストリーダーシップ

商品・サービスを低コストで生み出し，消費者に低価格で提供するという戦略である。例えば各航空会社は，燃料代人件費内装設備費等のコストダウンに努力しているが，業界最高水準のコストダウンに成功した企業がコストリーダーシップである。図2-19のC点に至っていることが必要である。もう一つ，標準品質を有していることがこの戦略の条件である。

数ある米国のエアライン業界で最高のコストダウンを実現したのがサウスウエスト航空である。予約方法，飛行方法，機内サービス，機体の選定などに工夫が見られる。

この他，流通分野で米国のウォルマート，通販のアスクルなどがある。トヨタのカローラブランド，装置産業の新日本製鉄もコストリーダーである。

図2-17 Cost leadership

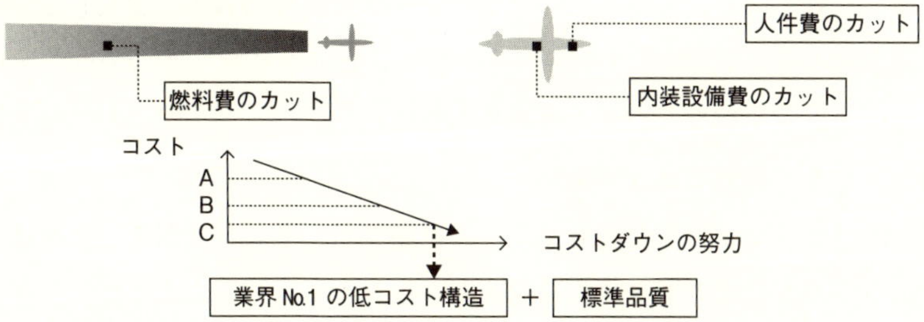

出所：BB&B社 e-ラーニング教材

図2-18 Differentiation

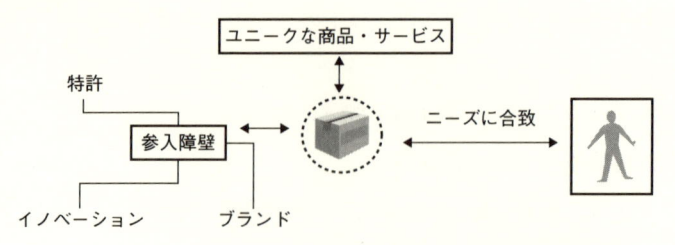

出所：BB&B社e-ラーニング教材

ドライ戦争に勝利したアサヒスーパードライ

出所：画像提供アサヒビール広報部

● 差別化戦略

　世に散乱する同種の商品と異なる，際立った特徴をもったユニークな商品を提供することである。消費者のニーズに合致した，他社に真似の出来ない差別化であることが必要である。参入障壁は，特許，イノベーション，ブランドなどにより形成される。アサヒ「スーパードライ」が提唱したドライビールの製造方法自体は，競合他社が真似できないものではなかった。その結果，キリンやサッポロもドライビールを出し，いわゆる「ドライ戦争」が起こった。しかし，キリン，サッポロはこの戦争に完敗した。これは，味の違いに加え，「スーパードライ」がドライビールの分野で圧倒的なブランドを確立したからに他ならない。

● フォーカス戦略（ニッチ戦略）

　小さなマーケットに特有なニーズを発見し，そこに差別化した商品，コストダウンにより低価格の製品などを提供する。一般の大きなマーケットが激しい競争状況にあるときは，既に十分なコストダウンや差別化に成功

図2-19　Focus

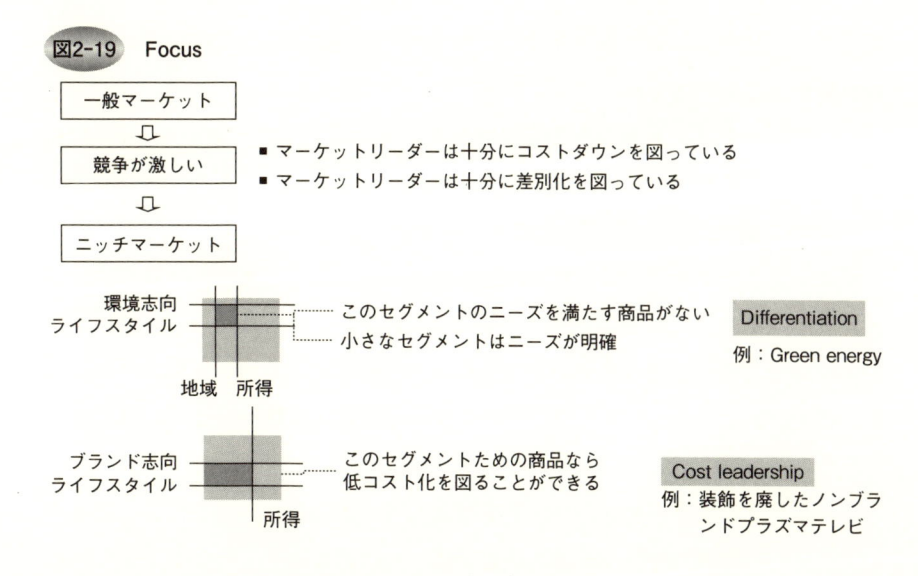

一般マーケット
⇩
競争が激しい
⇩
ニッチマーケット

- マーケットリーダーは十分にコストダウンを図っている
- マーケットリーダーは十分に差別化を図っている

環境志向ライフスタイル｜地域　所得
　このセグメントのニーズを満たす商品がない
　小さなセグメントはニーズが明確

Differentiation
例：Green energy

ブランド志向ライフスタイル｜所得
　このセグメントのための商品なら低コスト化を図ることができる

Cost leadership
例：装飾を廃したノンブランドプラズマテレビ

出所：BB&B 社 e-ラーニング教材

している先行企業がいるので，これらの戦略を取ることは困難である。そこでニッチマーケットに向かい，コスト戦略，差別化戦略を考える。

　例えばマーケットを，環境志向のライフスタイル，米国，アッパーミドルの所得でセグメンテーションすると，図2-18（中）の様になり，グリーンエナジーという，石油，石炭，原子力を使わず生産された電力（差別化）を，通常より高めの価格で提供することが考えられる。また，マーケットを，ブランド志向がないこと，自然志向というライフスタイル，ローアーミドルという所得でセグメンテーションすると，図2-18（下）の様になり，余計な機能を廃した，ノンブランドのプラズマテレビを最も低コストで生産することでコストリーダーシップを確立することができる。

3-4　職能別戦略（Functional strategy）

競争優位の戦略を実践面で支えるのが職能別戦略である。
例えば，家電メーカーのPC事業本部というビジネス単位には，R&D部門，

販売部門，サポート部門等があり，それぞれの部門がPC事業本部の競争優位の戦略を支える戦略を持つことになる。

　コーポレートストラテジーからファンクショナルストラテジーへの流れを，「ホームデポ」を例に見てみよう。

　1978年に設立された米国最大のホームセンターである「ホームデポ」のコーポレートストラテジーは，地理的拡大と多角化である。地理的拡大では，アメリカ国内での拡大に加え，海外にまで拡大している。多角化では，新型サービスの開発，新型店舗の開発があげられる。標準タイプのホームセンターに加え，自宅出張型のサービス，フローリングの専門店，高級リフォーム専門店などがある。

　これに対する競争戦略は，コスト戦略として，店舗をウエアハウス，倉庫タイプにして，オペレーションコストを下げ，一般的なホームセンターよりも安い価格を実現している。さらに，差別化戦略として品揃えが豊富で各店舗における顧客サービスの向上を打ち出している。コスト戦略と差別化戦略の組み合わせということができる。

　これらの戦略を実現するために様々な職能別戦略を実施しているが，ここでは顧客サービス向上のための職能別戦略を見てみよう。

　専門のトレーニングスタッフをおき，企業内で店舗従業員のトレーニングを徹底して行っている。各店では，この様な専門教育を受けた業員が顧客と接客している。この他，ペンキの調合や電機修理のプロを各店に配置し，無料の日曜大工教室を開催するといった活動を行っている。こういった職能別戦略により，単なる商品アソートメントに留まらず，商品を利用したライフスタイルを消費者に提供することになり，「ウォルマート」などと一線を画するポジションの形成に成功しているのである。

※ 3-3　競争優位の戦略, 3-4　職能別戦略についてはURL：http://www.ebbb.us の［sample］ボタンで動画学習体験可能。

第3章　分析

　アサヒには，大きく分けて国内酒類事業，国内飲料事業，食品事業，国際事業という4つのユニットがある。そして，国内酒類事業の中に，「スーパードライ」などのブランドが存在し，新製品が次々と投入される。

　〈分析→計画・開発→実行→コントロール〉というマーケティングマネジメントはどの様に適用されるか。

　既存のブランドについては，実行とコントロールが中心となる。つまり，広告，営業，チャンネル対策（実行），消費者満足度調査による商品の改良（コントロール）といった活動である。営業や消費者の相談窓口の担当者が，チャンネル，消費者の不満，要望などを聞けば，それらはいずれ商品開発や広告・販売の方法に反映され，コントロールを介して，マーケティングのサイクルが繰り返される。

　新製品開発では，フルマーケティングの活動が分析から始まる。「スーパードライ」の場合も，そのアイデアが出た1985年頃に遡れば，以下のようなフルマーケティングの活動が成されている。

① 人口動態の変化というマクロ環境の変化から，戦後世代のビールに対するテイストが異なるのではないかという仮説（分析）。
② その仮説を確かめるマーケットリサーチ。その結果から，クリアなテイストに対するニーズを確認（分析）。
③ 1986年，コクキレビールの成功による，このニーズに対する確固たる自信。
④ 「スーパードライ」ブランドの確立（計画・開発）。
⑤ 落合信彦をタレントに使った広告（実行）。
⑥ 特約店に対する説明会（実行）。

⑦　消費者を対象としたセールスプロモーションとしての試飲会（実行）。

●フルマーケティングの功罪

　フルマーケティングは，精度の高い製品開発をもたらし，製品が失敗するという意味でのリスクを少なくすることができる。しかし，時間やコスト，情報漏えいといったマイナスポイントもある。例えば，消費者リサーチを行うと，それなりの時間とコストがかかり，情報が漏れる可能性もある。情報をキャッチした競合が，先に商品を出してくるかもしれない。この様に考えても，なおフルマーケティングを行うか，それとも直感を頼りに一気に開発，実行と持っていくのか，これは経営判断に委ねられる。

　意思決定には，システマチックな判断と直感的な判断が必要である。システマチックな判断では，環境などから得られる情報を系統的に分析し，結果を慎重に評価し最終結論を出す。これに対して直感的な判断では，情報の集め方はランダムで，瞬間的な評価・検討を行い，最終結論に至る。しかし，直感的な判断が劣った判断という訳ではない。直感的(intuitive)は，優れた能力をさす。人の頭脳には，その人の過去の経験・知識が集積されている。この頭脳が新しい状況に瞬時に対応し，ある時は極めて適切な判断を行う。直感力に優れた人は豊富な知識・経験を持ち，それを瞬時に統合する能力を有している。直感的に成功する商品コンセプトを形成することが出来る人も，すばやくマーケティングコンセプトに基づいた判断をしている。

　しかし，直感的判断の限界は，個人の資質（楽観主義者や悲観主義者など）と状況の特性に影響されることにある。状況の特性とは，例えば，自分が犯した失敗を回復するという状況下では，高いリスクの中で大胆な判断をしがちであるといったことである。

　また，ある程度の規模の会社では，この様な発想を持った者が，トップ，あるいはそれに近い人間でなければ，発想をいきなり開発に移すことは困難ともいえる。

　1997年，ニューヨークマンハッタンにおいて，IBMのスーパーコンピュー

ターとチェスの世界チャンピオン、ゲリーカスパロフ氏のチェス対決が行われた。これは、1990年代に入って、PCの台頭により苦境に陥っていたIBMを甦らせ、1998年再び世界最強のコンピューターメーカーに鍛え直した、ルイスガースナーが企画した記念イベントである。ゲリーカスパロフ氏は、1秒間に2手先を読むことができると言われていた。一方、ディープブルーと名づけられたスーパーコンピューターは、1秒間に200万手先まで読むことができると言われた。この対決は、6局の対決に対して、僅差でディープブルーの勝利に終わったが、何故、2手/秒の棋士が何故200万手/秒のディープブルーとほぼ互角に対決できるのか。これが、人間独自の直感、コンピューターには持ち得ない思考回路なのである。

かつての人気商品ウォークマンもソニー首脳陣の直感によって生まれた商品である。システマチックなマーケティングにより成功した「スーパードライ」とは、同じヒット商品でありながら対照的である。

それでは、システマチックな判断の総合マニュアルであるフルマーケティン

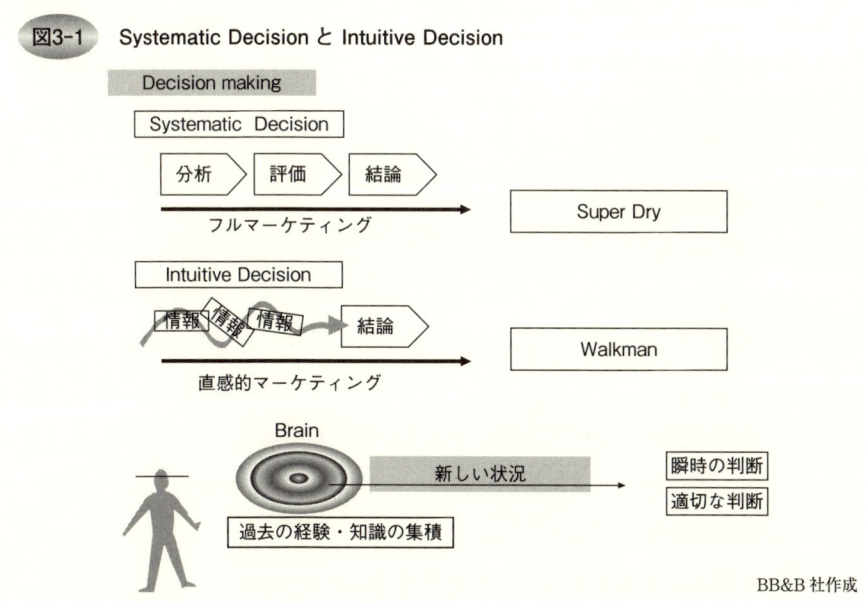

図3-1 Systematic Decision と Intuitive Decision

BB&B社作成

グを説明する。最初は分析である。

1. 分析の全体像

1-1 分析の目的

商品が継続的に売れる仕組みを作るというマーケティングの目的実現のために，トレンド，消費者ニーズに合致した商品コンセプトを考え，その商品コンセプトをビジネスにできるだけの能力が必要である。

商品コンセプトを考えるには，トレンド，消費者ニーズ，ウォンツなどを知ることが必要で，これが外部環境分析である。ビジネスに結びつけるためには自社の資源を知ることが必要になるが，これが内部環境分析である。

1-2 分析の種類

分析は，計画開発へと続くマーケティングマネジメントのスタートで，いわば計画開発のための，基礎資料の収集である。

分析対象については，マーケッターを取り囲む環境の図（図2-4）を思い出して頂きたい。マクロ環境，サプライヤー，カスタマー，競合，さらにマーケッターの内部（マーケティング能力，ファイナンス能力，製造能力，組織力など）が分析の対象となる。

2. マクロ環境分析

2-1 分析の目的

マクロ環境分析の目的は，マクロ環境の変化を掴み，新しい消費者のニーズを知り，商品コンセプトを描き出すことである。変化に注目するのは，環境に変化が起こると新たなニーズが生じ，あるいはニーズの強弱に変化が生じ，商品に対するウォンツが発生するからである。新たなニーズ，ウォンツには，基本的にそれを満たす商品が存在していない。いち早く商品を提供できたものが，ビジネスを制する訳である。

分析から商品に至る例として，高齢化社会になると健康ニーズが顕在化し，

健康食品に関連した様々な商品コンセプトが生まれるといったことが挙げられる。「スーパードライ」誕生を始め，ビール業界の趨勢にマクロ環境が関連していることについては2章で説明した。マクロ環境分析の構成要素は，人口動態，経済，自然環境，テクノロジー，政治・法律，社会・文化である。各要素による分析事例として，図3-2を参考にされたい。

2-2　分析の視点

マクロ環境の対象は幅広いので，視点を持つことが必要である。ピータードラッカー教授（米国クレアモント大学）は，著書『すでに起こった未来』の中で，変化を予測するよりも，「すでに起こった未来」を確認することが重要と言っている。未来予測よりも，既存の変化を確認し，それを機会として利用する考え方である。

この視点に立つと，既に一般的に言われていること，つまり，少子高齢化社会，環境重視，エネルギー枯渇，インターネットの台頭といった，いわば当た

図3-2　マクロ環境分析の実例

	分析の視点	分析例	⇒	ビジネスチャンス
人口動態	人口　年齢分布　家族形態	働く女性の増大		家事などに充てる時間不足解消するビジネス
経済	収入分布　所得　貯蓄　消費	各国の所得分析		所得に応じたマーケティング戦略
自然環境	環境破壊　資源の枯渇	エネルギーコストの増大		代替エネルギー商品の開発
テクノロジー	テクノロジー進歩	デジタル技術		情報のデジタル化
政治法律	政府規制　補助金	リサイクル法		リサイクルビジネス
社会文化	価値観	快楽追求型から自己実現型へ		教育ビジネス

BB&B社作成

り前のことを見つめ直し、これらトレンドをどうビジネス化するかに注目するかということになる。例えば、健康志向、高齢化社会、環境重視、資源の枯渇（エネルギー問題）、IT、規制や規制緩和はすでに起こった未来である。

2-3 分析例

以下は、マクロ環境の変化を掴んだ最近のビジネス事例である。

【健康志向】

1993年にアサヒビールが、「十六茶」を世に送り出したのを皮切りに、翌年日本コカコーラが、このイミテーション商品（第4章 競争戦略 第3節 フォロアーの戦略参照）である「爽健美茶」を投入し、爆発的なヒットを飛ばして以来、健康志向を売り物にしたお茶がトレンド商品となった。

最近の、厚生労働省許可の特定保健用食品の代表格、花王の「ヘルシア緑茶」は、高濃度茶カテキンが、体脂肪を減らすという属性を持っている。

しかし、体脂肪対策系の食品には枚挙にいとまがない程世に出回っており、それ自体では、多くの競合の中に埋没してしまう。特定保健用食品によるオーソライズも、2005年現在で500件以上あるという現状の下では、決定的な差別化にはならないだろう。同じ健康でも疲労、肩こりといった別の訴求点を設けたり、後で説明するポジショニングでの工夫が必要である。

シャープは白物家電について、機能や便利さだけでなく、清潔・健康的な暮らしを追求する商品が必要と考えた。そこで開発されたのが「プラズマクラスターイオン」というコアテクノロジーである。これは、表面の細胞膜がタンパク質から出来ている浮遊有害菌のタンパク質を破壊し、雑菌の活動を抑制するものである。このプラズマクラスターイオンは、空気清浄機、エアコン、加湿器、除湿機、ファンヒーター、サイクロンクリーナー（掃除機）、冷蔵庫といった商品ラインナップに生かされ、同社のコアコンピタンシーズ（他社を圧倒する、核となる技術）となっている。また、イナックスのシャワートイレ、トステムの浴室換気乾燥暖房機、ガス会社のガスファンヒーター、さらにはカー

エアコンにまで採用されるなど，健康関連商品の浸透力の強さを垣間見ることができる。

【IT】
　松下電器産業が，2001年度の最終損益が4,310億円の大赤字から，翌年度には黒字転換を果たしたが，松下に回復をもたらしたもう一つの要因が，ITの積極的な導入によるサプライチェーンマネジメントである。
　黒字への回復劇は，当時の社長中村邦夫氏の指揮で行われたが，中村氏はアメリカ松下電器会長時代に，ウォルマートのサプライチェーンマネジメントの様な，ITを最大限に利用した情報ストラテジーなどを目の当たりにし，21世紀型のスピーディーな経営体質のために松下にITを進める必要性を感じたとコメントしている。その考えは中期経営計画（2001〜2003年度）に反映され，これに先立つ2000年IT革新本部を新設し，中村氏自身が本部長に就任した。商品開発，顧客との双方向のコミュニケーション，そして，原材料の調達から採算，デリバリー，アフターサービスにいたるサプライチェーンマネジメントにおいてITのマトリックスが出来上がり，スピーディーな経営体質の基礎が構築されたのである。

【発泡酒と酒税法】
　政治法律の分析の視点は政府規制，補助金などである。政府規制は一般にビジネスに抑制的に働くが，ビジネスチャンスになる場合もある。リサイクル法の分析は，一般にコストアップをもたらすが，逆にその解決策を企業に提案するというビジネスが生まれる。
　酒税法は政府規制の一つである。発泡酒は，酒税法の定める課税標準がもたらした商品である。つまり，麦芽使用比率が25％未満の場合には酒税法の課税が下がるので，これを利用してビール類似の低価格飲料を実現した。製造コスト面だけでは，麦芽を25％未満にしても，必ずしもコスト構造がそれほど変化するわけではなく，低価格は酒税法の規定の理由によるのである。その意

味でもし酒税法がなければ，あるいは酒税法が麦芽比率の如何によらず課税していたら，敢えて味の落ちる発泡酒を作る理由はなく，価格訴求を目的とした発泡酒そのものが存在していないとも考えられる。

3. マーケット分析

マーケット分析は，商品・サービスを販売する顧客のニーズを直接捉えるものである。情報はマーケットから直接拾う場合（プライマリーデータ）と，マーケットについての情報を含んだ資料などから得る場合（セカンダリーデータ）がある。

3-1 データの加工方法

データをただ眺めるのではなく，データプロセシングが必要である。データについて論理的に考えたり，感性を働かせて考えたりすることで，平均，標準偏差といった統計的処理は論理的処理方法の一つである。データは最終的にユニークな商品コンセプトとして結実する。

3-2 定性分析と定量分析

仮説を立てる分析が定性分析で，仮説を確認する分析が定量分析である。

例えば，今求められている携帯のデザイン，機能はどんなものかを，様々な消費者に聞いて，次代の携帯のコンセプトを考える。消費者同士にディスカッションさせ，そこから仮説を立てるという方法もある。マーケットの声を参考にせず，開発者が直感的に考える場合もあるだろう。

この様にして得られた仮説はまだ確信の得られるものではない。所詮，少数の消費者の意見を聞いているに過ぎないからである。また，この章の冒頭で説明した通り，直感的なアイデアは，個人の資質と状況の特性に影響されリスクが高い。

そこで考えられた新しい携帯のデザイン，機能について，どう思うか，多くの人にアンケートの形で聞くことが必要である。これが定量的分析である。

図3-3 データからコンセプトが形成される過程

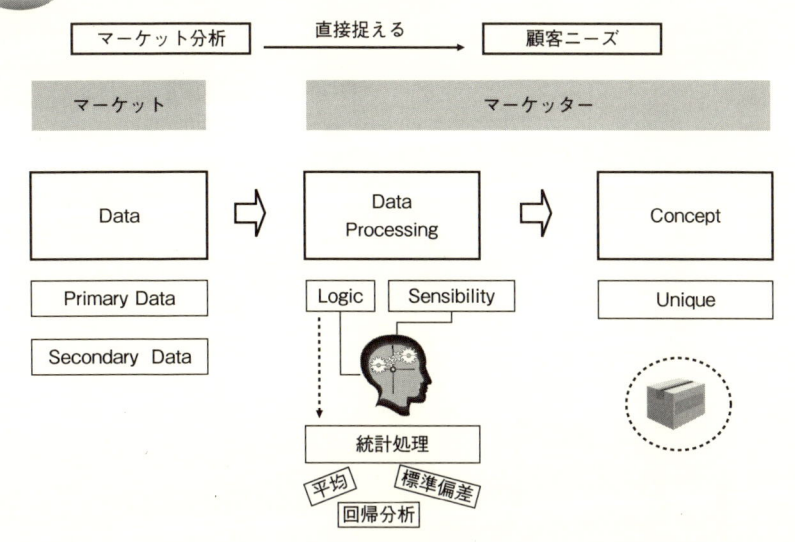

```
マーケット分析  ──直接捉える──>  顧客ニーズ

    マーケット                    マーケッター

    ┌──────┐      ┌──────────┐      ┌──────┐
    │ Data │  ⇨   │   Data   │  ⇨   │Concept│
    └──────┘      │Processing│      └──────┘
                  └──────────┘
   ┌──────────┐    Logic  Sensibility    ┌──────┐
   │Primary Data│                        │Unique│
   └──────────┘                          └──────┘
   ┌────────────┐
   │Secondary Data│
   └────────────┘
                     統計処理
                 平均   標準偏差
                    回帰分析
```

出所:BB&B社 e-ラーニング教材

定性分析,定量分析の方法について説明しておこう。

●定性分析
①観察

最も単純な方法として視覚による観察がある。類似サービスの観察は有効な方法の1つである。例えば,新しいファーストクラスサービスを計画している航空会社はどのような観察をすべきか。他の航空会社のサービス提供について観察すべきである。スターバックスにチャレンジする人は,スターバックスのサービスを,何回も足を運んで徹底的に観察するだろう。

②インタビュー

定性分析の中心はインタビューである。例えば新しい健康食品を考えている人は「今の健康食品のどこに不満がありますか」「こんな健康食品は買いますか」といった質問をしながら,消費者の真意に至る。消費者の深層心理に至る効果的なインタビューには相当なテクニックと熟練が必要であ

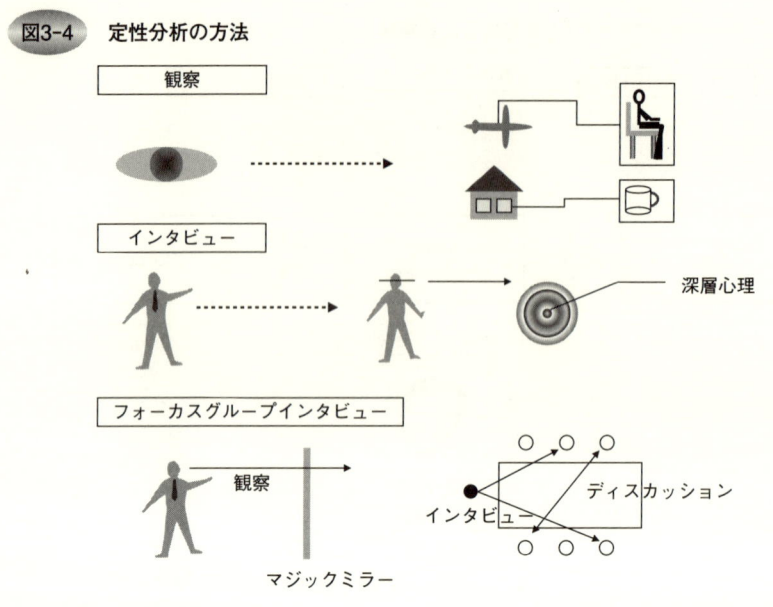

図3-4 定性分析の方法

観察

インタビュー　　　　　　　　　　　深層心理

フォーカスグループインタビュー

観察

マジックミラー

インタビュー　ディスカッション

出所：BB&B 社 e-ラーニング教材

る。

③フォーカスグループインタビュー

インタビューのバリエーションとして，フォーカスグループインタビューがある。複数の消費者に同時にインタビューする，消費者同士のディスカッションをさせるといった手法で，消費者心理に至ろうとするものである。専門の司会者が進行を誘導する。マジックミラー越しに，ディスカッションを観察する者が進行を客観的に分析する。

●定量分析

定量分析は，相当数の消費者を対象とするので，調査方法は一般的にアンケートによる方法で行われる。最初にアンケートを作成する。まず原案を作成し，テストを行う。次に，完成したアンケート用紙を基にしたアンケート調査の実行である。渋谷，新宿など種々雑多な人が行き来する場所で，

図3-5 定量分析の流れ

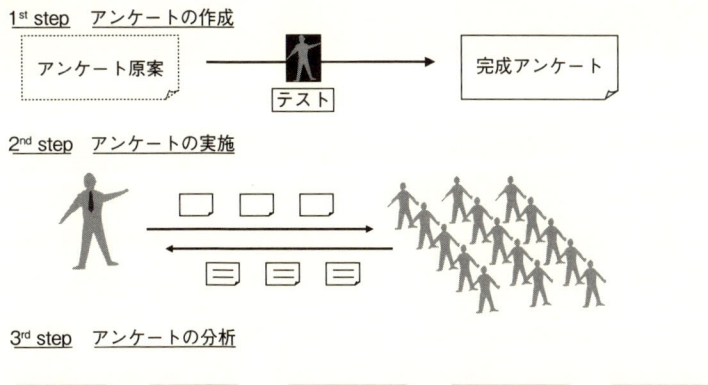

1st step　アンケートの作成

アンケート原案　→　テスト　→　完成アンケート

2nd step　アンケートの実施

3rd step　アンケートの分析

集計 〉分析 〉ファイディング 〉コンセプト修正 〉最終コンセプト 〉

出所：BB&B社 e-ラーニング教材

性別，年齢を限定してアンケートの依頼を行う。最後にダイレクトメール，インターネットによるアンケート情報の処理である。アンケート結果は集計，分析され，ファインディング，つまり何かの発見を得る。ファインディングに基づきコンセプトを修正する。コンセプトに否定的，修正的な何かが発見された場合は，コンセプトは修正される。そして最終コンセプトが得られる。定量分析の実際を見てみよう。

【一般の事例】

　例えば，携帯のデザインの調査では，様々なデザイン，カラーの試作品を並べ，順位を付けてもらう，試作品を種々雑多な携帯と混在させた陳列を設け，その試作品がどれ位目につくか評価してもらう，といった調査である。さらに，10キーのピッチ，タッチの感覚，スクロールキーの使い易さなど実際に手に取り評価してもらう。また，ワンセグといった機能について，必要性を感じるか，どの様な場面で使いたいか，録画機能まで必要か，ワンセグのデザインはどの様なものがいいかといった，細かい調査を行う。

他に，オレンジジュースの調査であれば，候補となっている数種のサンプルを試飲してもらい，その総合評価，甘さ，果汁感，酸味，苦み，果皮感，後味など細目に渡る評価をさせたりする。

　製品そのものではなく，広告についての効果の定量的把握が行われることもある。広告を見せ，①広告そのものが好きか，②商品の特徴が分ったか，③商品を買う気になったか，といった質問をする。

　自動車の様な大型の商品については，現物を前にした定量調査は困難なので，例えば新しいワンボックスカーのテレビCMを，他社のCMと同時に見てもらい，このCMで買う気になったかといった総合評価とともに，どの様な特徴の車と感じたか，それはCMのどのシーンからかといった細かい評価をしてもらう。自社のCMが他社のCMより強いアピール力があるか，特徴が伝わっているかといった点が解明される。

　冒頭で，フルマーケティングは時間，コストを犠牲にすると述べたが，これはマーケティングリサーチの程度についてもいえることである。精度の高い定量分析を行おうとすると，時間とお金がかかる。

　例えば，飲料のパッケージングと広告の調査について見てみよう。アメリカのショッピングモールでは，あるスペースにブースが設けられ，モールでショッピングをしている人々を対象に，そのブースで幾つかの広告を見せ，例えば20ドルを渡して，実際に種々の飲料を販売している店舗に行ってもらい，好きなものを買って来てもらう，といったリサーチをよく見かける。かなり現実に近い場面を設定できるので，実際の広告，パッケージングデザインの効果を高い精度で計測することができる。Simulated store techniqueと呼ばれる方法である。

　日本の様な余裕のないショッピングモールでこれを実施するのは困難である。しかし，時間とコストを節約したミニバージョンを行うことは可能である。雑居ビルの一室に，コンビニと同じような陳列棚を設け，10秒だけ陳列を見せる。そして憶えている商品名を記入してもらう，あるいは，ずっと陳列を見たまま今10本買うとすれば，何を何本ずつ買うかといった調査をする。これ

によりパッケージのインパクトを知ることができる。さらに，広告を見てもらい，広告そのものの調査を行った後，再び陳列から10本選んでもらう。これにより，広告の効果を知ることができる。

　これらは，すでにある程度コンセプトの固まった製品について，定量的にその是非を確認するものであるが，定量的調査からの意見を定性的に用いる，つまり次の商品コンセプトの参考にするといったことも，もちろんある。

【「スーパードライ」を生み出した定量調査】
　ビール業界を一気にマーケティングコンセプトにコペルニクス的転回させた，マーケットリサーチをここで詳しく見てみよう。「コクキレビール」（1986年），「アサヒスーパードライ」（1987年）を生み出す原動力となったリサーチである。
　人口動態というマクロ環境の変化から，戦後生まれの世代の食生活を見ると，①動物性たんぱく質を好む傾向，②甘さや塩分を控える傾向，③外食産業の味付けが薄味に向かう傾向にある，といった点が観察された。そして，ビールについても，戦後世代は好みが違うのではないかという仮説を立てたのである。さらにこの前提として，これまで消費者はビールの味が飲み分けられないとの仮説を覆す必要があった。
　これらの確認と，さらなるビールの好みについての具体像を知るために，1985年に，東京と大阪で5,000人を対象に大々的なマーケット調査が実施された。これは，実際に売れている様々なビールを消費者に飲んでもらい評価を得るというものであった。世代間のニーズの違いを明確にするために，Ⅰ明治，大正生まれ，Ⅱ戦前の昭和生まれ，Ⅲ戦後から昭和35年までの生まれ，Ⅳ昭和36年以降の生まれ（20歳未満で飲酒不可なので，この調査の対象外）に分けて，調査された。
　この結果，①消費者はビールの飲み分けができる，②Ⅰ，Ⅱの世代は，苦みを好む傾向にあったが，Ⅲの世代は，苦みだけでなく，「口に含んだときの味わい」「スッキリしたのどごしのよさ」を嗜好していることが分った。

こうした調査結果も参考にしながら，戦後世代をターゲットにした，クリアな味のビールというアイデアが浮かび上がった。クリアなビールとは，ビールから雑味感を取り除いた味である。

さらに，ここでクリア度をどれ位にするかが問題になったが，クリア度の異なる「コクキレビール」「スーパードライ」「Z」という3つのビールが順次市場に投入され，「スーパードライ」が最適なクリア度のビールとして現在に息衝いているのである。

4. 内部環境分析

外部環境がもたらしたビジネスチャンスをものに出来るか，これは自社の資源にかかっている。この資源の分析をするのが，内部環境分析である。

内部環境分析についてはストラテジーのところで説明した。そのインデックスの例として，「マーケティング能力，ファイナンス能力，製造能力，組織能力」を挙げた。これらのインデックスをさらにブレークダウンして，その能力をトータルで計量的に把握する方法を見てみよう。Pros and cons（プロスアンドコンズ）と呼ばれる方法である。

4-1 Pros and cons（プロスアンドコンズ；損得の計量的把握）

図3-6にある様に，マーケティング，ファイナンス，製造，組織の能力といった項目について，その内容を列挙する。

次に，プロジェクトごとの重要度と達成度を計算し，その掛け算の結果が定量的な達成度である。

例えば，重要度をA，B，Cで評価し，達成度を5段階で評価，Aを3，Bを2，Cを1として，各項目について掛け算をし，その合計を求める。この重要度，達成度は，これがシステマチックな分析である以上，直感によることなく，それなりのリサーチをすることが必要である。

図3-6のプロジェクトは，携帯電話端末機を生産する事業で，消費者ニーズに合致した新しい商品を開発するマーケティング力，消費者に安心感を与える

ブランド力も重要だが，商品の差別化は限界に来ており，コスト競争力がより大きなポイントになっている。また，思い切った環境の変化に応じた早い決断が求められ，経営陣のリーダーシップが強く求められる。そして，同じ指標についての競合の達成度を参考にしながら，このプロジェクトをGOするかSTOPするかを決定する。

　BB電子工業はまだ携帯事業に参入していないので，製造能力は今のところないが，M&Aなどにより取得可能な能力の観点から評価される。この会社のプロジェクトに対する内部環境評価は74点で，業界リーダーB社の83点には及ばないものの，業界2位のA社を上回っている。基本的にプロジェクトはGOということになる。これはPros and cons（プロスアンドコンズ）と呼ばれる方法で，損得を計量的に把握するものである。

　以上は，携帯端末機の事業についての単純化したシミュレーションであるが，折しも，「ナンバーポータビリティー制度」導入前日の2006年10月23日，ソフトバンクの孫正義社長は会見で，

図3-6　内部環境分析 Pros and cons

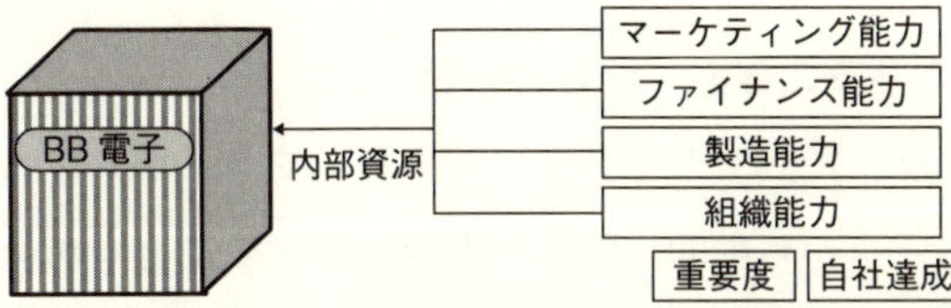

		重要度	自社達成度	A社達成度	B社達成度
マーケティング	ブランド	B	3	3	4
	リサーチ	B	3	3	4
ファイナンス	資金調達力	A	4	3	5
	キャッシュフロー	A	2	3	5
製造	効率性	A	5	3	4
	能力	B	4	3	5
組織	リーダーシップ	A	5	3	3
	献身的な従業員	B	3	3	3
			74	60	83

① 加入するプラン次第では、ソフトバンクの携帯電話同士であれば、国内の通話とメールのやりとりが一部の例外を除いて無料になる。
② 同等のプランでは、他社の月額基本使用料から200円引きとする。
③ 競合相手が対抗して値下げを行った場合、24時間以内に更に値下げする。

といった価格戦略を表明した。

「ナンバーポータビリティー制度」導入により、ドコモ、au、ソフトバンク3社の競争が激化している。各社競合分析（次に説明）、自社の内部資源分析を行い、戦略を立てているのである。ソフトバンクの価格戦略の背景には、買収したボーダフォンの携帯電話事業の収益を担保に、「証券化」という手法で複数の金融機関から1兆4500億円を調達する、というファイナンス上のテクニックが考えられる。これは、低コストのファイナンスを可能とするもので、ファイナンスに関する内部環境の強みとして評価できるだろう。

この様な内部資源の強み評価の結果として、コストリーダーとしてのコスト構造に自信を持ち、会見で価格戦略として表現されたものと思われる。

4-2 サプライチェーンからみた強み・弱みの分析

Pros and cons は、一つのシステマチックなアプローチであるが、さらに視点を変えて、サプライチェーンから動的に強み・弱み分析することも考えられる。これは、既に動いているビジネスをバリューチェーンにより分析するものである。つまり、原材料が加工されて、製品→最終消費者→アフターサービスに至るプロセスであるサプライチェーンのどこでバリューが生み出されているかを考えるものである。

バリューは、顧客から見て価値があるかという点と、かつそれを低コストで実現されているかという点があることに着目して頂きたい。

製品はOKでも、原材料の調達に問題がある場合も考えられる。高い調達コストは、商品の価格に反映され消費者にとってマイナスとなる。商品が同じ程

度なら，この部分にバーゲンパワーがあり，低価格を提供できる競合他社を消費者は選択することになる。従って，この会社は調達の弱みを直視し，その改善策を考えると共に，その弱みを他のバリューチェーンで補うことも視野に入れる必要がある。

5. 競合分析

競争優位の戦略を樹立のための競合分析である。トータルプロセスは次の様になる。

①競合の特定

誰が競争相手かを明らかにする。食品，家電といった産業上の分類により競争相手を特定するか，マーケットニーズにより特定するのかといった視点である。

②競合の分析

競合分析の最終目的は，競争優位に立つ戦略の立案のためなので，相手のゴールは何か，どの様な方法でそのゴールに向かおうとしているのか，強み・弱みは何か，といった点が注目される。そこで，相手の目的・戦略・

図3-7 競合分析の流れ

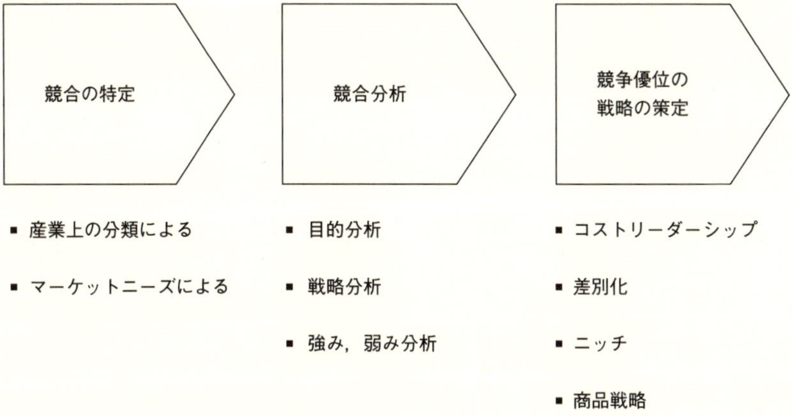

競合の特定 → 競合分析 → 競争優位の戦略の策定

- 産業上の分類による
- マーケットニーズによる

- 目的分析
- 戦略分析
- 強み，弱み分析

- コストリーダーシップ
- 差別化
- ニッチ
- 商品戦略

強み・弱みといった視点の分析が考えられる。

③競争優位の戦略の策定

これまでの分析を基に競争優位に立つための戦略を考える。コスト，差別化といった基本戦略を考え，さらに個々の商品戦略に至る。

5-1　競合の特定

競合の捉え方には，①同じ産業に属する会社を競合とする考え方（インダストリーコンセプト）と，②同じ消費者ニーズを満たす商品を競合とする考え方（マーケットコンセプト）がある。

インダストリーコンセプトで競争相手を考える場合，競合の数に着目する。完全独占，寡占，独占的競争，完全競争となるにつれて競争相手が増えることになる。しかし，これでは競争の状態や，おおまかな競争相手を把握できても，商品ごとの具体的な競争相手を特定することはできない。

図3-8　競合の特定

インダストリーコンセプト

| 完全独占 → 寡占 → 独占的競争 → 完全競争 |

■ …… 代替品を提供する会社

マーケットコンセプト

サントリー	アルコール	アサヒ	キリン	タカラ
	清涼	コカコーラ	キリン	アサヒ飲料
	レストラン	マクドナルド	スターバックス	和民
	コンサート	オーチャード	東京文化会館	NHKホール

■ …… 同じカスタマーニーズを満たす会社

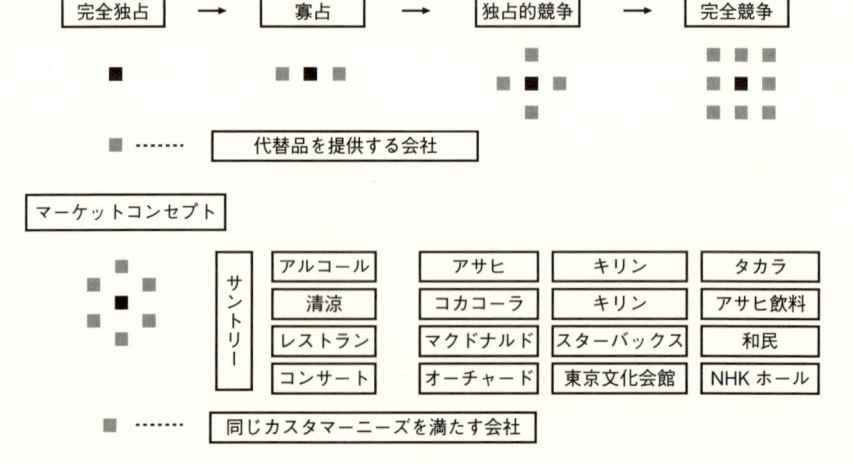

出所：BB&B社 e-ラーニング教材

これに対して，マーケットコンセプトで競争相手を考える場合，競争相手は同じカスタマーニーズを満たす会社である。扱う商品のカテゴリーごとに競合を特定することができる。この観点から，サントリーの競合を考えてみよう。アルコール，清涼飲料水，レストラン，コンサートホールは，それぞれ異なる消費者ニーズを満たすと考えられる。

 アルコールをウイスキー，ビール，チューハイ等に細かく分けることも考えられる。アルコールの競合は，ニッカ，キリン，タカラなどである。清涼飲料水の競合は，コカコーラ，キリンビバレッジ，アサヒ飲料，レストランの競合は，マクドナルド，スターバックス，和民，コンサートホールの競合には，オーチャードホール，東京文化会館，NHKホールなどがある。

5-2 目的分析

 利益は最終的な目的であるが，その前に考えるべきことは，シェアを最大化する，業界のリーダーになるといった目的である。また，短期，長期といった

図3-9 目的分析

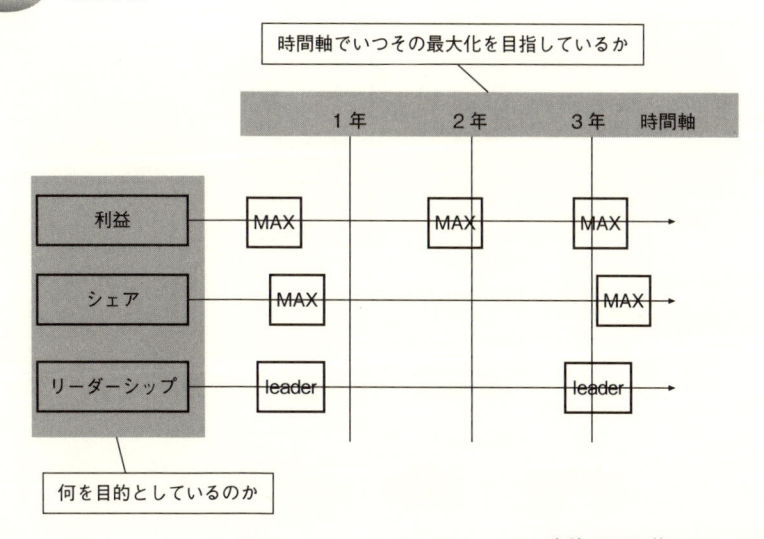

出所：BB&B社 e-ラーニング教材

視点も重要である。図3-8の様に，直接の目的を列挙し，時間軸とのマトリックスで相手の目的を分析するとよい。

5-3 戦略分析

競合の差別化戦略などを分析することである。図3-10は，ポジショニングマップを使った分析例である。新車を開発する場合の競合商品のスポーティー度，高級度に着目した教科書事例であるが，この様な結果になったとしよう。では新車開発をどう計画すべきか。例えば，点線の円の部分は競合の度合いが低くなっている。ここに消費者ニーズが存在すれば，この部分の特徴を持つ新車開発を検討する余地が出てくる。

しかし，ありきたりの特徴でプロッティングするのではなく，新しい差別化ツールの分析が重要である。差別化とは，何か他の商品とは異なる特徴を出して，その存在を際立たせる戦略であった。どのようなツールで差別化するか，そのための情報として，他社が何で差別化するかを知る必要がある。

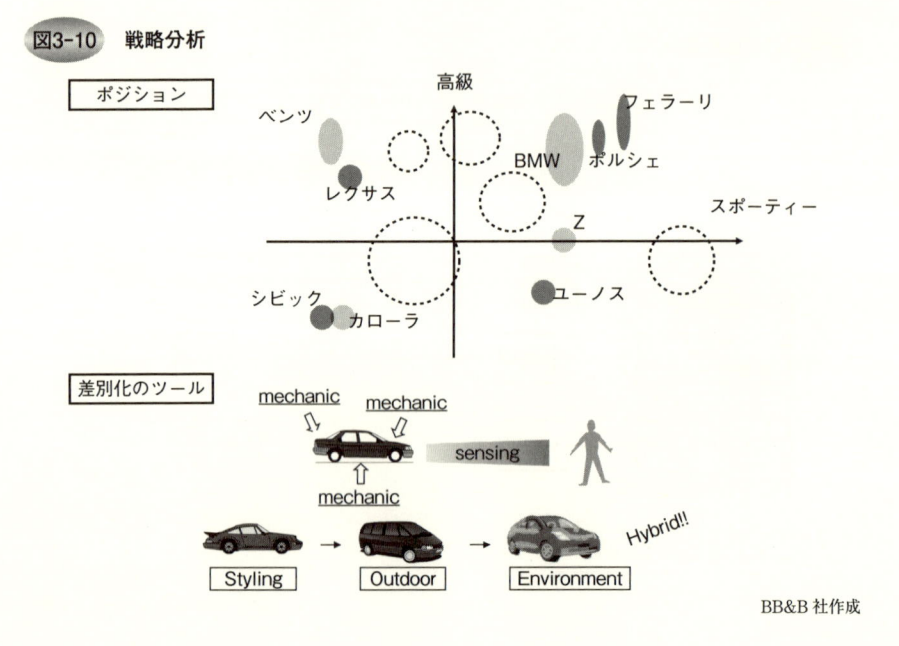

図3-10 戦略分析

BB&B 社作成

トヨタは，GM等米国のメーカーが，メカニックの部分の差別化に専念している中，センシング技術の差別化に着手した。また，車の差別化の流れに，スポーツカー等スタイリング重視の差別化からアウトドアー等機能重視の差別化への流れがあった。ここでトヨタは環境に配慮した差別化を計画し，ハイブリッドカーを世に出したのである。

5-4 強み・弱み分析

まずビジネスにとっての成功要因，キーファクターオブサクセス，略してKFSを明らかにする。例えばKFSを品質，価格，サービス，営業力，知名度としよう。

ある業界のA社，B社，C社の商品はこのKFSをどれだけ満たしているか。今A社，B社，C社の商品を図3-11の様に丸で表し，KFS各要素を点線で描かれた丸で表し，このようにKFSで囲むスタイルで表現してみよう。

丸は，大きい程その達成度が高い。A社の商品は営業力，知名度で劣って

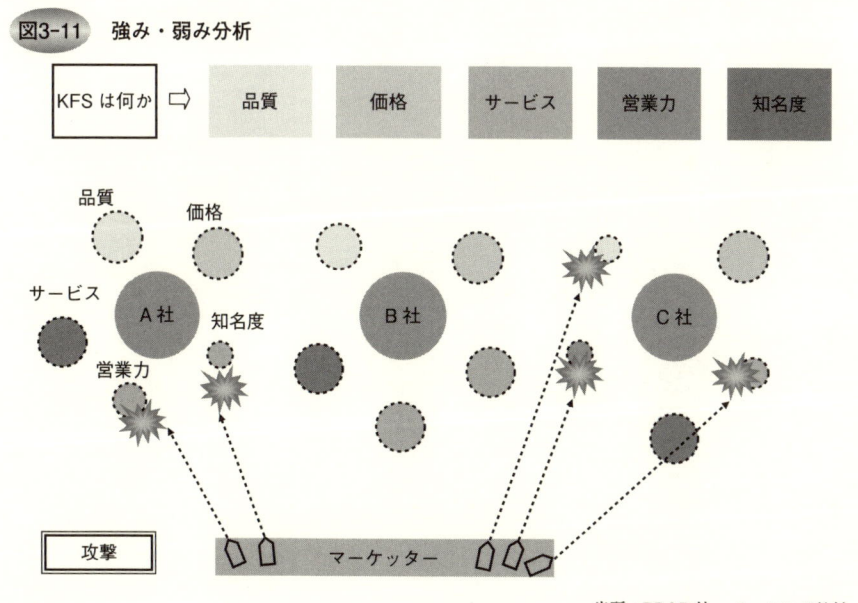

図3-11 強み・弱み分析

出所：BB&B社e-ラーニング教材

いる。B社の商品は特にこれという弱点はない。C社の商品は品質，サービス，知名度が劣っている。

　マーケッターは各社の弱点を攻撃する。A社の商品に対しては営業力，知名度で勝負し，弱点のないB社の商品に対しては，とりあえず打つ手がない。C社の商品に対しては高品質，高いサービス，知名度で勝負することになる。

5-5　競争優位の戦略

　分析は，戦略策定，商品コンセプトの形成のための準備作業である。直接個々の商品・サービスに係わる戦略は，競争優位の戦略である。手順を挙げると，

① 競合分析の結果などを利用して競争優位の戦略をどう進めるか，つまり，コスト戦略なのか，差別化戦略なのか，ニッチなのかを考える。
② 基本戦略を挙げ，具体的に個々の商品・サービスのコンセプトを考える。

ということになる。

第4章　マーケティング戦略

　前章では競争状態の分析を行い，その結果を元に，競争に対して相対的に優位に立つ戦略を考えた。

　第2章のストラテジーのところで説明した通り，戦略にはSBUを決定するコーポレートストラテジー及び各SBUにおける競争優位の戦略であるコスト，差別化，ニッチ，これら戦略を実践するための職能別戦略が基本となっている。前章での，競合の弱みを知りそこを攻撃するのは，これら基本戦略のための方法論である。例えば，自動車業界において，他社のバリューチェーン分析を行い，他社が相対的に整備などアフターサービスの体制に弱点があると分析すれば，この部分における差別化を徹底的に図るといったイメージである。

　同様の方法論として，その産業内におけるマーケットシェアに着目し，その地位に応じて戦略を考えるというテクニックがある。

　これは，

① トップシェアを有する会社をマーケットリーダー
② リーダーに挑戦するチャレンジャー
③ リーダーとは一線を画するフォロアー
④ ニッチマーケットを狙うニッチャー

という立場に分け，それぞれが採り易い戦略をパターン化したものである。

1. マーケットリーダーの戦略

　マーケットリーダーは，ビジネスをスタートした後，シェアを拡大し，ついにトップシェアを獲得した。しかし，ここからさらにシェアを伸ばすことは容易でない。最初は急激な勢いで拡大したビジネスも，次第に拡大の速度は遅く

図4-1　マーケットリーダーの戦略

スタート → シェアー拡大 → トップシェアー → シェアー拡大の限界

ビジネスを拡大するには ……… 全体のマーケットを拡大する

- シェアの維持
- 防衛!!
- シェアの拡大→限界
- トータルマーケットの拡大
- 拡大されたマーケット

BB&B 社作成

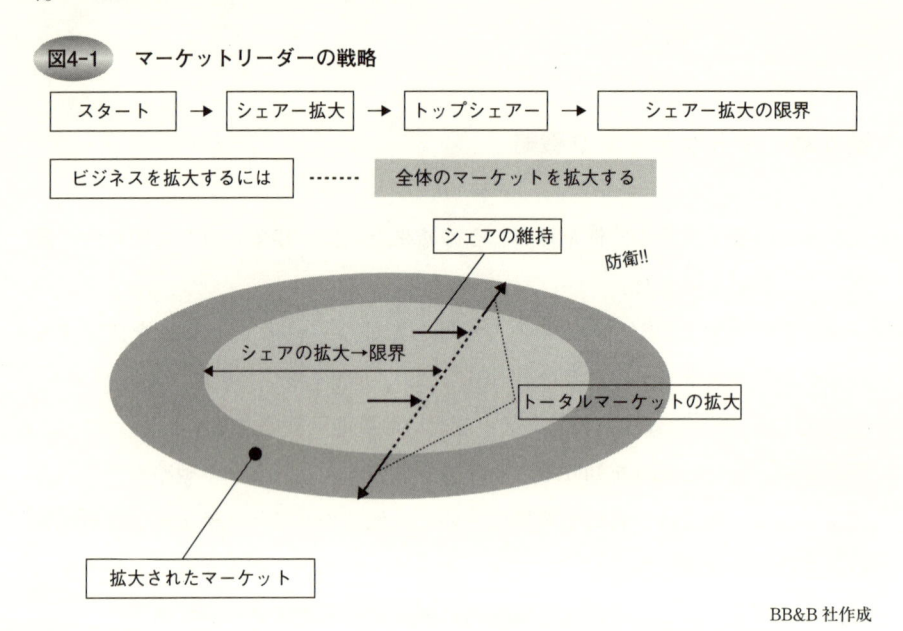

なる。そして，拡大の限界にぶつかるのである。

　従って，マーケットリーダーの第一戦略は，マーケットシェアの更なる拡大を目指すことではない。トータルマーケットを拡大することが必要となる。そうすれば，同じマーケットシェアでも売上は拡大する。さらに，シェアを伸ばすより，防衛するという観点が重要である。これらの努力をした後，第三戦略として，シェアの拡大がある。

1-1　トータルマーケットの拡大

　トータルマーケットの拡大はどの様に実践されるのか。新しい使用方法を提示する，新しい使用者を開拓する，現在の使用者の使用量・使用頻度を上げるといったことが考えられる。

　この戦略は新たな商品戦略というより，すでにある製品について，コミュニケーションを強化し，その販路を拡大することである。さらに個々の商品を離れて，業界の成長を考えることである。

図4-2 トータルマーケット拡大の方法

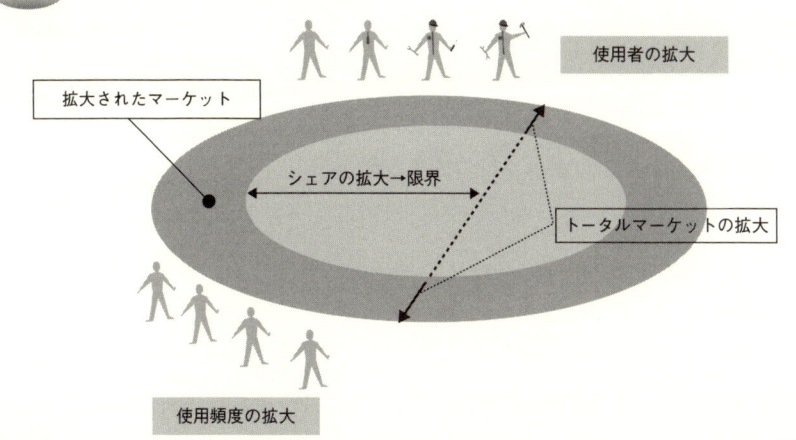

拡大されたマーケット
使用者の拡大
シェアの拡大→限界
トータルマーケットの拡大
使用頻度の拡大

BB&B社作成

図4-3 マーケットシェア維持の方法

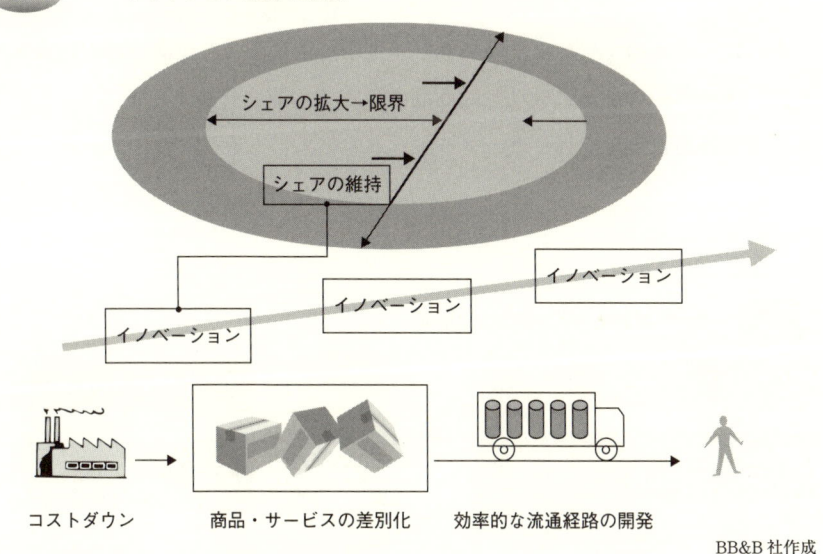

シェアの拡大→限界
シェアの維持
イノベーション
イノベーション
イノベーション

コストダウン　商品・サービスの差別化　効率的な流通経路の開発

BB&B社作成

1-2　マーケットシェアの維持

　第二戦略は，既存マーケットの防衛である。マーケットリーダーは常にチャレンジャーからの挑戦を受けているからである。プロダクトデザインを新しくする，新しいカスタマーサービスを開発する，効率的な流通経路を開拓する，

コストダウンを図る，といったことを行う。これは，既存の製品の更なる差別化戦略，コストダウンの推進に他ならない。イノベーションに裏付けられることにより差別化戦略は強固なものとなる。

1-3　イーストマンコダック社の競争戦略

フィルム業界のマーケットリーダー，米国のイーストマンコダックに対して，フォロアーである日本のフジフィルムは，海を渡り攻撃を加え，品質，価格両面で攻撃した。

ここで，イーストマンコダック社は，イノベーションを行い，品質の改善，コストダウンによる価格低減を実現した。さらに，それを消費者に伝えるためのアグレッシブな広告を展開した。これにより，米国マーケットを防衛したのである。

さらに，日本のマーケットの大きさ，生産技術に着目し，海を越え逆襲を加えた。イノベーションに成功した商品の日本での販売に留まらず，M&Aにより日本の技術習得まで行った。マーケットの拡大にも成功したのである。

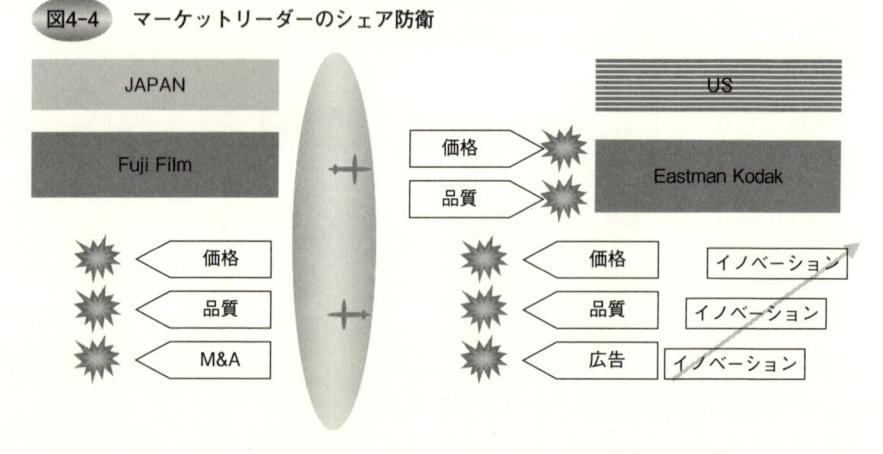

図4-4　マーケットリーダーのシェア防衛

出所：BB&B社 e-ラーニング教材

2. チャレンジャーの戦略

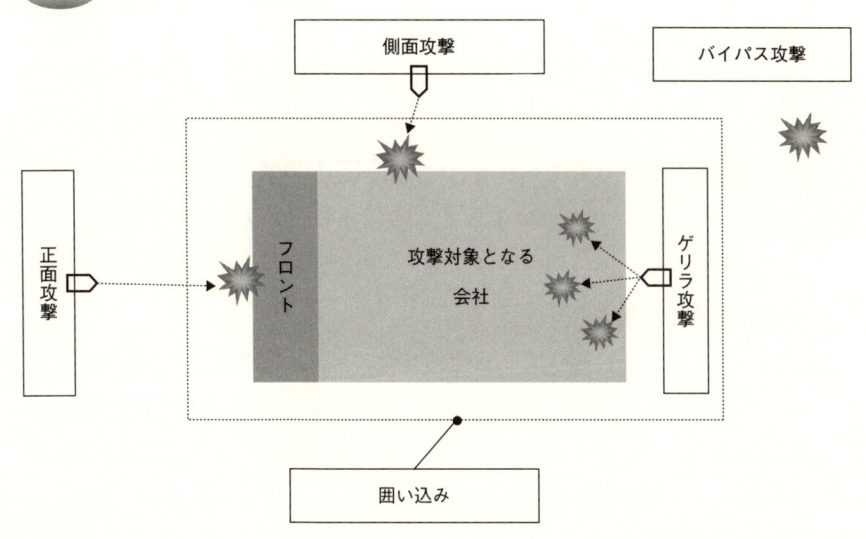

チャレンジャーは，マーケットリーダー，他のチャレンジャー，ニッチャーに囲まれている。

チャレンジャーの挑戦は基本的にはマーケットリーダーに向けられているが，これは基本的にリーダーにチャレンジしているからである。同時に他のチャレンジャーにも向けられている。チャレンジャーも潜在的にはリーダーだからである。場合によってはニッチャーにも向けられている。チャレンジャーの戦略，攻撃の方法には，正面攻撃，側面攻撃，囲い込み，ゲリラ攻撃，バイパス攻撃がある。

● 正面攻撃

正面の最も硬質な部分に敢えて挑むために，対象の代替商品を同じマーケットで，価格，品質，流通，広告で差別化し勝負する。しかし，例え品質・価格に優れていても，トップブランドに正面から挑むのは容易なことでは

図4-5　チャレンジャーの戦略

出所：BB&B社 e-ラーニング教材

ない。防御する者の3倍の力が必要と言われている。正面攻撃で成功したのは米国ヘレンカーチスである。ヘレンカーチスはシャンプーなどトイレタリー商品を扱う米国の企業である。フィネス等既存ブランドに対して，同じ品質でありながら低価格戦略で挑んだ。そして，多大な広告，リテイラーへの営業活動の末，ついにヘレンカーチスブランドを確立したのである。

● 側面攻撃

　リーダーが手薄になっているところに集中して攻撃を仕掛けるとは，具体的には，リーダーが弱いセグメントに着目して攻撃を仕掛けることである。よく用いられるセグメントは，地理的セグメントである。リーダーとはいえ，その商品がすべての地域をカバーしていることは稀だからである。

　ここに，グローバルなファーストフードビジネスを展開している企業があるとする。この会社は，北米，ヨーロッパ，日本で店舗を多角的に展開している。しかし，中国市場は手薄になっていた。中国の購買力に疑問を持ち，ビジネスにリスクを感じたからである。ここで，リスクを取り，中国に挑む戦略が側面攻撃である。地理的セグメント以外では，所得，人口といったデモグラフィックな変数もセグメンテーション（マーケットをセグメントに分割することで，次章で説明）の基準となる。1つの変数のセグメンテーションでは中中リーダーの弱点が見つからない様な場合，2つの変数を使う方法が考えられる。例えば所得と地域の組み合わせによりこの様にマトリックスを形成すると，16通りのセグメントができる。このうちある地域の高所得層だけがリーダーの手薄となっているとする。そこが側面攻撃の対象となる。

　リーダーが手薄になっている地理的セグメントに着目して側面攻撃したのはハネウェルである。メインフレームコンピューターの先駆者IBMは主に大都市でビジネスを展開していたが，中小の都市については手薄になっていた。この事実を観察したハネウェルは，同じメインフレームコンピューターの中小都市での展開を計画し，成功を収めたのである。

リーダーの対応が手薄になっているニーズに着目して側面攻撃したのはトヨタである。乗用車の生産販売のリーダーであるGMは，心地よく運転したい，速く運転したい，かっこいい車に乗りたいといったニーズに対して，居住性，スピード，スタイリングといった特徴を前面にした自動車開発を行っていた。その後，エネルギーコストの増大という環境変化がおこり，優れた燃費というニーズが顕在化した。この変化を察知したトヨタは，燃費に優れている小型車で米国市場に挑んだ。その後のトヨタの米国市場での躍進については，周知の通りである。

●囲い込み攻撃

　囲い込みは，部分的な攻撃を加えるというよりは，全体として攻撃対象より優れたシステムでリーダーを囲い込み，消費者の需要のシフトを喚起する方法である。マイクロソフトという巨人に対してそれより新しいOSで囲い込む。新しいOSはマイクロソフト社より優秀なものでなければならない。マイクロソフト，ソニー，任天堂などゲーム業界が，次々と新しいバージョンを発表し，他者を駆逐していくのがこの戦略である。ウィンドウズに対するリナックスの攻撃もこの戦略の一つである。

●バイパス攻撃

　リーダーが手薄になっている領域を攻める側面攻撃に対して，バイパス攻撃は，リーダーが全く注目していない領域で勝負する。具体的には，リーダーが注目していない新商品，新しいマーケット，リーダーが未開発の先進テクノロジーなどで勝負する。ホンダのジェット機事業参入は，リーダートヨタに対するバイパス攻撃である。

　コカコーラとペプシコの関係は，コーラという飲み物では，リーダー，フォロアーの関係である。ペプシコはコカコーラに対して正面攻撃を加えて来た。しかし，コーラ以外のソフトドリンクの分野ではどうか。オレンジジュースでコーラは手薄であった。そこで，ペプシコは巨大ブランドトロピカーナを買収し，コカコーラにバイパス攻撃を加えた。また，コカコーラはスポーツドリンクでも手薄であった。ペプシコはゲータレードを買

収し，コカコーラにバイパス攻撃を加えたのである。

●ゲリラ攻撃

　ゲリラ戦略は，小さな攻撃を断続的に加えることである。例えば，特定の商品について大胆な値下げをして，競合の客を奪い取る。電撃的なプロモーションを展開し，競合の消費者の関心をこちらに寄せる。法的な問題がないか細かく観察し，問題があれば，訴訟に持ち込むといった戦略である。

　サントリーのプレミアムビール「ザ・プレミアム・モルツ」は，チェコのモンドセレクションで最高金賞を2年連続受賞した。ビールの本場で最高金賞受賞し，その事実をポジショニングとして訴求するのは，おそらく他のビールメーカーの予想を超えた電撃的なプロモーションである。この成功が継続するには，もちろん品質に裏付けられていなければならない。

3．フォロアーの戦略

　フォロアーは，マーケットリーダーの商品が売れているのを確認した後，この商品と同じまたは類似の商品でビジネスをする。模倣には3つの形態がある。

　1つはコピー商品で，リーダー，チャレンジャーの商品と全く同じ商品でビジネスをする場合である。ルイヴィトンやロレックスに代表されるブランドのコピー商品がこれである。違法行為なので，販売はいわゆるブラックマーケットで行われる。特殊なマーケットでビジネスをするもので，ニッチ戦略の一種と言えるだろう。

　2つ目はクローン商品である。クローン商品は，オリジナル商品に似せてはいるが全く同じという訳ではない。しかし，それ自体，ネーミング，パッケージングなどがオリジナル商品とほとんど同じ商品である。これも一種のニッチ戦略と言える。例えば，コンピューターハードウェアではマッキントッシュ機のクローン商品『iBox』(Mac OS と互換性のある機種)がそうである。その他，中国の大手ソフトウェア企業キングソフトの商品ラインアップのうち，「KINGSOFT Office2007」は，ロゴの表現などうっかりすると「Microsoft

Office」と勘違いしてしまう。しかし，ブランド名はKINGSOFTでれっきとした別ブランドである。この商品は内容を「Microsoft Officeに最大限近づけながら，価格はマイクロソフトの約1/10」とクローン商品であることを堂々と謳いあげ，この商品をポジショニングしている。

3つ目はイミテーション商品である。イミテーション商品では，模倣を前提としながらも，商品，ネーミング，パッケージングに若干の独自性が出てくる。ソニーのウォークマンやiPodの後にも次々とイミテーション商品が出て来た。

先行商品が成功しているので，リスクが少ない上，初期研究投資が少なくて済み，有利なコスト構造を作り出すことができる。しかも，品質の安定，頑丈さなど，先行商品を上回るパフォーマンスを実現することもある。従って，そのマーケットの大きさは先行商品と肩を並べ，ニッチ戦略とはいえない。頑丈さなどは差別化戦略の一側面と評価されるだろう。フォロアーでありながら，チャレンジャーの側面を有するともいえる。

日本コカコーラは，大塚製薬「ポカリスエット」に対する「アクエリアス」，アサヒ飲料「十六茶」に対する「爽健美茶」など，先行類似の製品を次々に投入して来たが，自販機など流通網における圧倒的優位なポジションから，先行ブランドに肉薄，あるいは超越する商品ブランドの確立に成功している。

これら二番煎じ的なブランドがそれなりのシェアを確保するのは，商品ベー

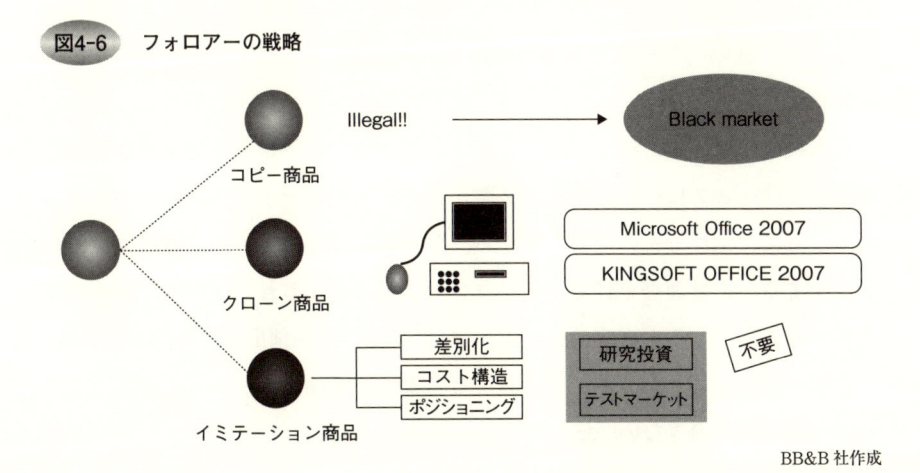

図4-6　フォロアーの戦略

BB&B社作成

スでのある程度の差別化，コスト戦略を裏付けるコスト構造の改善，次に説明するポジショニングでの巧みさ，コミュニケーションでのイメージ作りなど，先行ブランドに何らかの優位性をもつことが必要である。またその前提として，商品が大きなマーケットを有していることも必要である。その意味で，既に商品に満ち溢れた今日，新製品とはいえ，大きなマーケットを持つことはそれほど多くないので，この戦略の有効性は半減している。

4. ニッチャーの戦略

リーダーやチャレンジャーが対象としない，小さなマーケットでの勝負である。その様なマーケットを見つけると，とりあえず競争を意識しないでビジネスを行うことができる。

熾烈な競争が繰り広げられるビール業界で，サッポロビールの擁する「エビスブランド」はニッチ的な戦略を取り続ける。1890年に発売されて以来，約100年余りの歴史を有するエビスビールは，高級ビールの代名詞として日本のビール界に君臨してきた。昨今，成長の著しいプレミアムビールのカテゴリーにおいて，サントリー，アサヒ，キリン各社が新製品を発売し続ける中でも，エビスは超然とした態度を取り続ける。エビスブランドは語っている。「私はプレミアムビールで括られたくない。エビスはエビスである」と。エビスのコンペティターはエビス，「エビスでありながら，エビスを超えていく」がこのブランドの戦略的テーマである（第6章 ポジショニング 5-4 プレミアムビール参照）。

基本戦略を確定した後は，マーケティングコンセプトに立って，次に具体的な商品・サービスについて考える必要がある。マーケティング戦略上のスタンス，さらには定性分析の結果などから，具体的な商品アイデア，商品コンセプトが決まる。定量調査を経て，そのコンセプトは修正され，社内的にオーソライズされる。もちろん直感的にアイデア，コンセプトが創出されることもある。

そして，完成した商品がここにあるとしよう。商品はマーケットに伝えなければ，壁の花に過ぎない。伝えるための直接の活動はコミュニケーション（第

9章）であるが，その前に，伝え方の基本スタンスを固める必要がある。これが5章，6章で説明する，ターゲットマーケットの設定とポジショニングである。

第5章 ターゲットマーケットセグメンテーション

戦略に基づき完成した商品をどこに伝えていくか。その対象を選別するのが，ターゲットマーケットである。

ターゲットマーケット設定は，「マーケットセグメンテーション→マーケットターゲッティング」というプロセスに従う。

1. セグメンテーションとは何か
1-1　セグメンテーションとセグメント

●セグメンテーション

　人の価値観は千差万別だが，ある共通の価値観を持ったグループというものは存在する。男と女，子供と大人，日本人とアメリカ人，会社員と自由業といった違いは，価値観の違いにも結びつくだろう。価値観の同じグループは，ニーズもウォンツも共通していることが多いと思われる。

　幼児は辛さや苦みを味わいたいというニーズは基本的にない。その結果，幼児というグループに，激辛カレーを売ることは出来ない。しかし，大人というグループでは一部売れるだろう。しかし，一部だけというのが問題で，対象とするグループとしては広すぎる。では，激辛カレーのピンポイントなグループに至るために，大人というグループをさらにどう切ればいいか，考える必要がある。この様にマーケットをある基準で切っていく作業がセグメンテーションである。

●セグメント

　セグメンテーションの結果到達した，同じウォンツを持ったグループをセグメントという。これを同質のニーズを持った集団と説明されることもあるが，移動したい，尊敬されたいといったニーズはある意味で万人共通

である。その強弱，さらにニーズのコンビネーションがウォンツを構成する。単独のニーズというよりはニーズのコンビネーションが似ているグループと理解して頂きたい。

しかし，ニーズのコンビネーションの発現であるウォンツは最初から存在する訳ではなく，商品を見せたときに発生するのが一般的である。これをニーズを掘り起こすと呼ぶ。

セグメントはニーズ，ウォンツが似ているので，様々なセグメントを検証し，自社の製品を買ってくれそうなセグメントを発見できれば，そこに売っていくのが効率的である。または，商品開発の前にセグメンテーションを行い，セグメントのニーズを満たす商品が存在しないとき，その様な商品を開発することも考えられる。これは商品のプランニングそのものの段階からセグメンテーションを考える場合である（図5-1）。

セグメントの表現方法を挙げるために，類似したウォンツを持つグループがいると仮定する。ここに低収入，中収入，高収入のグループがあり，これらのグループは，それぞれ車は要らない，低コスト車が必要，高級車が必要というウォンツがあったとする。ここでのセグメントは高級車を志

図5-1 セグメント→類似したウォンツを持つグループ

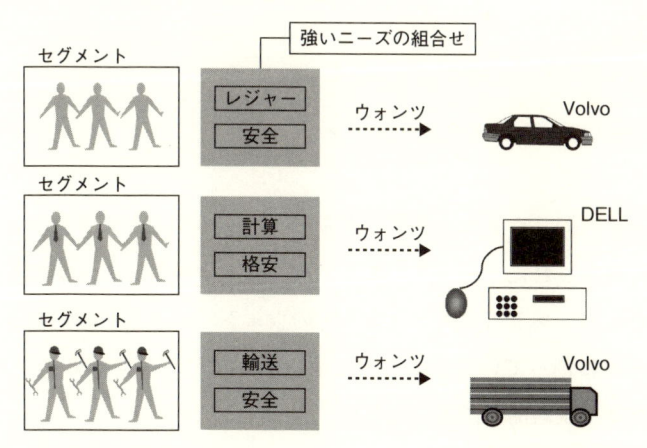

出所：BB&B 社 e-ラーニング教材

図5-2　セグメントの表現方法

セグメント／類似したウォンツを持つグループ

低収入　中収入　高収入

車不要　低コスト車　高級車　←これがセグメント

- 高級車を志向するグループ
- 低コストの車を志向するグループ
　⇒ セグメントである!!

- 高い収入のグループ
- 中程度の収入のグループ
　⇒ セグメントでない!!

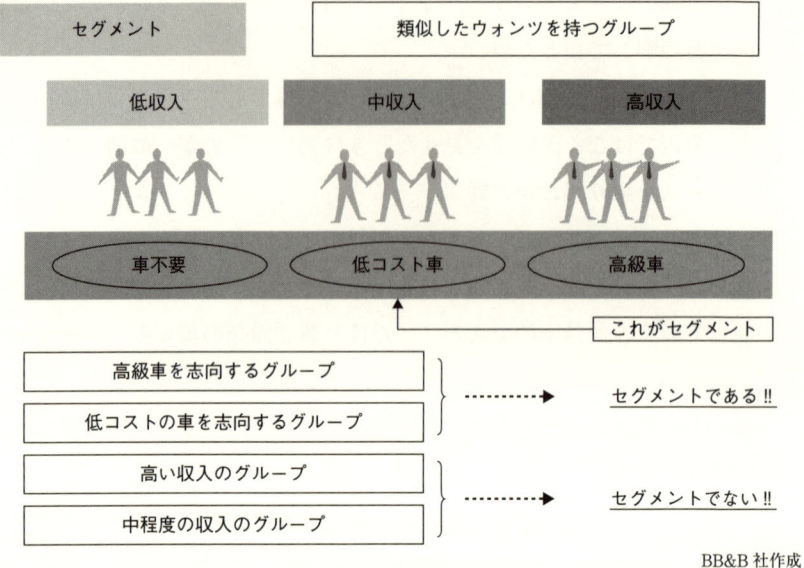

BB&B 社作成

向するグループ，低コストの車を志向するグループということである。セグメントでは，同じウォンツということが端的に表現されるべきなのである。その意味で，高い収入のグループ，中程度の収入のグループはセグメントではない。収入による分類が車の嗜好のセグメントと一致しているだけである。

1-2　ニッチ，カスタマイゼーション

●ニッチ

　ニッチも同じウォンツを持つグループであるが，セグメントよりもさらに狭く特定されたグループである。セグメントのウォンツがある程度アバウトなものであるのに対し，ニッチのウォンツはより明確である。セグメントを更に割っていくとニッチに至るが，どこからニッチと言えるかは，ある意味で主観的な問題である。

　健康志向の強いセグメントの中には，体脂肪の問題を気にするセグメン

第5章　ターゲットマーケットセグメンテーション　83

図5-3　セグメントからニッチへ

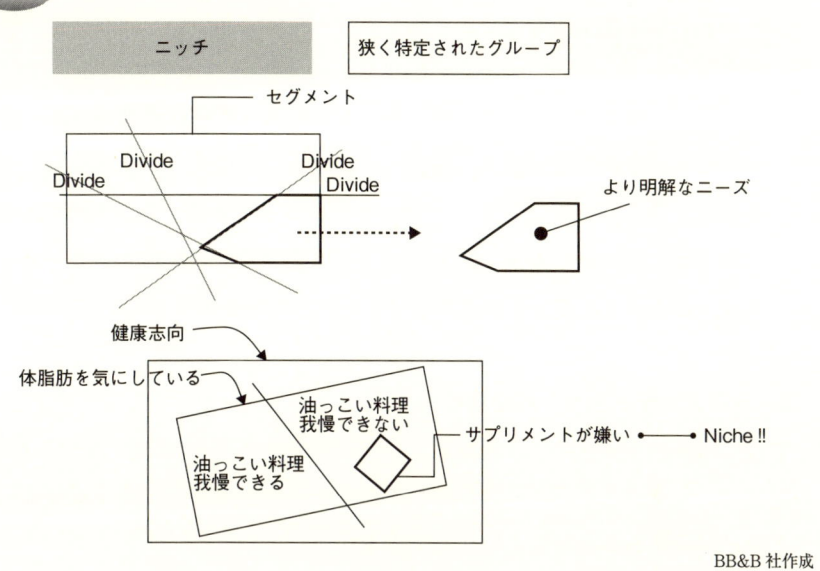

ニッチ　　　狭く特定されたグループ

セグメント

Divide　Divide
Divide　Divide

より明解なニーズ

健康志向
体脂肪を気にしている
油っこい料理我慢できない
油っこい料理我慢できる
サプリメントが嫌い　　　Niche!!

BB&B社作成

トがある。このセグメントの中には，油の多い食事を控えているセグメントと，我慢できないセグメントに分けられる。さらに，油の多い食事を我慢できないセグメントの中には，健康サプリメントを飲むのが嫌いというサブセグメントがあるだろう。この辺りまで行くとニッチと表現でき，サントリー「黒烏龍茶」のピンポイントなマーケットといえる。

●カスタマイゼーション

次にセグメンテーションの究極の要素である個人である。個人をターゲットとするマーケティングはカスタマイズマーケティング，ワンツーワンマーケティングなどと呼ばれている。個人のニーズ，ウォンツに合わせた理想的なマーケティングである。これまではその実現が困難であったが，それを可能にしたのがIT革命である。それは，インターネットが，時間，空間を超えて，PCの前にいる個人と繋がっており，データベースと連動させることにより個々のニーズをも反映した自動的な情報配信が可能だからである。典型的には，インターネット通販である。これは，ネット上で

店舗を開設し，仕入，販売，サポート（決済，アフターサービス）などもネット上で処理するものだが，個々の購入履歴に基づいた商品提供，情報提供をオートマチックに行うところがワンツーワン的である。これがAmazonや楽天である。その他，ネット上のメーカー直販店がある。幾つかのパーツを用意しておき，顧客にオンラインで自由にデザインした商品を提供するというワンツーワンマーケティングである。PCのデルは有名であるが，バービー人形で有名なアメリカを代表する玩具メーカーマテル社は，顧客がPCでオンラインデザインした人形を提供している。

2. セグメンテーションの必要性

では，何故フルマーケットを対象としないで，セグメントを行うのか。商品が豊富で，人々の基本的ニーズが満たされている今日，万人に受ける商品・サービスを開発することは難しいからである。

これは，逆の状況を考えてみると良くわかる。戦後，在日米軍がコンビーフを軍用ヘリコプターからばら撒いている状況を想像して頂きたい。このコンビーフは，老若男女全てが対象である。また，日本で初めてコカコーラが発売された時は，誰もがコーラに関心を寄せていただろう。マクドナルド1号店もそうである。

しかし，ソフトドリンクが豊富になった今日，レギュラーコーラは健康志向の強いセグメントには受けない。このセグメントに対して，コーラは「ダイエットコーク」を販売している。さらに花王の「ヘルシア緑茶」は，さらに健康に積極的な志向がある，体脂肪を減らそうとする人のためのドリンクである。「伊右衛門」は急須で淹れた本格的なお茶を味わいたいという，本物志向を持った人がターゲットである。「ワンダモーニングショット」は，一日の活動時間という視点でセグメンテーションを行い，朝専用のコーヒーとして開発された。

セグメンテーションといっても，年齢，地域など適当に切ればいいのではなく，何か満たされないニーズを持つ人々を探さなくてはならない。ありふれた

基準でセグメンテーションを行っても,容易にここまで至ることはできない。そこで,次に方法論を考えてみよう。

3. セグメンテーションの方法
3-1　セグメンテーションの方法Ⅰ（伝統的な方法）

　まず,伝統的には,各種の変数を用いて,マーケットを切っていく方法がある。消費者マーケットを切る上で代表的な変数を挙げておこう。

- 地理的変数…………地域,都市サイズ,人口密度,気候等
- 人口統計上の変数…年齢,性別,収入,職業,教育,階層等
- 心理的変数…………ライフスタイル,パーソナリティー等
- 行動特性変数………使用状況,使用頻度,忠実度,商品に対する態度等

　この様な変数によるセグメンテーションには,どのような問題があるか。

　一つは,ある商品に対するウォンツがあるセグメントに至るのに,どの変数で切ればよいか明確でないということである。年齢,性別,地域といった基準でバサバサマーケットを切り,小さなセグメントに至り,そのセグメントを検討しても,特異なニーズ,ウォンツを見出すことは容易ではない。また,変数によるセグメンテーションを繰り返した場合,その組み合わせで,セグメントの数が莫大なものになるという問題もある。

　例えば,図5-4の様に,年齢については10から35まで5歳ごとに分けた5つのセグメント,収入については300万から800万まで100万ごとに分けた5つのセグメント,職業については4つのセグメントを設けると,その組み合わせは100通りである。つまり,100のセグメントが出来る。各セグメントにウォンツがあるか,分析は相当に困難である。

　効果的なセグメンテーションのためには,おおまかな商品コンセプトがあり,その様な商品にウォンツのあるセグメントはどこなのか,様々なデータを参考にしながら検討する。これをシステマチックに行うのが次のニーズ,ウォンツ

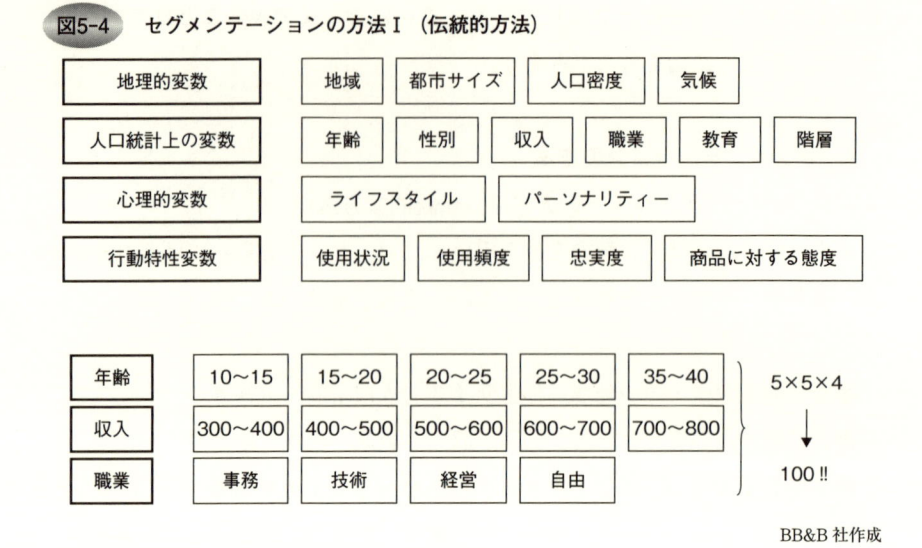

図5-4 セグメンテーションの方法Ⅰ（伝統的方法）

地理的変数	地域	都市サイズ	人口密度	気候
人口統計上の変数	年齢	性別	収入	職業	教育	階層
心理的変数	ライフスタイル	パーソナリティー
行動特性変数	使用状況	使用頻度	忠実度	商品に対する態度

年齢	10～15	15～20	20～25	25～30	35～40
収入	300～400	400～500	500～600	600～700	700～800
職業	事務	技術	経営	自由	

5×5×4
↓
100 !!

BB&B社作成

をベースにして行うセグメンテーションである。

3-2 セグメンテーションの方法Ⅱ（ニーズ，ウォンツをベースにする方法）

　変数によるセグメンテーションの問題点を克服するために考えられたのが，ニーズ・ウォンツを直接のベースにしたセグメンテーションである。

　商品が持つ各種の特徴に着目し，それぞれの特徴を選好するセグメントを調査することにより，相関性のある変数を探し出すことが考えられる。自動車の例で見てみよう。まず自動車の特徴は何かを分析する。分析の結果，ブランド，生産国，スピード，燃費，価格に特徴があったとすると，次にこれらを選好するセグメントの性質を調査する。

　ブランド選好については，年齢，地域変数と相関関係が見出されたとする。以下，生産国は人種と相関し，スピードは相関する変数がなく，燃費は教育と，価格は所得と相関したとしよう。この結果，例えば燃費を売りにした車においては，教育で切ったセグメントをターゲットとすることにより，適切なターゲット（例えば，理系の高学歴者）が得られる可能性が高いということになる。

図5-5 セグメンテーションの方法Ⅱ（ニーズ・ウォンツをベースにした方法）

セグメント　類似したウォンツを持つグループ　←これをベースに考える

1st step　自動車の特徴を分析

（ブランド／価格／生産国／燃費／スピード）

2nd step　相関性分析

特徴を選好するセグメント	ブランド	生産国	スピード	燃費	価格
相関分析	↓	↓	↓	↓	↓
特徴を選好するセグメント	年齢・地域	人種	なし	教育	所得

3rd step　セグメントの性質を分析

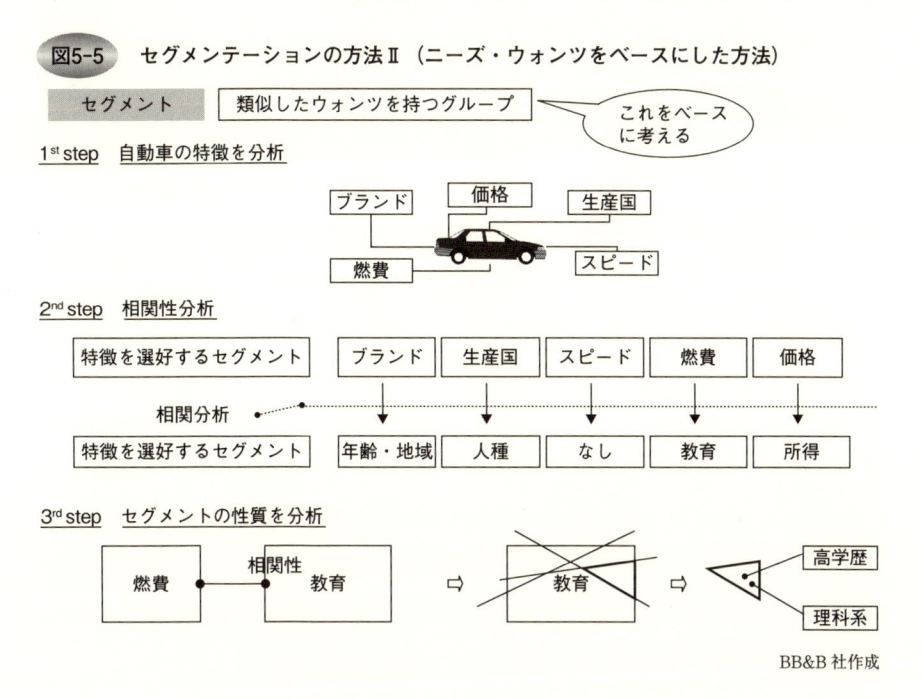

燃費―相関性―教育　⇒　教育（×）　⇒　高学歴／理科系

BB&B 社作成

　サントリー「伊右衛門」の場合も，急須で淹れた本格的な緑茶飲料というアイデアがまずあり，これに対するウォンツが強いセグメントを知るためにリサーチを行い，そのデータから，主に40代と50代の男性，特に50代の男性がメインターゲットであるという結論に至ったのである。

3-3　フレキシブルマーケティング

　ターゲットを特に考えないフレキシブルマーケティングを考えてみよう。これまで説明して来た，セグメントを決めたマーケティング（セグメントマーケティング）に対峙する考えである。

　セグメントマーケティングでは，ターゲットとするセグメントを決め，そのセグメントに訴え向きの商品・サービスを決定し，また適切な価格決定を行い，最適の流通・コミュニケーションチャンネルを設定する。

　しかし，これに対しては，セグメントも1つの擬制にすぎないと批判されて

いる。商品の現実の顧客は，そのセグメント以外にも存在するのが通常だからである。そこでセグメントを決めないで，全マーケットを対象にするという考え方があり，これをフレキシブルマーケティングと呼ぶ。ただ，ここでもセグメントの特殊性というのは勘案する。よって，全セグメントを対象とする基本商品と特定のセグメントを対象とするオプション製品を用意することになる。

4. マーケットターゲティング
4-1　セグメンテーションの評価

　マーケットセグメンテーションの後はマーケットターゲティングである。つまり，セグメントの中からターゲットとするマーケットを決めることである。
　マーケットセグメンテーションの結果，セグメントⅠ，セグメントⅡ，セグメントⅢという三つのセグメントが得られたとする。ターゲットマーケットを決めるために，まず各セグメントに評価を加える。評価は，以下の2点から行われる。

- ●セグメントの魅力度…セグメントにおける商品に対するウォンツの濃淡である。商品の販売を行うに足りる需要があるかが判断される。
- ●自社適合性……………このセグメントを対象とすることが自社の目的から見て問題はないか，このセグメントで事業展開するだけの資源が自社にはあるか，の2点が評価ポイントである。ここではさらに，会社全体のミッション，SBUのミッションとの適合性が審査される。資源分析においてはセグメントで事業を遂行するに足る人的資源，ノウハウ，資金等が検討される。

　これら評価の結果，対象とするセグメントを決定することになる。

4-2　セグメントの選定

セグメント評価の後，市場としての魅力度と自社適合性が確認されたセグメントだけを対象とするかどうかは，その会社の戦略に係る判断である。

セグメントに対する会社の戦略は，その会社がどういう商品構成を持つかという判断と相俟って5つの基本戦略に類型化される。

今，M1，M2，M3という3つのセグメントがあり，取扱可能商品は商品A，商品B，商品Cと仮定する。組み合わせにより，商品ごとに3つのセグメント，合計9つのセグメントができる。それぞれのセグメントに対しどう望むのか，5つの戦略を見てみよう（図5-6）。

最初は，商品を縦に置き，マーケットを横に並べてできる9つのセグメントのうち，特定の商品（特定マーケット）だけを扱う戦略である。メリットは，マーケットに対する専門知識が深まり，マーケットニーズの深い把握ができることである。デメリットは，会社は商品ポートフォリオ（組み合わせ）を有していないので，ビジネスのリスクが高いということである。

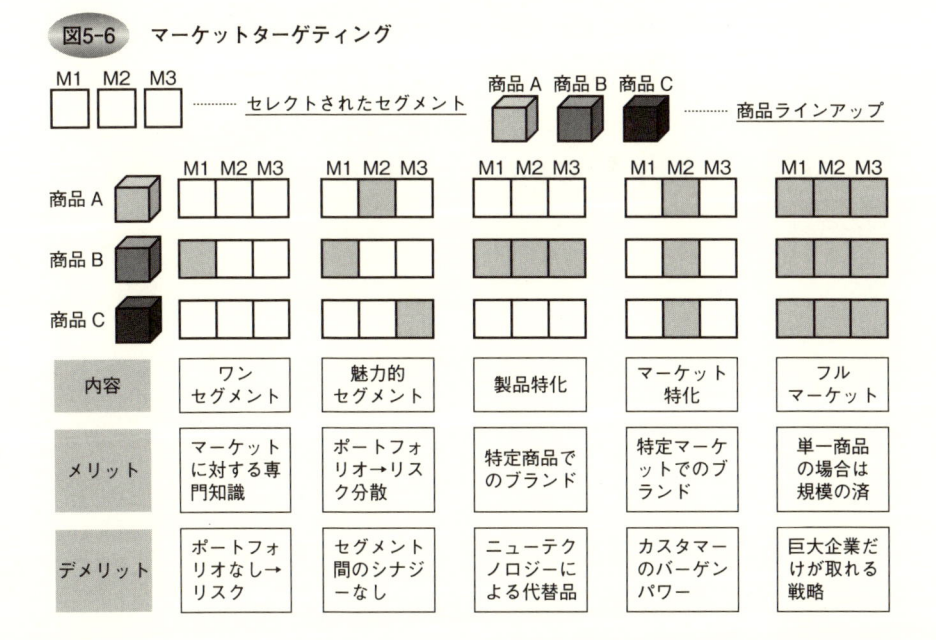

図5-6　マーケットターゲティング

内容	ワンセグメント	魅力的セグメント	製品特化	マーケット特化	フルマーケット
メリット	マーケットに対する専門知識	ポートフォリオ→リスク分散	特定商品でのブランド	特定マーケットでのブランド	単一商品の場合は規模の済
デメリット	ポートフォリオなし→リスク	セグメント間のシナジーなし	ニューテクノロジーによる代替品	カスタマーのバーゲンパワー	巨大企業だけが取れる戦略

二番目は，すべての商品について，魅力度の高いセグメントを全て選び出し，ターゲットマーケットに設定する戦略である。メリットは，商品ポートフォリオが出来ているので，リスクが分散されていることである。デメリットは，個々のセグメントの魅力だけでセグメントを選択しているので，セグメント間のシナジーがないことである。

　三番目は，1つの商品に特化し，セグメントの魅力度に係らず，全てのセグメントをターゲットにする戦略である。メリットは，特化した商品に関してはブランドが形成されやすいことである。デメリットは，テクノロジーの進歩により値段，パフォーマンス等においてさらに優れた代替品が出てきた時に，マーケットはその商品に取って代わられるということである。他の商品を扱っていないので，会社全体の売上も大幅にダウンすることになる。

　四番目は，マーケットを特化する戦略である。メリットは，特定のマーケットにおいては企業ブランドが確立することである。デメリットは，特定マーケットだけに頼っているためにカスタマーからのバーゲンパワーに弱いということである。

　最後は全てのマーケットをターゲットにする戦略である。できる限り商品ラインアップを揃えすべてのセグメントを対象とする戦略である。メリットは，大量に生産するので，低コストの生産が可能になることである（規模の経済）。デメリットは，大量の資源が必要なことである。巨大企業だけが取れる戦略といえる。

第6章　ポジショニング

1. ポジショニングの位置付け

　セグメンテーション・マーケットターゲティングの後，いよいよ商品・サービスについて，ターゲットマーケットとコミュニケーションを図ることになる。端的な言葉で，商品をターゲットマーケットに印象づけ，競合商品とどこが違うのか説明することが必要である。これをマーケティング用語でポジショニングと呼んでいる。

　競合商品の中で優位な位置取りを確保するためにはどうすればいいか。ターゲットマーケットの関心を集め，購入まで至らせるためには，どの様にコミュニケーションを図ればいいか。そのためのテクニックがポジショニングと呼ばれる手法なのである。

2. Ries & Trout のポジショニング

2-1　基本概念

　ポジショニングの概念は，米国の広告会社エグゼクティブ Al Ries と Jack

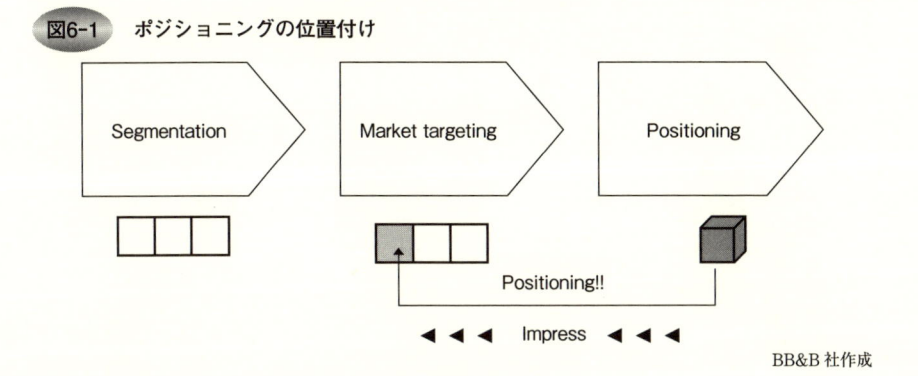

図6-1　ポジショニングの位置付け

Segmentation → Market targeting → Positioning

Positioning!!
◀◀◀ Impress ◀◀◀

BB&B 社作成

Trout により最初に唱えられた。Ries & Trout のポジショニングは，

① ターゲットマーケットのニーズにより商品の特性を考えるプランニングレベルの問題としては扱わない。
② コミュニケーションに限定した問題として扱い，商品イメージが潜在顧客のマインドの中でいかに優位的なポジションを構成するかという視点で考える。

という点に特徴がある。そして，このコミュニケーションに最も成功するのはトップシェアのブランドであると主張する。各商品カテゴリーごとにトップから順にインプットされ，後発になるほどマインドの中のポジションは曖昧になるとしている。例えて言うなら，テレビ，カメラ，ビールといった商品カテゴリーごとに，メモリーセル（これは Ries & Trout が用いている用語ではない）があり，それぞれのメモリーセルは，売上の高い順に，会社名，ブランド名な

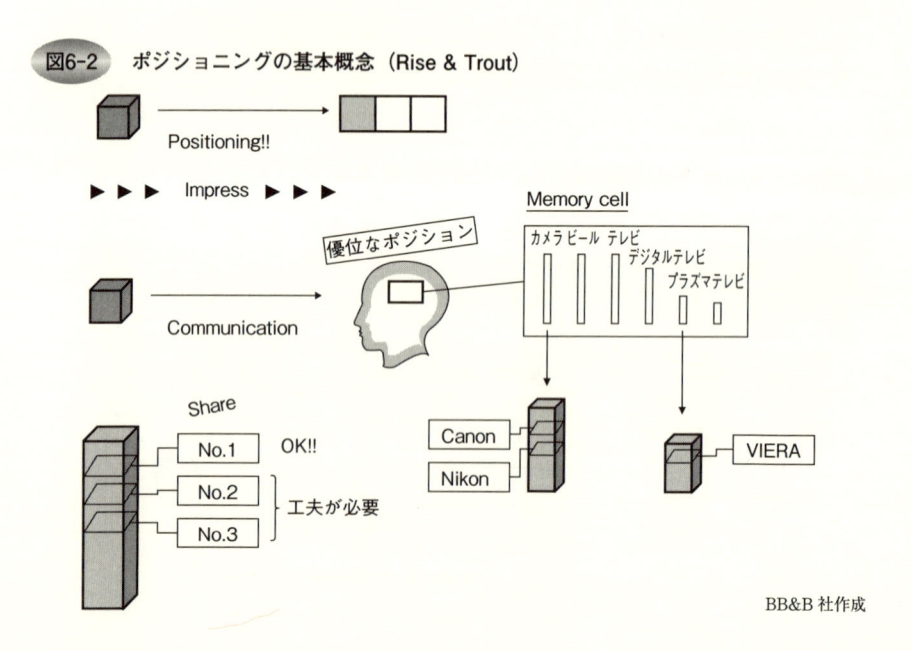

図6-2 ポジショニングの基本概念（Rise & Trout）

BB&B 社作成

どがインプットされていくということになる。各セルの容量は大小様々である。例えば、テレビ→デジタルテレビ→プラズマテレビ、とカテゴリーが小さくなるにつれ、セルの容量は小さくなる。トップ企業、トップブランドはまず問題ないだろう。カメラであれば、キヤノン、ニコンの順に、プラズマテレビでは、ビエラ（パナソニック）がトップといったイメージである。

しかし、後発組は、この記憶セルに何とか工夫してポジションを確保する必要がある。セルは小さくなるほど、二番手以下はポジショニングが難しくなると考えられる。Ries & Trout はトップポジショニングがいかに人の頭に残りやすいか、その例えとして、世界で一番高い山は知っていても、二番目は知らないだろう。世界で最初に空を飛んだ人は…といった論法で説明している。

2-2 二番手以下のポジショニングの方法

しかし、二番手以下が絶望的かというと、そうではない。Ries & Trout の挙げる二番手以下のポジショニングテクニックを、ケースを見ながら説明しよう。

図6-3 2番手以下のポジショニングの方法（全体像）

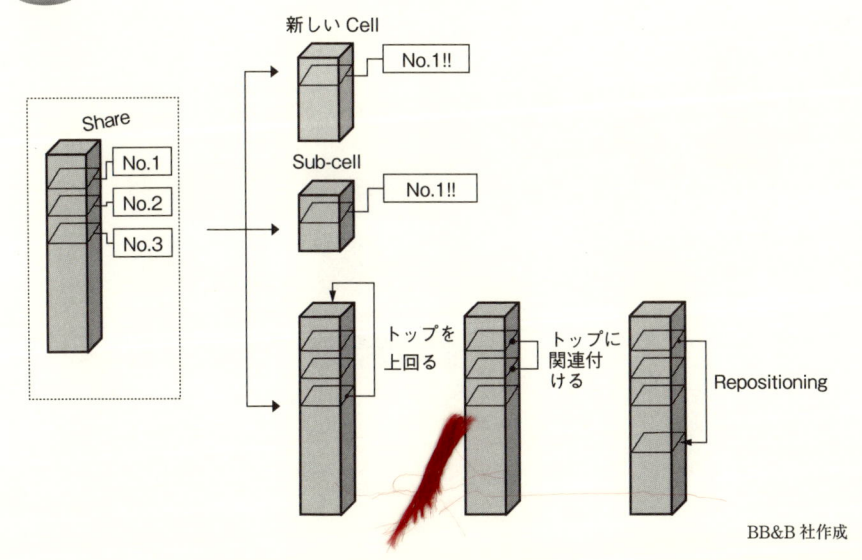

BB&B 社作成

①新しいマーケットを創設し，そこでトップになる（図6-4）。

　歴史的にそのカテゴリーに属する商品を最初に開発したブランドは，ポジショニングが容易であった。コカコーラ，ポルシェ，ベンツ，カローラなどはRies & Trout的ポジショニングに成功している。消費者は炭酸飲料といえばコカコーラ，スポーツカーはポルシェ，高級車はベンツ，大衆車はカローラというパターン認識ができている。後発ブランドがここに割って入るには，それなりのコミュニケーションの工夫が必要である。

②サブカテゴリーを作り，そこでトップになる（図6-5）。

　これは，既存のカテゴリーの一部を成す新しいカテゴリーを作りそこで一番である主張する方法である。

　例えば，ビールという大きなカテゴリーから，ドライビールという新しいサブカテゴリーを作ったのが1987年発売されたアサヒ「スーパードライ」である。「アサヒビールの新しい主張です。苦みの強いビールから軽

図6-4　新しいカテゴリーでポジショニングを勝ち取った旗手達

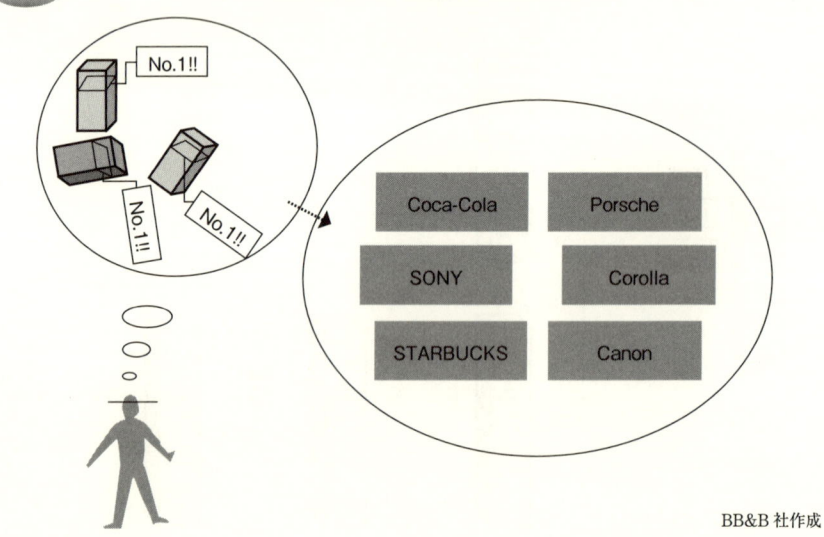

BB&B社作成

第6章 ポジショニング　95

図6-5 Sub-cell を作ることに成功したスーパードライ

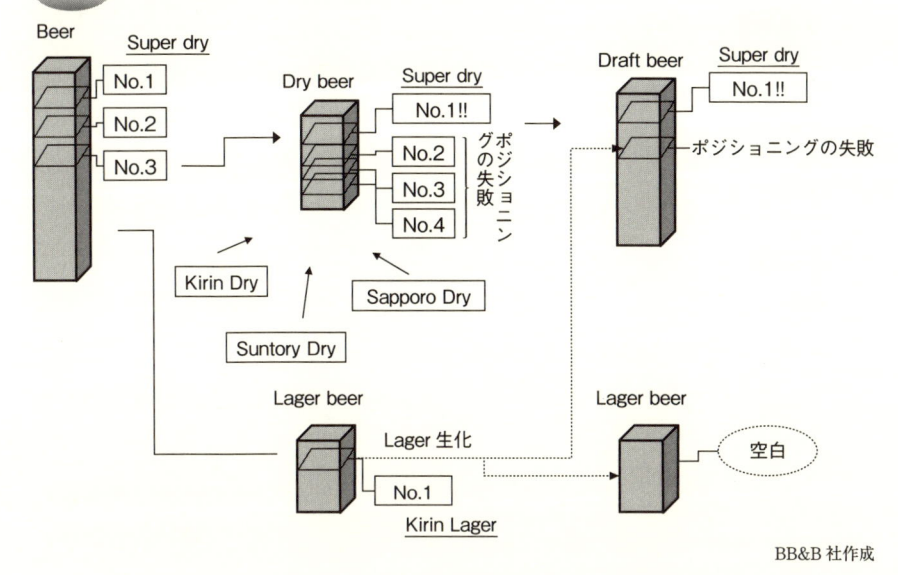

```
Beer    Super dry          Dry beer    Super dry              Draft beer    Super dry
         No.1                            No.1!!                               No.1!!
         No.2                            No.2      ポ ポジショニング                  ──ポジショニングの失敗
         No.3                            No.3      の失敗
                                         No.4

            Kirin Dry          Sapporo Dry
              Suntory Dry

         Lager beer                                            Lager beer
                   Lager 生化                                              （空白）
                     No.1
                   Kirin Lager
```

BB&B社作成

快で,すっきりとしたビールへ。わが国初の辛口・生ビール。ここに誕生。」「飲むほどにDRY。辛口　生。」といったキャッチコピーでドライビールというサブセルを作り,ポジショニングした。

　この新しいセルに,キリン,サッポロ,サントリー,さらにはバドワイザーまでがチャレンジした（ドライ戦争）が,全て消えてしまった。サブカテゴリーの様な小さいセルの場合,1つのセルには基本的に1つのブランドしか収まらないのである。

　ドライ戦争に敗れると,キリンは1989年以来,「フルライン戦略」で新製品を次々に打ち出すが,いまだコクのあるビールのセルではトップポジションにあるラガービールを弱体化させることになる。

　その後,国内のドライビールのセルは,生ビール（図6-5のDraft beer）というセルに進化した。これは,対極に「キリンラガー」という熱処理ビールがあったからである。そこでアサヒは,1993年から「生ビール,売上ナンバーワン」キャンペーンを行い,生ビールにおけるトップポジシ

ョニングを確定させることになる。これにより,「スーパードライ」はさらに躍進し, 1997年, ビール全体のブランドでもトップになったのである。

　一方, キリンは1996年, これまで熱処理をされていた「キリンラガー」の生化を行った。「ラガーは生へ, 味のある生へ」のキャッチフレーズを掲げ, 大々的な広告を展開したが, その後シェアをさらに落すことになった。生ビールのセルに果敢に切り込んだが, 既にトップが敢然としているこのセルでのトップポジショニングはキリンブランドをもってしても困難である。さらに, ラガーの生化により, 生がビールの主流となり,「スーパードライ」は生ビールというセルのトップブランドから, ビール全体というさらに大きいセルのトップブランドに昇格することになったのである。

　同時に, キリンの生化は, コクのあるビールというセル (図6-5の Lager beer) でいまだ保っていたトップポジショニングの地位放棄するものでもあった。しかも, すでに生の領域で圧倒的なポジションにある「スーパードライ」のポジションを動かすことはできない。味覚を消費者の嗜好に合わせたという点ではマーケティングコンセプトに従った流れであるが, なぜ敢えて,「生」の領域でポジショニングしたかということになる。また, コク・苦みのセグメントはどうなるのかという問題もある。

　この結果キリンは, ビール市場ではアサヒに完敗し, 発泡酒, 第三のビールに活路を見出すことになるのである。

③トップを上回る (図6-6 左)。

　これは大変困難なポジショニングで, 既存のトップブランドが圧倒的力を持っていない場合か, そのカテゴリーにどちらつかずの様々なブランドが拮抗している様な場合に可能である。

　ペットボトル入り緑茶では, 伊藤園の「おーいお茶」がトップブランドであった。しかし, その品質・味が, 圧倒的に消費者に評価されている訳でもなく, 2000年に「お茶にも生があったんだ」で鮮烈なデビューを果

たしたキリン「生茶」は，当時トップブランドと言えるレベルまで消費者の関心を引き寄せた。

続いて，2004年サントリーの「伊右衛門」は，京都福寿園と戦略的提携を結び，お茶のトップブランドを飲料緑茶の領域に引き込むことにより，本格緑茶飲料ナンバーワンというポジショニングを確立した。清涼飲料市場最速で，年間販売量5000万ケースに達するなど，最高のパフォーマンスを達成した。

ポジショニングは，言い方のテクニック的な側面もあるが，それを確立させるためには，確かな商品に裏付けられていることが必要である。

この点「伊右衛門」は，確かなテクノロジー（無菌充填技術，粉体制御技術）に裏付けられているとともに，両社のアライアンスがお互いの強みを出し合う関係として実質化していることが挙げられる。つまり，ブランド使用料をロイヤリティーとして支払うといった形式的なものでなく，サントリーは製造と水の供給を担当するが，福寿園も茶葉の選定，加工を真摯な姿勢で担当し，両者の強みを出し合う，真のコラボレーションが実現し，本物の緑茶飲料の飽くなき追求が行われているということである。

この様にして「伊右衛門」は，ペットボトル緑茶飲料における，ブランド別のトップポジションの奪取に成功している。一方，伊藤園「おーいお茶」は市川海老蔵を使ったCMで，日本イメージを演出し，我こそは日本的緑茶飲料であるとの主張に懸命である。

④トップに関連付ける（図6-6 中央）。

これは既存のトップポジショニングを利用するのもので，消費者は既存ブランドを認識しているので，そのブランドを介して連鎖的に自社ブランドを認識してもらうという方法である。

有名な事例が，米国のレンタカー会社，Avis のポジショニングである。"Avis is only NO.2 in rent-a-cars, so why go with us? We try harder."「Avisは（Hertzに次ぐ）ナンバー2のレンタカー会社に過ぎません。し

かし，我々を選んで下さい。我々はもっとがんばります。」つまり，2番であるということを前面に出し主張しているのである。その後，ファーストフードのバーガーキング（マクドナルドの次），メインフレームコンピューターのハネウェル（IBMの次）がこの2番目のポジショニングで成功している。前提として，ある程度大きなセルであることが必要である。

また，既存ブランドの対極にアドレスを設定するという方法もある。例えば「セブンアップ」は，Uncola（コーラでない飲み物）というポジションを取った。

⑤ トップのポジショニングをリポジションする（図6-6 右）。

リポジションとは，別の場所に移すという意味である。つまり，トップブランドの価値に疑いを投じ，そのポジションから引きずり降ろすことである。

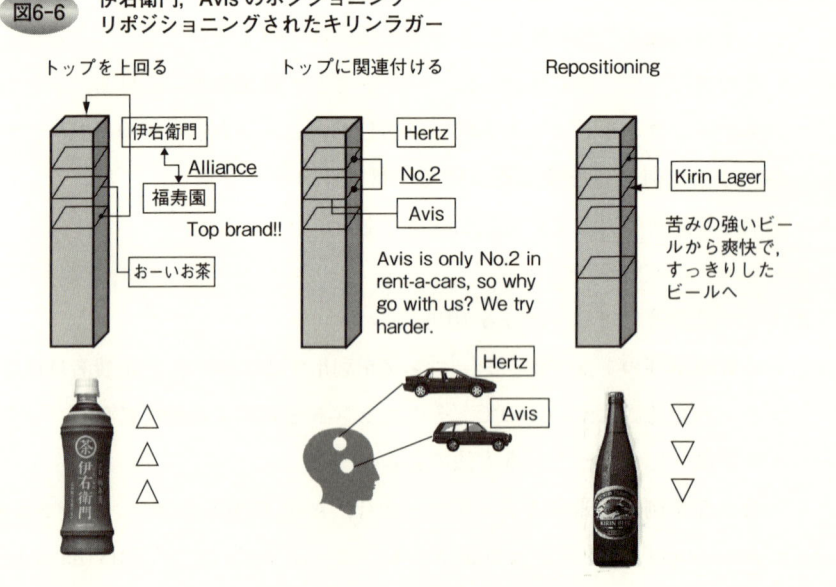

図6-6 伊右衛門，Avis のポジショニング
リポジショニングされたキリンラガー

トップを上回る　　　トップに関連付ける　　　Repositioning

伊右衛門
Alliance
福寿園
Top brand!!
おーいお茶

Hertz
No.2
Avis

Avis is only No.2 in rent-a-cars, so why go with us? We try harder.

Kirin Lager
苦みの強いビールから爽快で，すっきりしたビールへ

サントリー社，キリンビール社から提供された画像にもとづきBB&B社作成

BMWは，かつてベンツを究極の居住空間と揶揄した。

「スーパードライ」は発売直前，「アサヒビールからの新しい主張です。苦みの強いビールから爽快で，すっきりしたビールへ。わが国最初の辛口ビール。ここに誕生。近日発売」というメッセージを送った。この中の「苦みの強いビールから爽快で，すっきりしたビールへ」の表現は，当時のトップブランド，「キリンラガー」をリポジショニングしていると言えるだろう。つまり，もう苦いビールの時代ではないというメッセージを送っているのである。

3. Ries & Trout のポジショニングの変遷

3-1 属性（商品の特徴，消費者メリット）によるポジショニング

ポジショニングについての考え方は，Ries & Trout の考えから，その後変化していく。売上高やシェアの視点に拘泥する考え方は，狭きに失するからである。

つまり，ある商品，サービスが人の記憶に残るのは，何も売上高に限ったことではなく，ユニークな特徴を持った商品であれば憶えてもらえるだろう。「ヘルシア緑茶」がよく知られているのは，高濃度カテキンという特徴，またそれが体脂肪を減らすメリットを感じられるゆえである。売上がどうであるか，その事実そのものには，ほとんどの人は関心がない。特徴，メリットを中心に考えるのは，消費者ニーズを起点とするマーケティングの考え方（マーケティングコンセプト）にも通じるものでもある。

これは，属性（attribute）によるポジショニングである。商品の属性には，商品そのものが持つ特徴（feature），商品が消費者にもたらすメリットである便益（benefit），そして商品の機能（function）がある。特徴がどの様なメリットを消費者にもたらすか明白な場合は，特徴訴求だけのポジショニングも考えられるが，消費者に直接関係あるのはメリットであることに注意されたい。機能によるポジショニングとは，例えばシャンプーが髪の毛にプロテインの膜を作るといった，商品の働きの結果を表示するポジショニングである。

図6-7　属性ポジショニング

ヘルシア緑茶

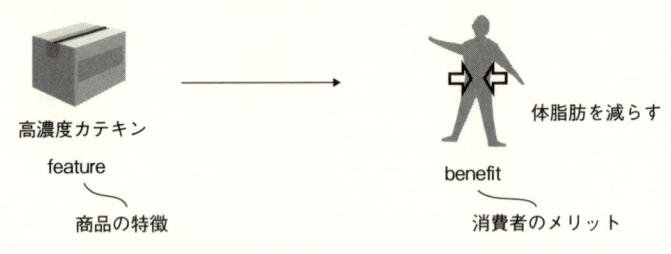

高濃度カテキン
feature
商品の特徴

体脂肪を減らす
benefit
消費者のメリット

BB&B 社作成

3-2　属性ポジショニングの数の問題

　商品属性（attribute）をポジショニングするとして，セグメントにきちんと伝わるポジショニングを考えてみよう。

　基本的には，一つの特徴または便益でポジショニングすべきである。理由は，情報は単純・明快な方が伝わり易いからである。

　ボルボはひたすら，安全性を訴求する。同じレベルの安全性に達した他社が同じように安全性にメッセージを限定してもインパクトはない。しかし，その点がマーケットの関心事の場合は，やはり言っておかなければならないので，安全性が高いというメッセージは発する。決め手はもう一つの特徴ということになる。

　そこで，「安全でこのクラス最大の居住空間を誇っています」「安全でこのクラス最大の燃費効率を誇っています」といった2つの属性を主張することも可能である。もちろん上手く主張することは必要である。アサヒの糖質ゼロの発泡酒「スタイルフリー」のコピーは面白い。「『糖質をゼロ』にすることよりうまさを残すことの方がむずかしかった。」目立たない特徴を持ち上げた，メリハリのある主張といえる。

　それでは，3つ以上はどうか。車など相当数の属性がマーケットの関心事の場合があるが，3つ以上の属性のポジショニングは避けるべきだといわれている。焦点が定まらず，信頼性もなくなるからである。あくまでポジショニング

の話で，パンフレットの説明欄に多くの特徴を書くのは，ポジショニングの後の詳細説明なのでこれはまた別の話である。

3-3 ポジショニングマップ

これは，ある商品について2つの特徴を選択し，これらを基に二軸のマップを描き，そこに競合製品をプロッティングし，競合のポジショニングをビジュアライズにするものである。

まず，消費者が重要と考えている2つの属性を選び出し，2次元マトリックスを構成する。競合商品の2つの属性の達成度がどれ位かを，消費者リサーチなどで量的に把握した上で，マトリックス上にプロッティングする。

空白地帯を探し出すのを目的とすることが多い。しかし，空白地帯が教えてくれることは，ここには同じ属性を持つ他の商品が存在しないこと，ただそれだけである。ここの属性を持つ商品を開発しても消費者に受け入れられるとは限らない。

例えば，縦にコク，横にキレ，というビールがもたらす消費者のベネフィットによる軸を考え，既存の，Sビール，Zビール，KKビール，Lビール，CLビールが消費者にどの様に認識されているか，アンケート調査を行い，その結果を統計処理（クラスター分析）し，プロッティングすると図6-8（上）の様になったとする。空白地帯に位置するべき商品を開発しても売れるとは限らない。ただ，ここに別の嗜好調査の結果を基にクラスター分析などの統計処理を加えた結果，嗜好のクラスターが図6-8（下）の様に，コク派，キレ派，コクキレ派，超キレ派と散在していることが分ったとすると，少数ながら確実に存在する超キレ派のためのビールは存在しないことがわかる。

超キレ派ビールは売れる可能性があるが，すでに唱えられている属性を基にこの様なマップを描いていてみても，新しい発見が出来ることは稀であるばかりか，発見できたとしても既知の属性の延長なので，ポジショニングとしては弱く，メガヒット商品に育つことはあまりないと言える。

「スーパードライ」の攻勢に対して，フルライン戦略を取ったキリンは，

1989年，コク（味の濃さ），キレ（炭酸の刺激度）を機軸に4つのゾーンをとり，「クール」「モルトドライ」「ファインドラフト」「ファインピルスナー」という4つの商品を世に出したが，極めて短命に終わった。ポジショニングマップでのポジショニングはできていたが，消費者の頭へのポジショニングがおろそかになり，明確な属性訴求ができなかったと思われる。

これまでに，主張されない属性，さらにその属性を有する商品が，消費者ニーズに合致し，願わくはその属性を実現するテクノロジーに裏付けられているとき，その主張が強烈なポジショニングとなるのである。例えば，「スーパードライ」のキレという属性である。「伊右衛門」の「ペット緑茶なのに急須で入れた味」も，それまでにない属性であった。同時に「非加熱無菌充填」「粉体制御」という2つの技術に裏付けられていた。

キリン「一番搾り」は，ビールのキーワードとして，「ラガー」に代表される「芳醇」，「スーパードライ」に代表される「爽快」以外に，「純粋」という属性を考え，これを全面に押し出したビールを，製造工程で得られる麦汁のうち一番搾りだけを使用することで実現したと言われている。ただ，一番搾りの

図6-8 Positioning map

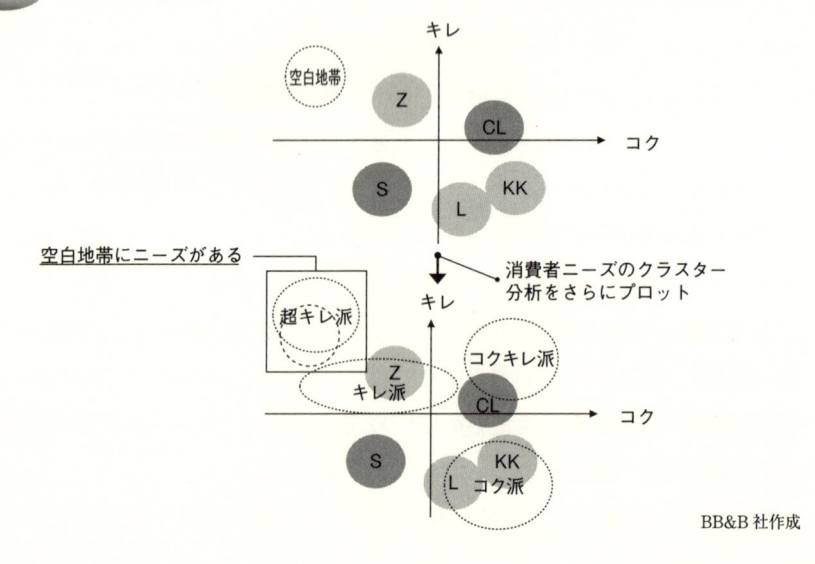

場合，純粋というのは，商品の特徴（features）訴求であり，それがどの様な消費者のベネフィット（benefit）に結びつくのか明確でない。この点，ポジショニングとしては少し弱いと思われる。

3-4 プランニングレベルのポジショニング

属性訴求のポジショニングにおいては，コミュニケーション手段に限定する必要はない。最終的には，コミュニケーションによりターゲットマーケットに効果的に情報を伝えることが必要であるが，その前提として商品の特徴，商品がもたらすメリットをどの様なものにしていくか，つまりプランニング段階にポジショニングを拡大的に考えていくことが必要と思われる。

4. 今考えられるポジショニングのテクニック
4-1 Ries & Trout の唱えるポジショニングの有効性

今でも，Ries & Trout の唱えるナンバーワンという言い方は，極めて説得的である。少し拡大して解釈すると，一番であるという言い方だけでなく，一番を推知させる表現（圧倒的に優れたテクノロジーを表現するなど）する場合も，Ries & Trout 的なポジショニングと言えるだろう。さらに，実際に一番でなくても，一番になるポテンシャルを感じさせれば，成功と言える場合もあるだろう。先程例として挙げたサントリー「伊右衛門」は，ナンバーワンとストレートに言っている訳ではなく，お茶のトップブランドである京都福寿園との一体感により，最高品質ということを匂わせ，ナンバーワンを暗示している表現である。お茶という，日本人にとっては空気の様な存在になっている商品の場合，ストレートなナンバーワンメッセージよりもこういった暗示的表現の方が，消費者の頭に自然に溶け込むのではないかという開発者の考えが伺える。

この種のメッセージのもう一つのメリットは，いくつかの特徴，メリットだけでなく，総合的に他を圧倒しているというイメージを与えることが可能であることだ。ディズニーランドが世界最大のテーマパークとポジショニングすれば，それは自然と「たくさん楽しめる」というメリットに直結していることに

なる。

4-2 ーまとめー

こういった様々なポジショニングの考えを総合的すると，以下の様に要約される。ポジショニングは，

① 商品の属性により行うことが基本である。商品の属性（attribute）には，商品そのものが持つ特徴（feature），商品がもたらす機能（function）商品が消費者にもたらすメリット，便益（benefit）などがある。属性でポジショニングする場合，2つまでにする。
② メッセージ面だけでなく，コンセプト形成の場面でもポジショニングを考えてよい。
③ コミュニケーションにおいては，その特徴・メリット訴求に続き，ナンバーワンメッセージに代表される Ries & Trout 的なポジショニングにまで持ち込むとポジショニングのスペシャルシートを確保することができる。

5. ケース分析

【ヘルシア緑茶】

この様な観点から「ヘルシア緑茶」のポジショニングを考えてみよう。

「ヘルシア緑茶」は特徴，メリットのポジショニングに成功してはいるが，スペシャルシートには至っていない様に思われる。

緑茶飲料というセルのトップと言いたいところだが，価格の高さがそれを阻害している。特に，継続飲用を勧めているので，価格の問題は益々クローズアップされる。この価格では，緑茶飲料のセルにいる商品としてはイメージされないだろう。機能性飲料のセルについてはどうだろうか。ここでも「DAKARA」などと比べて価格が高く，そのセルの商品とはイメージされないと思われる。さらに，サプリメントのセルにも入ることはできない。サプリメントではない

からである。健康性緑茶飲料というセルはどうだろうか。ここでも，価格が阻害因になる。「爽健美茶」など一般価格の商品とは一線を画すだろう。敢えていうと，健康増進のプレミアム緑茶ということになるが，個別のセルとして確立するには，余りにカテゴリーが細かすぎる。

　同種の価格高めの商品，サントリー「黒烏龍茶」はどうか。350mlで「ヘルシア緑茶」の180円に対して「黒烏龍茶」の価格は160円であることに加え，その時々の食事の脂肪吸収を抑えるため，継続飲料は必ずしも必要ない。値段のイメージは「ヘルシア緑茶」と大きく変わる。「黒烏龍茶」は機能性飲料のスペシャルシートの候補といえるだろう。

【発泡酒】
　ビールでのトップポジショニングは間違いなく「スーパードライ」だが，発泡酒ではどうだろうか。発泡酒は，独立のセルとしてカウントされる。このセル最初の商品は，1994年に発売された，サントリー「ホップス」だ。この時点での，トップポジションはもちろん「ホップス」である。アサヒ，キリンは，当初発泡酒を基本的にまがい物と軽視していたようだが，発泡酒はその後，勢いをつける。この事実を直視したキリンは，1998年発泡酒「淡麗〈生〉」を発売し，これが大ヒットとなった。天下のキリンが発泡酒に参入したことにより，発泡酒は地位が向上し，セルはある意味で新しいセルに進化したといえる。ビールのまがいものというイメージを払拭した確固としたセルである。同時に，この年「淡麗〈生〉」はシェア52.8％を確保し，セルの価値向上の貢献と相俟って，発泡酒セルでのトップポジションを確保した。後に，2001年「アサヒ本生」を発売するが，製法で工夫が見られたものの，その後の新ジャンル（第三のビール）の影響があり，このセルでは後塵を拝することになった。

　しかし，歴史の浅いこのセルにおいては，消費者はまだ新しい商品を期待しているとも考えられる。

　なお，発泡酒は本格派ビールと，次に述べる価格訴求の新ジャンルの狭間で中途半端なセルになり，独立性は希薄化することになった。

図6-9 発泡酒 ポジショニングの変遷

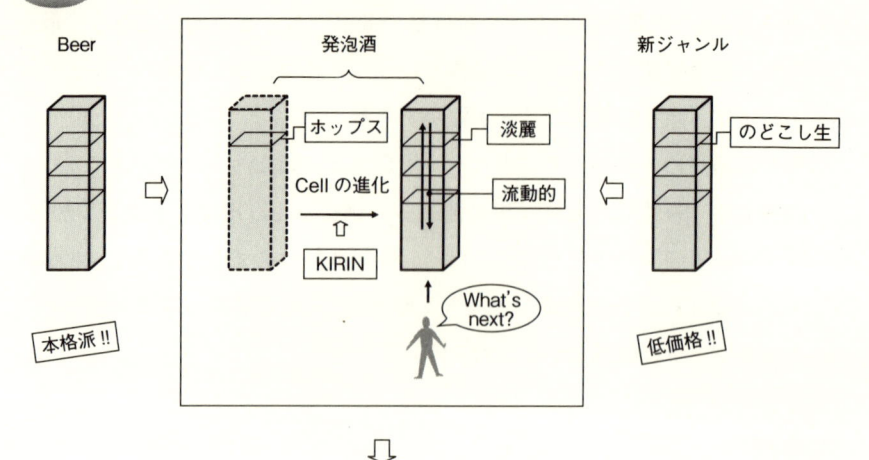

Beer / 発泡酒 / 新ジャンル
本格派!! / ホップス・淡麗・流動的・Cellの進化・KIRIN・What's next? / のどこし生・低価格!!

Cellの希薄化

BB&B社作成

【新ジャンル（第三のビール）】

①イノベーター，サッポロ「ドラフトワン」

　サッポロビールが2004年2月に発表した新ジャンル（第三のビール）「ドラフトワン」（「スッキリした味の新アルコール飲料」というメリット訴求）は，年間1800万箱と大ヒットした。ビールの独特の香り，苦みを好まないセグメントをターゲットとして開発され，ポジショニングされた商品である（プランニング段階からのポジショニングを考えている例）。ビールでも発泡酒でもない「新ジャンルの商品」としてポジショニングされ，「初体験のスッキリ〈生〉! 125円!」「第3の〈生〉，誕生（第3のビールではありません）」などとコミュニケーションされた。

②キリンのブランド力と「のどごし生」

　しかし，ここでも翌年の4月キリンが「のどごし生」（「新技術『ブラウニング製法』により，"すっきりしたのどごしと，しっかりしたおいしさ"を実現」，という特徴・メリットを訴求）を発表すると，破竹の勢いでシェアを伸ばし，独走するサッポロからトップを奪うことになった。そして，

キリンは新ジャンルにおけるトップポジションを確保した。伝統的ビールメーカー、サッポロがトップを維持できなかったのは何故か。競争的なマーケティングを展開しない同社のカルチャーが基本にあると思われるが、トップポジション確保のために必要な、膨大なマーケティング費用を投与し切れないという側面もあろう。

③アサヒ「新生」「新生3」

　新ジャンルの最初の製品である、「ドラフトワン」（サッポロ）は、ビールや発泡酒と違った、スッキリとした味覚を訴求し、続く「のどごし生」（キリン）も同様の口当たりだったので、パッケージなどコミュニケーションで、自社の既存製品をイメージさせない独自の工夫が見られる。違いを伝えるポジショニングは見事に成功し、両者とも快調に売上を伸ばした。

　一方、アサヒが2005年4月に新ジャンル市場に参入したときの「新生」、その後11月に投入した「新生3」は、味訴求が「スーパードライ」的な「キレ」なので、パッケージが「スーパードライ」調のシルバー仕立てにされていた。「スーパードライ」的な味覚を訴求するポジショニングなので、このパッケージで問題ないが、どうしても新ジャンルの主張としては弱いものがあった。ここでアサヒは新ジャンルでやや後塵を余儀なくされた。

④アサヒ、サッポロの多品種戦略

　しかし、アサヒが2006年5月に投入した、「ぐびなま。」は、飲みやすさという新ジャンル特有のメリットを出した商品で、パッケージも「スーパードライ」とは似ても似つかない、POP系のデザインにした。苦味が抑えられているという特徴、それゆえ飲みやすいというメリットでポジショニングしている。広告では、商品のカジュアル性が強調された。

　続いて、10月に投入したのが「極旨」である。これは、飲みやすさに加え味わいを増したのが特徴だ。これまでの新ジャンルにはなかったコクや味わいを訴求した点で、多様性を求める消費者ニーズに応えている。ここではストレートに、味わいという特徴が訴求されている。広告では、味にこだわりのあるヘビーユーザーを唸らせるおいしさという点が強調され

た。

　12月には，サッポロも「新ジャンル市場内でも『新感覚のスッキリした味わいを求めるお客様』と『ビールの味わいを手ごろな価格で楽しみたいお客様』へと二極化が進んでいます。」(2006年12月15日付サッポロHP　ニュースリリース)との判断の下，味わい系の新ジャンル「サッポロうまい生」を市場に投入した。

⑤新ジャンルのポジショニング

　この様な現況を前提に新ジャンルのポジショニングを考えてみよう。

　新ジャンルがセルとしての独立性を持たせるためには，その特徴，メリットは単一なものに収束させるべきである。今のところそれは，苦みが少ないという特徴，スッキリ，飲みやすいというメリットである。これに該当するのは，「のどごし生」「ドラフトワン」「ぐびなま。」，サントリー「ジョッキ生」である。新ジャンルでのトップポジション「のどごし生」を擁するキリンとしては，新ジャンルを独立セルに仕立てたいところだろう。キリンは，このジャンルに対する消費者のニーズはカジュアル性にあるのではないかと考え，今のところ多品種戦略を取っていない。また，2006年末のキャンペーンでは，「のどごし生」の売上ナンバーワンキャンペーンを大々的に展開した。将に Ries and Trout 的ポジショニングに持ち込もうとしているのだ。今後は，のどごしの味の改良をしながら，このブランド特化の戦略を続けるものと思われる。

　一方このセルは，酒税法の分類では「その他の雑酒」と「リキュール類」で構成されるが，その名の如く，雑多な酒類を含むセルとも考えられる。また発泡酒を含めて新ジャンルは歴史が浅く，消費者心理としてはまだ技術革新が行われるのではないかと興味津々であり，新しいものは試してみたいという気持ちが強いかも知れない。とすれば，セルにはまだ独立性がなく，多様なニーズに対応するアサヒ，サッポロの多品種戦略が効を奏することになる。

　さらに，新ジャンルのマーケットが拡大していることを考えると，スッ

図6-10 新ジャンルにおけるアサヒ，キリンのメッセージ

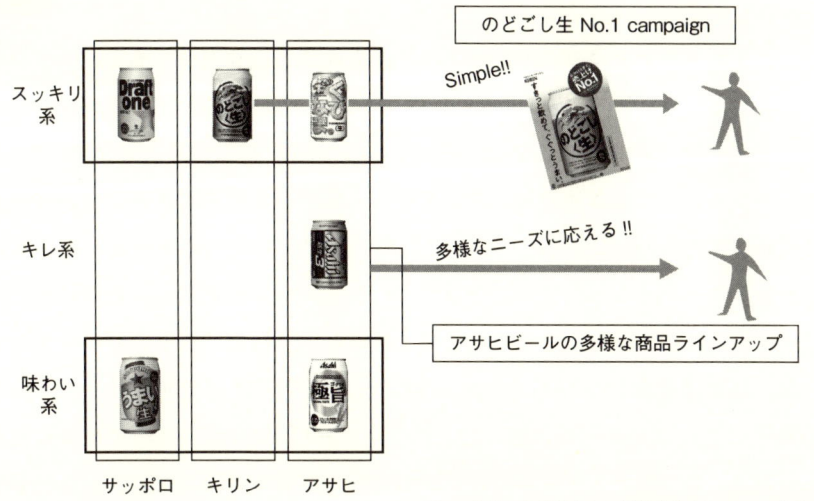

のどごし生 No.1 campaign
Simple!!

多様なニーズに応える!!
アサヒビールの多様な商品ラインアップ

スッキリ系
キレ系
味わい系

サッポロ　キリン　アサヒ

ビール各社から提供された画像をもとにBB&B社作成

キリ系の新ジャンルとあじわい系の新ジャンルという2つのセルが存在することも考えられる。前者のトップが「のどごし生」，後者のトップが「極旨」ということになる。消費者がその勝敗を決するが，多品種戦略はコミュニケーションとしても，情報が複雑になる。情報は単純な方が有利だろう。しかし，前提として，「のどごし生」に何らかの品質の優位性があることが条件となることは言うまでもない。

【プレミアムビール】
　景気回復やデフレ脱却が実感される昨今，ビールにもその潮流が押し寄せ，プレミアムビールの存在が脚光を浴びている。ビールの消費量が減少傾向にあるのに対して，プレミアムビールの消費量は増加傾向にある。
　サッポロの「エビスビール」はナンバーワンメッセージを発さないが，暗黙の内にプレミアムビールナンバーワンの評価は定着している（2006年，約1,000万箱）。プレミアムビールは新ジャンルと異なり，ある程度の歴史があり，

このセルにおけるトップポジションはそれなりに意味がある。しかし昨今，ビール各社がこれにチャレンジしている。Ries & Trout の挙げる二番手以下のポジショニングテクニックの内，トップを上回るという方法である。

　まずサントリーが，権威によるナンバーワンメッセージでエビスに挑戦する。サントリーの「ザ・プレミアム・モルツ」は，権威ある食品品評会，「モンドセレクション」で2年連続最高金賞を取り，最高のビールであることが世界的に認められた。「最高金賞のビールで最高の週末を」と〈最高金賞〉から推知されるナンバーワンメッセージ（Ries & Trout 的なポジショニング）とそのビールが〈最高の週末〉をもたらしてくれるという機能でポジショニングしている。効果は覿面で，2005年 126万箱だった「ザ・プレミアム・モルツ」の2006年の売上は550万箱に達した。サントリーは1963年，ビール事業に参入して以来，今日まで赤字続きだが，この「ザ・プレミアム・モルツ」を起爆剤に，来年度初の黒字化が現実感を帯びて来ているのである。

　一方2006年6月にアサヒが「プライムタイム」を投入，続いて11月にキリンが「ブラウマイスター」を投入，このセルにおけるバトルが激化している。

　「プライムタイム」は，「特別な『自分時間』にゆったりと楽しんでいただきたい，今までにない新しい味わいの生ビールです」と，ゆったりとした時間をもたらすという機能，新しい味わいという特徴によるポジショニングしている。

　この様に，「ザ・プレミアム・モルツ」「プライムタイム」とも，味の特徴というより，ある状況，時間帯を盛り上げるという，プレミアムビールの機能に着目したポジショニングを行っている。プレミアムビールを飲む人の中には，これを日常ブランドとして認識している人もいるが，多くは，①自分へのご褒美，②週末，休日，③記念日といった，特別な日に飲む人も多いためとも思われる。(出所：キリン お酒と生活文化研究所 レポート Vol. 41「プレミアムビール」に関する意識調査について）。これは，「プレミアムビール」の楽しみ方を消費者が元々ウォンツとして持っていたというより，各メーカーがニーズを掘り起こし，ビールライフスタイルの提案をしているといえるだろう。

第6章　ポジショニング　111

これに対して,「ブラウマイスター」は,「13年間,ビール通の間で静かに熱く支持されてきた,キリンの本格プレミアムビール」と,一介のコンテストより,地に付いたビール通が長期に渡り支持しているのだという主張（Ries & Trout的なポジショニング）でポジショニングする。

実質的なエビスナンバーワンのカテゴリーに,サントリー,キリンがRies & Trout的ポジショニングで正面からチャレンジし,アサヒは機能によるユニークなポジショニングを行っている。

サッポロビールは,2006年10月「エビスブランド戦略部」を設立し,中期的な目標として「エビスビール」倍増計画（2,000万箱）を立てている。「エビスビール」のポジショニングは,「麦芽100％で,バイエルン産アロマホップをたっぷり使用した,歴史と伝統のビールです」で,特徴訴求をアピールしたポジショニングである。2006年末には,2007年3月に「エビス〈ザ・ブラック〉」,

図6-11　プレミアムビール

Premium Beer	商品	訴求
1,000万箱 エビス（No.1 message）	エビス → エビス〈ザ・ブラック〉 エビス〈ザ・ホップ〉	YEBIS WORLD／プレミアムではない!!
550万箱 プレミアムモルツ（No.1 message）	プレミアムモルツ	モンドコレクション最高金賞!!
	プライムタイム	特別な「自分時間」にゆったりと楽しんでいただきたい
2006年	ブラウマイスター	13年間密かに愛されてきたプレミアムビール

ビール各社提供された画像をもとにBB&B社作成

4月に「エビス〈ザ・ホップ〉」と商品ラインアップの拡大を表明。これらは，2003年から限定販売された商品，「エビス〈黒〉」「エビス超長期熟成」「琥珀エビス」などの好評を受けて，定番商品のラインアップを増やすものである。ここでも，特にナンバーワンメッセージを発することなく，商品の特徴を淡々と語るのみである。ある意味で，プレミアムのカテゴリーからは超然として，「エビスはエビスでありながら，しかもエビスを超えていく」といったメッセージが発信されている。分る人には分るという，ニッチ戦略である。

第4章マーケティング戦略，4節ニッチャーの戦略のエビスビールに関する記述も参考にされたい。

【黒烏龍茶】
最後に，特徴，メリット訴求型のポジショニングでも，言い方を考える必要があることを述べておく。

ウォークマンは，「録音できませんが小型でいい音がでます」といった，特徴訴求型のポジショニングではヒットしなかったと思われる。「歩きながら音楽が楽しめます」というメリット訴求型のポジショニングで一世を風靡したのである。

最近の，健康増進のプレミアムドリンクで効果的なポジショニングをとったのは，サントリー黒烏龍茶である。「諸君，人生を楽しもう。皆々様，油っこ

図6-12 サントリー黒烏龍茶のポジショニング

サントリー社から提供された画像をもとにBB&B社作成

い料理を心からお楽しみ下さい。その食事の脂肪吸収を抑える。特保。サントリー黒烏龍茶」。ヘルシア緑茶が，健康メリットという，いわばマイナスを防ぐという観点のポジショニングをしているのに対して，黒烏龍茶は，油の多い食事を楽しめるという，プラス面をむしろ前面に出したポジショニングをしている。あなたは，どちらにより動かされるだろうか。

6．ポジショニングクライム

ポジショニングクライムとは，ポジショニングを主張してマーケットとのコミュニケーションを図ることである。

もちろん，属性（特徴，機能，メリット）やNo.1メッセージ的なものが基本にある訳だが，自分の名を名乗るなど，もっと基本的なこともある。

そこで，まず商品のブランド名が主張される。例えばベンツというブランド名が存在し，次に，その商品が，ターゲットマーケットに存在する様々なニーズの，どのニーズを満たすのかが主張される。さらに，そのニーズを満たすのに，この商品の他の商品とどこが違うかという優位性が主張される。これは，特徴の主張である。例を見てみよう。

ブランド名	どのようなニーズに応えるか	他商品との違い
プリウス	環境嗜好	ハイブリッドエンジン
健康エコナ	健康志向	グリセロール
アクオス	美しい画像	オンリーワン液晶

7．ポジショニングから差別化へ

ポジショニングは差別化へと発展していく。ポジショニングはその商品の中心的な考え，ユニークな特徴を消費者に伝えることである。その特徴が他社に比べて競争優位な特徴となった場合，差別化となる。差別化とは他の商品と比べて相対的にどうかという，比較を前提とした概念だからだ。

競争優位は，

図6-13 ポジショニングから差別化へ

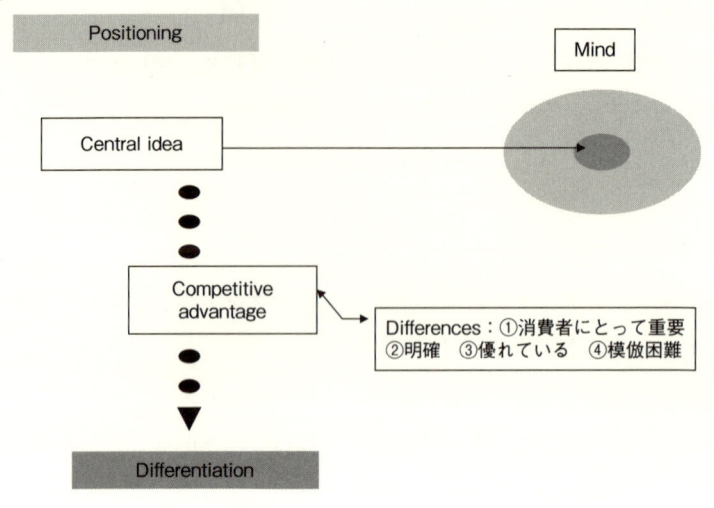

Positioning

Central idea → Mind

Competitive advantage ← Differences：①消費者にとって重要　②明確　③優れている　④模倣困難

Differentiation

出所：BB&B社 e-ラーニング教材

① 特徴が消費者にとって重要か。
② 特徴が明確であるか。
③ 他社より優れた特徴であるか。
④ 他社からの模倣の困難なものであるか。

ということが要求され，これらにより差別化が実現する。

第7章　価格

　事務用品を始め，飲料，医療，書籍，などのカタログ販売を通じてオフィスソリューションをもたらしている，「アスクル」の価格戦略を見てみよう。
　「アスクル」は，1993年，事務用品のプラスの流通戦略としてスタートした（8章 チャンネル 第3節 チャンネルの種類と選択参照）。やがて他社の製品も扱うようになった「アスクル」は，事務用品の流通自体をビジネス化し，1997年アスクル株式会社として分社するまでに，94年の売上6億から急成長を遂げ，100億企業に成長していた。
　この成長の背景には，オフィスに翌日しかもリアルタイムに配達される便利さ，オフィス用品についての品揃えの良さといった差別化されたサービスに加え，1995年以来続けている低価格戦略がある。低価格実現のために，コスト削減の並々ならぬ工夫，努力を行い，独立企業となった1997年頃にはコストリーダーシップというにふさわしい，国内最大級の低コストを実現していた。
　しかしこの頃，「オフィスデポ」「オフィスマックス」といった，海外のコストリーダーが日本に上陸している。これらは，米国内で卸を介さないメーカーとの直接取引や低コストでの店舗運営ノウハウなどで，低コストの構造を作り出しており，この年，両者とも1号店を日本にオープンし，多くは商品について「アスクル」を超えるディスカウントプライスを提供していた。これらは店舗での価格であるが，その後オフィスデポは，1998年米国の通販専門オフィス用品販売会社，バイキング・オフィス・プロダクツを吸収合併し，これにより「アスクル」と同様の通販サービスも日本で展開することとなり，カタログ価格での攻勢にも備える必要があった。実際，カタログ配布前に「アスクル」が主力商品の値下げを実施したため，カタログをいったん廃棄し，新価格で再発刊するなどの攻勢をかけてきた。「オフィスデポ」のディスカウント率は概ね40％程度で「アスクル」の30％を超えていた。同時に，最低価格保証を行い，

他店で安い商品があれば，差額プラス10％の返金を謳っていた。

そこで，「アスクル」は，まずこれら外資の日本でのオペレーションのコスト構造を分析した。その結果，①日本での品揃えは日本製品を中心に，米国的直販の超低コスト構造を作りあげることができない，②日本製品については，「アスクル」の購買量の方が多く，メーカーにバーゲンパワーを有している，③店舗を有するので日本の高い不動産コストを負担しなければならない，との結論に至った。自社のコスト構造の方が有利と判断，40％を超えるディスカウントを実現すべく，さらなるコストダウンと同時に商品ラインアップを拡大し，利益率の高い商品カテゴリーの拡大にも取り組むことになった。

現在「アスクル」は，事務用品という籠を越えて，OA/PC用品，生活用品，家具，食料品といったあらゆるオフィス関連商品を充実させるとともに，病院，クリニックといった特殊な業態に対応したオフィス用品にまで拡大している。

「アスクル」が，コストリーダーシップを死守しようとする前提には，流通業の差別化には限界があるとの思惑がある。翌日配送，リアルタイムデリバリー，一ヶ所で必要な物がすべて買える「ワンストップショップ」といったサービスは競合も達成可能と考えているからである。そして，現存利益を最大化するというよりは，全国的にシェアを拡大していくという成長戦略があったことも背景にある。

この様に可能な限り低価格を実現しようとする戦略は，顧客が得るバリューを最大限追求するという意味において，「バリュー価格設定」と呼ばれている。そして，その背後にはシェアを拡大するという目的がある。

価格と品質の関係について，図7-1を見て頂きたい。「アスクル」は様々な商品を扱っているので，一概には言えないが，概ね，中品質の製品を低価格で提供する，グッドバリュー戦略ということが出来るだろう。

図7-1の価格戦略の内，ハイバリュー，グッドバリューの提供にはシェア拡大という思惑があるだろう。スーパーバリューに至っては，一時的な人気取りといった思惑があるかもしれない。また，ハイバリュー，グッドバリューを継続的に提供できるのは，コストリーダーに他ならない。

図7-1 価格と品質の関係

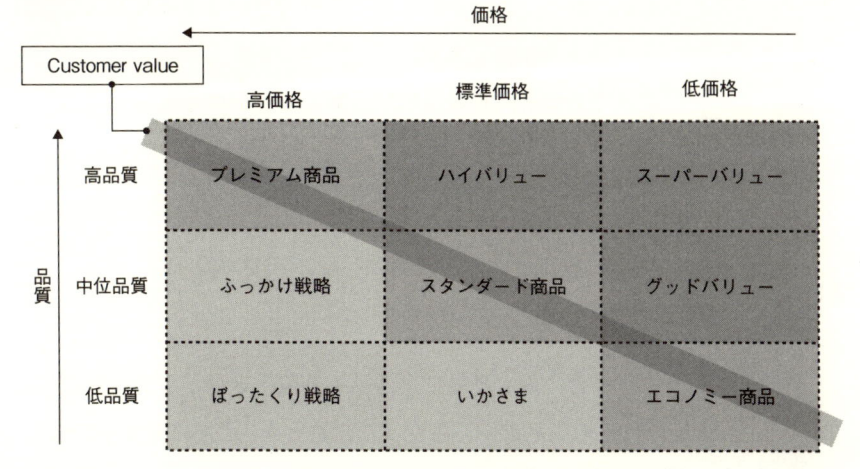

	高価格	標準価格	低価格
高品質	プレミアム商品	ハイバリュー	スーパーバリュー
中位品質	ふっかけ戦略	スタンダード商品	グッドバリュー
低品質	ぼったくり戦略	いかさま	エコノミー商品

(Customer value は対角線上)

出所：Philip Kotler, MARKETING MANAGEMENT, 11th EDITION, p.472

　この様に，価格の決定には，その背後に戦略（コスト戦略，差別化戦略），また利益を重視するか，シェアを重視するかといった目的などが絡んでいる。
　この様な価格に絡む複雑なメカニズムはさておき，図7-1 の斜めに走るライン，つまり，品質に応じてそれなりの価格で売るという，標準形の価格決定を最初に考えてみよう。これは，顧客が正当と感じる価格に従うもので，カスタマーバリューと呼ぶことができる。

1. 価格決定の基本原則

1-1　カスタマーバリューによる価格

　価格は，消費者から見れば，商品の特徴の半分を占める部分である。つまり，商品・サービスそのものが持つ様々な特長が，消費者にとってプラスのバリューであるとしても，価格というマイナスのバリューにより相当部分が消されることになる。プラスのバリューが残っていれば，消費者は商品を購入する。
　商品・サービスのコンセプトは，消費者ニーズから考えるというのが今日のマーケティングの考え方である（1章 マーケティングとは何か 第3節 マー

ケティングに対する考え方の歴史的変遷参照）。では，その様な商品・サービスにどれ位の価値があるか，これを決めるのも消費者ということになる。これがカスタマーバリューによる価格である。

ただ，この様に言ってみても，正確な数字を掴むのは困難である。そのために次に挙げるようなリサーチを行う。

1-2 カスタマーバリューの調査

> [実例]
>
> ①ストレートに価格を聞く。
>
> 　時間と予算がない場合，最も単純に，商品の特徴，メリットを十分理解してもらい，端的にこの商品をいくらだったら買うか，と聞くこともできる。
>
> ②レンジ毎の購買意欲を把握する。
>
> 　　・いくらだったら安いと感じるか。
>
> 　　・いくらだったら高いが買ってもいいと感じるか。
>
> 　　・いくらだったら高くて買えないと感じるか。
>
> ③消費者が想定しづらい商品の場合。
>
> 　健康食品など，消費者が価格を想定しづらい商品については，こちらである程度の予定価格（コストにマージンをマークアップした価格など）をいくつか用意し，この商品が○×△円だったら，といった質問をする。
>
> ④競合価格をカスタマーバリューとする。
>
> 　しかし，こういった調査の余裕がない場合もある。競合商品の価格が，消費者の認めた価格であると推定し，その前後に価格を置くという手っ取り早い方法も考えられる。

1-3 競争優位の戦略とカスタマーバリュー

競争優位の戦略は，コスト戦略と差別化戦略とニッチであった。コスト戦略とは，業界ナンバーワンのコスト構造により低価格に結び付ける。差別化戦略

とは，他が真似のできない製品を提供することであった。この戦略の提唱者M. Porter は，どちらかを明確にすべきだと主張するが，現実は，ほとんどの企業はコストダウンの努力をしており，同時に製品をある程度差別化している。そうするとコストリーダーが提供する標準商品を基準として，差別化に成功している程度に応じ，コストリーダーの価格にプレミアムをオンすることが可能となる。差別化が消費者ニーズに合致していれば，プレミアム価格を加えた価格が，カスタマーバリューにほぼ一致するはずである。

　図7-2は，米国航空業界のコストリーダー，サウスウエスト航空（第2章参照）に比して，差別化の進んでいるアメリカン航空のプレミアム価格，さらにビジネスクラスのスーパープレミアム価格の関係をグラフで表したものである。

　サントリーの緑茶飲料が「伊右衛門」（第1章参照）が差別化されているにもかかわらず，価格が通常価格になったのは，敢えてカスタマーバリューを下回る価格設定を行い，ハイバリューをカスタマーに提唱するという，「いい品物を，安く」の精神が流れている。お茶の様な肩を張らずに飲む商品については，プレミアム感を出さない方が，カスタマーに自然に溶け込むのでは，という考えが伺われる。

　一方,「ヘルシア緑茶」がそれを超えて高価格設定されているのは，高濃度カテキンという特徴，体脂肪を減らすというメリット，それが特定健康食品でオーソライズされている点など，差別化の程度が際立っているとの花王の判断や，日常的なお茶という範疇を超えて，少し健康飲料に近い側面があるからだと思われる。同種のカテゴリーに属する「フラバン茶」や「黒烏龍茶」については，同じサントリーの商品でもプレミアム価格が設定されている。しかし,「ヘルシア緑茶」よりは，やや安めでここでも「いい品物を，安く」の精神が貫かれている。価格から逆に競争優位の戦略を見ると，カスタマーバリューより低く値段を設定した方がより競争優位に立つことは言うまでもない。

図7-2 価格と競争優位の戦略関係

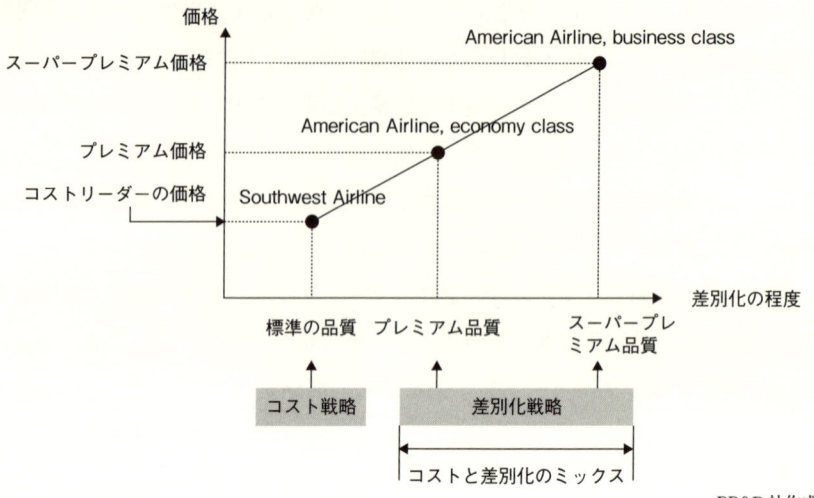

（価格）
- スーパープレミアム価格 ―― American Airline, business class
- プレミアム価格 ―― American Airline, economy class
- コストリーダーの価格 ―― Southwest Airline

差別化の程度：標準の品質／プレミアム品質／スーパープレミアム品質

コスト戦略 ｜ 差別化戦略
コストと差別化のミックス

BB&B 社作成

2. 価格の特殊性

現実の価格設定はカスタマーバリューだけで行うことはできない。他の価格に影響を与える要素として，①価格の目的，②需要曲線，③コスト，④競合の価格などが考えられる。

①価格目的

　キリン「一番搾り」も，一番麦汁だけで作るというプレミアム商品である。二番搾りの麦汁を使用しないので，それだけコスト高にもなる。発売当時，プレミアム価格を設定すべきだとの意見もあった様だが，設定したのは通常価格であった。これは，大型定番商品にするという目的があったからである。つまり，シェアを拡大するという目的である。

　別の観点から，コストを重視する価格設定，利益を重視する価格設定もあるだろう。このように，価格には売上，利益に関連する様々な思惑，つまり価格の目的があり，それに基づいた価格設定を行うことになる。

②需要曲線

カスタマーバリューを顧客の認めた均衡点とすると，それより安い価格ではさらに多くの人が買い，高い価格では買う人は少なくなる。この様な価格と需要量の関係を連続的に表したのが需要曲線である。需要がゼロになるところは，価格の上限である。

③コスト把握

コスト割れする価格を基本的に設定することが出来ないので，コストを正確に把握する必要がある。コストが価格の下限になる。

④競合価格とカスタマーバリュー

歴史的洗練にさらされて来た実勢価格は，カスタマーバリューに近い線と推定することができる。

価格目的に応じて，上の需要曲線，コスト構造，競合価格を参考にしながら，どの様に最終価格を決めるか，様々な方法論がある。

3. 価格目的

●生き残り価格

設備が過剰で，次々と生産される商品を売る必要がある場合，競合を駆逐するために低価格を設定する場合，経験カーブにより，将来コストが下がると期待される場合には，現在安い価格設定（コスト割れも可能）がし易い。経験カーブ（5節で説明）とは熟練により生産が効率的になることである。

●短期的利益最大化

価格に対して売上がどう変化するか把握されており，かつコストの大きさが把握されている場合，この計算を行うことが出来る。利益，キャッシュフロー，ROI（Return On Investment；投資利益率）等の短期最大化を目指す。

●シェア最大化

利益ではなくマーケットシェアの最大化が目的の場合である。この目的で価格設定をするのは，需要の価格弾力性が大きい場合，つまり価格を安くすることによって需要を大きく拡大することができ，マーケットシェアを確保できる場合である。ここではコスト割れぎりぎりの価格設定をする。現在はほとんど利益がでないので，長期的に利益を確保するために何らかの戦略が必要である。

●マーケットスキミング

スキムとはすくい取ることで，新製品を市場に投入する場合，最初は高い価格設定をし，マーケットの上層部から利益をすくい取り，投下資金を一気に回収しようというものである。その後，価格を徐々に下げシェアを拡大し，最終的にはそのブランドのリーダーを目指す戦略である。高価格で登場したプラズマテレビの値段が，その後徐々に下がって行く状況を考えてみるとよくわかるだろう。この目的で価格設定をするのは，十分な現在需要が見込める場合，少量生産のコストが高くない場合，高い差別化ゆえ競合が参入しない場合，高い価格設定が高級品をイメージさせることができる場合等が挙げられる。これに対する概念はペネトレートプライスで，低価格攻勢でマーケットへの商品浸透を図る。

この様に価格設定には様々な目的があるが，これからは利益を上げることを前提に価格設定のプロセスを説明する。

4. 需要曲線の把握

4-1 把握の必要性

現在の利益を上げることを前提にした場合，価格の上限と下限が自ずと決まる。価格の上限は売上がゼロになる価格である。価格の下限はコスト割れし，これ以上下げると赤字になる価格である。この上限と下限の範囲で具体的価格をどうするか価格判断を行うのである。価格の上限は需要曲線から導くことが

図7-3 価格の設定可能レンジ

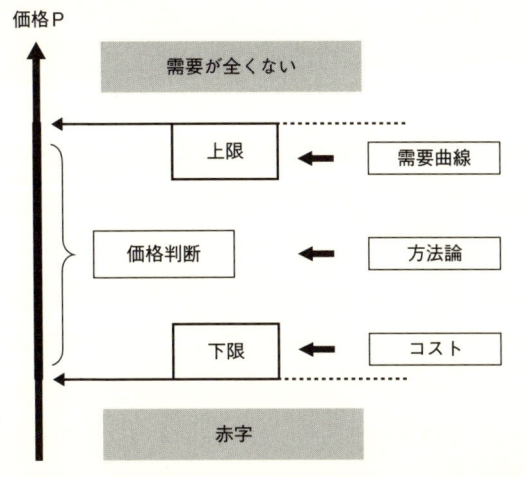

```
価格P
 ↑
 │  ┌──────────────────┐
 │  │   需要が全くない    │
 │  └──────────────────┘
 │←─────────┌──────┐
 │          │ 上限 │ ← ┌────────┐
 │          └──────┘    │ 需要曲線 │
 │                      └────────┘
 │        ┌──────────┐
 │        │  価格判断  │ ← ┌────────┐
 │        └──────────┘    │ 方法論 │
 │                        └────────┘
 │          ┌──────┐
 │          │ 下限 │ ← ┌────────┐
 │          └──────┘    │ コスト │
 │←─────────            └────────┘
 │  ┌──────────────────┐
 │  │      赤字         │
 │  └──────────────────┘
```

出所：BB&B社 e-ラーニング教材

できる。価格の下限はコストの把握から導くことができる。このレンジの中で最終的な価格をどこにするかについては，判断には様々な方法論がある。

では，需要曲線，コスト把握，最終判断に至る方法論の順に説明しよう。

4-2 需要曲線

価格の変化と需要量の変化の関係を表す曲線で，基本的に価格が下がれば需要量は上がる。

●価格弾力性

価格弾力性とは，価格Pが変化したとき需要量Qがどれだけ変化するか，その度合を示す指標である。弾力的な需要曲線と非弾力的な需要曲線を比較してみよう。図7-4の様にそれぞれ縦軸に価格P横軸に需要量Qをとると，非弾力的な需要曲線（左側）は価格の変化に対して需要量がゆっくりと変化する様な曲線である。弾力的な需要曲線（右）は価格の変化に対して需要量が激しく変化する様な曲線である。非弾力的な需要曲線では，

価格が10ドルから22ドルに上がった時に需要量は20落ちる。これに対して弾力的な需要曲線では、同じく価格の変化に対して、需要量は150落ちる。低い価格弾力性の条件は次の通りである。

① 商品特性として、〔代替品がない〕〔類似品はあるがクオリティーの比較が困難である〕〔高品質・プレステージ商品である〕〔蓄積できない〕、といった場合。
② 商品情報として、代替品の情報が行き渡ってない場合。
③ 支出額との関係では、〔消費財の場合、その商品への支出が、消費者のトータル所得比べて少ない場合〕〔生産財でその商品（原材料）への支出が、最終財に至るまでのトータルコストとの関係において少ない場合〕。
④ 全額自己負担でない場合。
この他一般的に生産財は消費財に比べて価格弾力性は低いと言える。

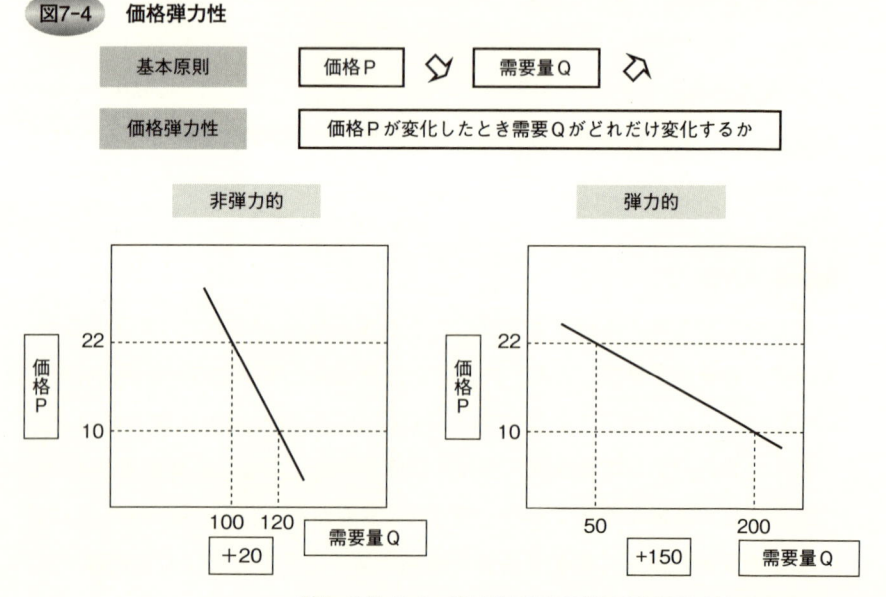

図7-4　価格弾力性

基本原則	価格P ⇨ 需要量Q ⇨
価格弾力性	価格Pが変化したとき需要Qがどれだけ変化するか

非弾力的／弾力的

出所：Philip Kotler, MARKETING MANAGEMENT, 11th EDITION, p.476

図7-5　需要曲線の予測方法

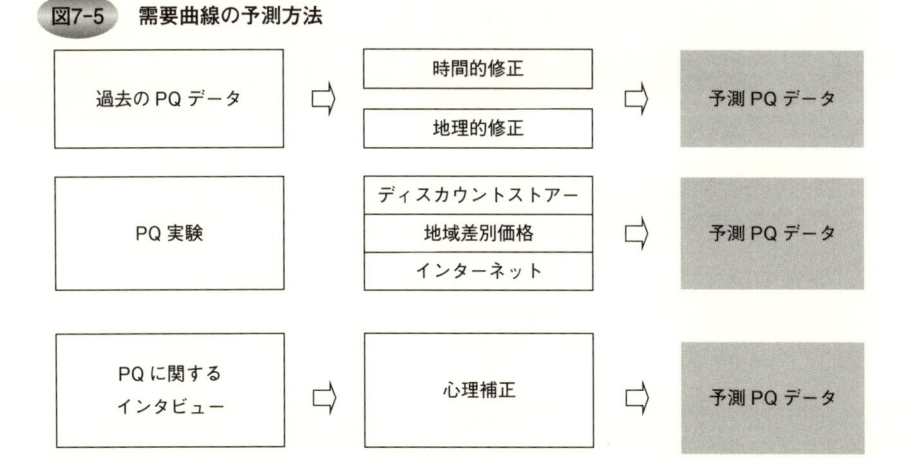

過去のPQデータ → 時間的修正／地理的修正 → 予測PQデータ

PQ実験 → ディスカウントストアー／地域差別価格／インターネット → 予測PQデータ

PQに関するインタビュー → 心理補正 → 予測PQデータ

● 需要曲線の予想方法

一つは，同じ商品の過去のPQ（P：Price，Q：quantity）データ，すなわち価格と需要量に関するデータを見て，それに時間的補正，場所的補正を加えて予測需要曲線を描く方法がある。

又，PQ実験，価格と需要量の関係を実験的に把握する方法がある。実験はディスカウントストアーでの値引きの効果をみたり，地域で格差をつけて販売しその売上比較をしたり，インターネット販売で価格の違いによる売上比較を行ったりする。

次に，インタビューによる調査である。つまり，異なる価格に対する購買意欲の違いをインタビューで把握する（1-2 カスタマーバリューの調査参照）。結果に若干の心理的補正を加え，最終的な需要曲線を描く。

● 需要曲線の把握例

Green Mountain Energy Companyは，米国で再生可能エネルギーを供給する会社である。カリフォルニア・テキサス・ニューヨークなど全米8州に，Green Mountain Energyブランドで電気を供給している。消費者にはどのエネルギーを使うか選択権があると考え，クリーンなエネルギー

図7-6 マーケットにより異なる需要曲線

Green Mountain Energy Company

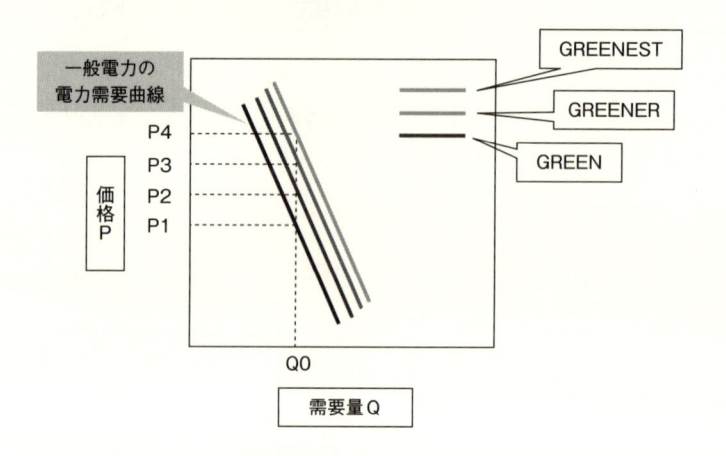

一般電力の電力需要曲線

GREENEST
GREENER
GREEN

価格 P
P4
P3
P2
P1

Q0

需要量 Q

をプレミアムプライスで提供している。同社では，どれだけのプレミアムプライスを付けることができるか，そのために需要曲線の把握を行った。図7-6の様に，一般電力・green エナジー・greener エナジー・greenest エナジーのそれぞれの線が需要曲線として描かれた。そして，これらの需要曲線に応じてマーケット毎に価格の設定を行ったのである。

5. コスト構造の把握

5-1 把握の必要性

コストは価格の下方限界点である。つまり，コストを割る価格を設定すると事業は赤字ということになり，一般的にはできない。ここでいうコストは，全コストを，生産量で割ったコスト，平均コストを使うのが一般的である。

5-2 短期平均コスト曲線

平均コストのイメージを数式とグラフで示したのが図7-7である。トータルコストは固定コストと変動コストから成り立っている。

固定コストとは，売上水準にかかわらず発生する費用のことで，人件費や償却費がこれに該当する。

変動コストとは，原材料費，光熱費といった，生産量も増大するコストのことである。

図7-7の左グラフにある様に，固定コストは，初期投資の時に発生し，その後，生産量が増えても一定である。変動費は最初ゼロだが，生産量に比例して増大していく。両コストの合計をトータルコストとすると，これも生産量とともに増大していく。

次に，平均コストは，トータルコストを生産量で割ったものと定義すると，右のグラフの様な曲線になる。最初の段階では，生産量の増大とともに減少するが，生産量が一定の段階（ここでは1000単位）に達すると，現存プラントが非効率になり，その段階から増大に転ずる。

図7-7 コスト把握Ⅰ　平均コスト

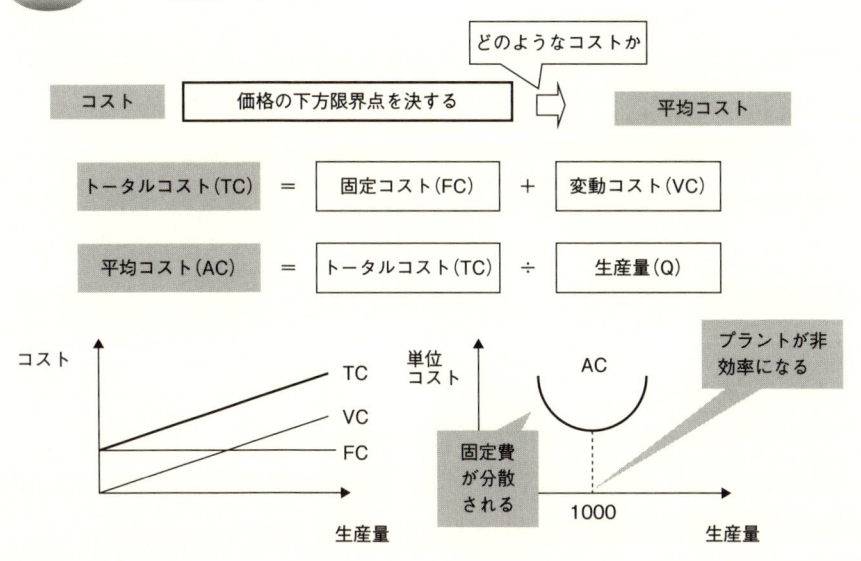

コスト　価格の下方限界点を決する　⇒　どのようなコストか　平均コスト

トータルコスト(TC) ＝ 固定コスト(FC) ＋ 変動コスト(VC)

平均コスト(AC) ＝ トータルコスト(TC) ÷ 生産量(Q)

（左グラフ：コスト—生産量　TC, VC, FC）
（右グラフ：単位コスト—生産量　AC曲線，1000で最小　固定費が分散される／プラントが非効率になる）

図7-8　コスト把握Ⅱ　長期平均コスト

プラントキャパシティー拡大 ⇨ 異なる AC 曲線 ⇨ 長期的 AC 曲線 LAC

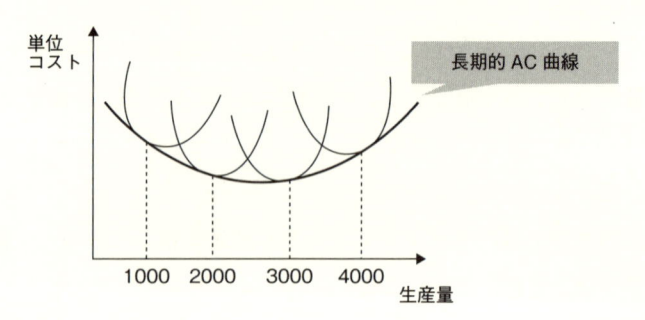

単位コスト／長期的 AC 曲線／生産量 1000 2000 3000 4000

BB&B 社作成

5-3　長期平均コスト曲線

　先程の図はプラントでは 1000 台生産が効率的なプラントで平均コスト曲線を描いた。さらに 2000 台，3000 台，4000 台のプラントを描くと図 7-8 のようになる。1000 台生産のときは 1000 台生産のプラントが最も効率的で，1400 台の生産あたりから 2000 台生産のプラントが効率的になる。以下 2500 台あたりで，3000 台プラントが効率的になり，3500 台あたりで 4000 台プラントが効率的になる。

　平均コスト曲線を結ぶと，長期平均コスト曲線が出来上がる。

　短期的には，プラントキャパシティー毎の平均コスト曲線で，価格下方限界点が定まり，長期的には，長期平均コスト曲線で，価格下方限界点が定まることになる。

5-4　経験カーブ

　もうひとつ生産コストで考慮すべきは経験カーブである。

　経験カーブは，生産の経験を重ねると，生産が効率的になり，単位あたりの生産コストが下がる事実に基づいている。固定費，変動費とも削減される。

図7-9　コスト把握Ⅲ　経験カーブ

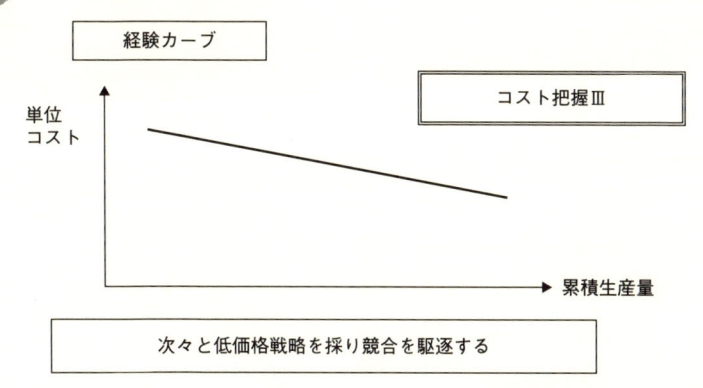

経験カーブ

単位コスト

累積生産量

コスト把握Ⅲ

次々と低価格戦略を採り競合を駆逐する

　このような経験カーブの事実を利用すると，次々と低価格戦略を採り競合を駆逐することができる。

　問題点としては，競合がイノベーションにより，さらにコストダウンした場合は，価格競争に勝てなくなること，この原則が働くのはプロダクションコストに限定されることなどが挙げられる。

6. 様々な価格決定の方法論

　価格の決定方法を列挙しておこう。まず実勢価格による価格設定では，競合価格をベースにして価格設定を行う。カスタマーバリューは，知覚価値価格設定と呼ばれ，顧客が払っていいという価格がそのまま価格となる。

　下限価格をベースに利益を積み上げる方法として，マークアップ価格設定は下限価格に，一定のマークアップ率を乗じることにより，ターゲットリターン価格設定は，下限価格に一定のリターンを得るためのマージンを加算することより，それぞれ販売価格を決める。これら方法の数式およびメリット，デメリットについては，図7-12，図7-13を参考にされたい。

　バリュー価格設定は出来るだけ安い価格設定を行い，顧客バリューを実現する方法である（「アスクル」の例参照）。

　次にこれら価格決定の方法論のそれぞれについて見てみよう。

図7-10 最終的な価格に至る全体図

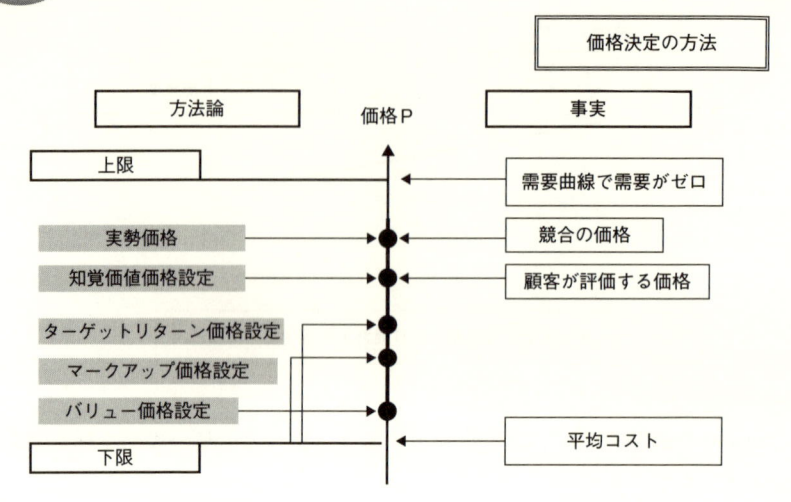

```
                                        価格決定の方法

      方法論         価格 P           事実

      上限    ────────●◄──── 需要曲線で需要がゼロ
                      │
   実勢価格   ───────►●◄──── 競合の価格
 知覚価値価格設定 ───►●◄──── 顧客が評価する価格
ターゲットリターン価格設定 ─►●
 マークアップ価格設定 ───►●
 バリュー価格設定 ─────►●◄──── 平均コスト
      下限    ────────●
```

出所：BB&B 社 e-ラーニング教材

6-1 実勢価格

競合商品の価格をベースに，自社の商品の価格を決定するものである。

競合価格を，競合商品のカスタマーバリューであると仮定し，自社製品と競合製品を比較することにより，自社製品のカスタマーバリューを導く方法である。

図7-10の様に，横軸に品質，縦軸に価格をとり，品質毎の価格をプロッティングする。次に，プロッティングを基にした近似曲線を描く。この近似曲線をもとに，自社の製品の品質がQ1の場合は価格P1に決まる。品質がQ2の場合は価格P2に決まる。P1，P2が競合を基にした価格である。

また，同じ品質の場合でも，若干の値段の上下を付けることはある。

実勢価格による価格設定は，その業界を支配する企業の価格に他が従う場合と，リアルタイムなマーケット情報により，自社の製品の価格を決定する場合がある。

鉄，紙，化学といった業界では，プライスリーダーにより価格が決定される。消費財の分野でも，缶入り清涼飲料水の価格は同じくマーケットリーダーが

図7-11 競争価格からカスタマーバリューを把握する方法

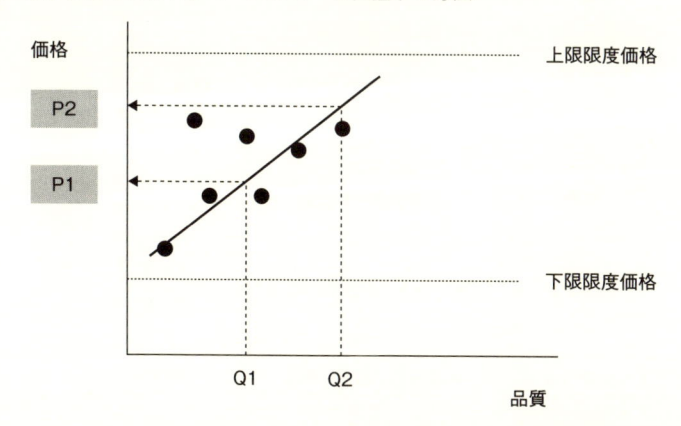

出所：BB&B社 e-ラーニング教材

大きな影響力を持つ。以前は，コカコーラが値段を決め，他社がそれに追従するという形であったが，最近では，敢えて若干の安値を付けるケースもある。

農産物，家電量販店，ディスカウント航空料金などは，リアルタイムなマーケット情報により，価格が決まる。家電量販店で，「他社より1円でも高ければお申し付けください」というアナウンスが流れているが，毎日競合の価格を調査し，それより少し安い価格を付けているのである。

6-2 マークアップ価格設定

マークアップ価格設定は，平均コスト，つまり価格の下限を基準として，一定率の売上利益率を加算し，マークアップ価格とするものである（図7-12）。これは，一方的な期待で加算しており，需要曲線，競合，顧客バリューを無視している。しかし，方法としては簡単で実用的といえる。建設業や法律会計事務所など，競争的なマーケットとはいえない業界で，この方式が用いられている。

図7-12 マークアップ価格設定

平均コスト —（一定率の売上利益率を加算する）→ マークアップ価格

$$\text{マークアップ価格} = \frac{\text{平均コスト}}{1 - \text{仮想売上利益率}}$$

$$\left[\text{平均コスト} = \text{一単位あたりの変動コスト} + \frac{\text{固定費}}{\text{売上高}} \right]$$

デメリット	需要曲線，競合，顧客バリューを無視している
メリット	簡単，実用されている，フェアーなイメージ

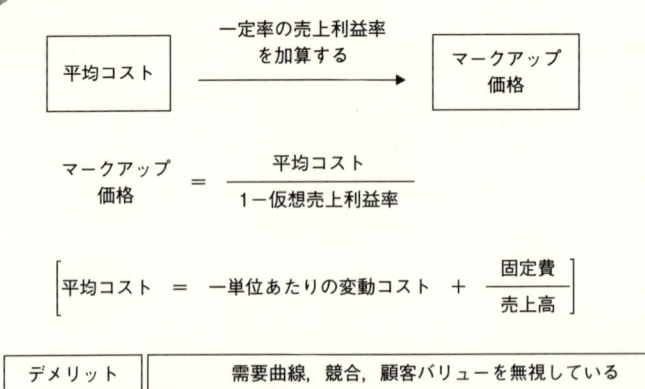

6-3 ターゲットリターン価格設定

ターゲットリターン価格設定は，平均コスト，つまり価格の下限を基準として，それにマージンがあることを前提に，期待ROIを上乗せするものである（図7-13）。

図7-13 ターゲットリターン価格設定

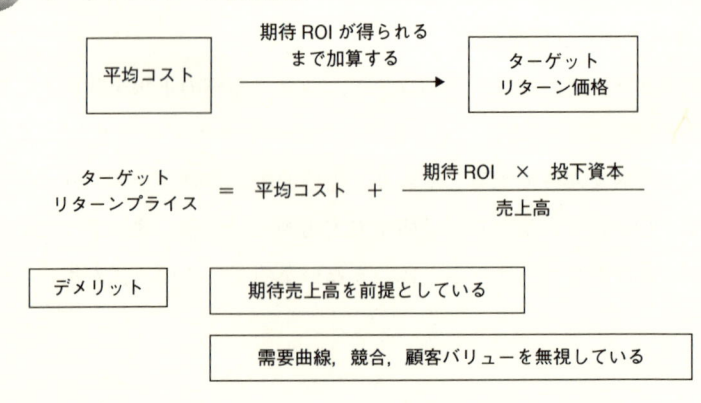

平均コスト —（期待ROIが得られるまで加算する）→ ターゲットリターン価格

$$\text{ターゲットリターンプライス} = \text{平均コスト} + \frac{\text{期待ROI} \times \text{投下資本}}{\text{売上高}}$$

デメリット	期待売上高を前提としている
	需要曲線，競合，顧客バリューを無視している

図7-14 知覚価値価格設定

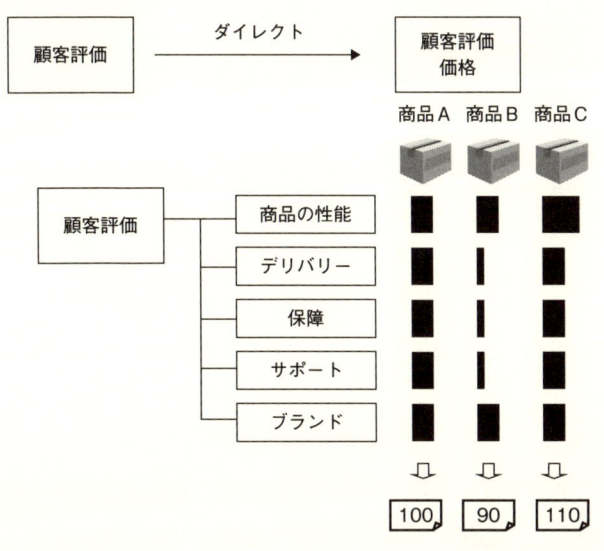

出所：BB&B社 e-ラーニング教材

6-4 知覚価値価格設定

　知覚価値価格設定は，顧客の評価をダイレクトに顧客評価価格とすること，つまりカスタマーバリューのことである。ここでは，分析的に評価方法を説明しよう。内部環境分析のところで出てきた Pros & Cons 的な方法である。ある商品について消費者にとって重要な要素を列挙し，それぞれの達成度から価格を決定するものである（図7-14）。

6-5 バリュー価格決定

　出来るだけ安い価格設定を行い，顧客バリューを実現する方法である。
　まず，顧客評価，競合評価等からリーズナブルな価格を弾き出す。この前提には，コスト戦略があり，リエンジニアリング（技術革新や大量購買）で生産コスト等の削減を図ることが先決である。このコストダウン効果を消費者に還元するのがバリュー価格である。
　先ほど例に挙げた「アスクル」以外に，「ウォルマート」「イケア」「サウス

図7-15 バリュー価格設定

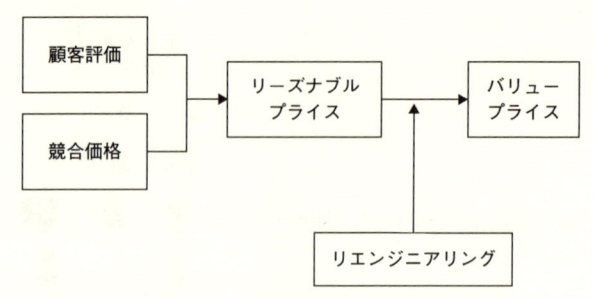

```
顧客評価 ┐
         ├→ リーズナブル ─→ バリュー
競合価格 ┘    プライス        プライス
                  ↑
             リエンジニアリング
```

ウエストエアライン」等で採られている方法である。

6-6 最終決定

最終的な価格決定は，上限，下限の範囲内で，適切な方法論を用いて，価格のレンジを決定し，心理的要因，リスクシェアリング，マーケティングミックスを考慮に入れて最終価格を決定する。

図7-16 最終価格の決定

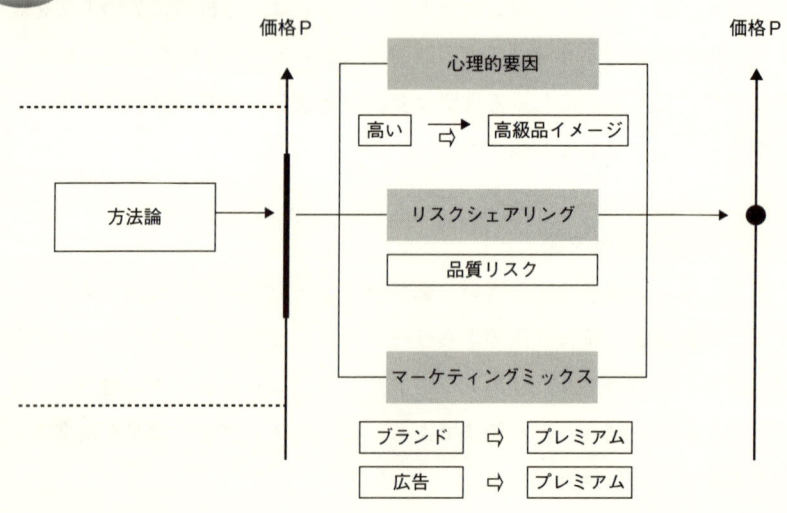

心理的要因
　高い ⇒ 高級品イメージ

リスクシェアリング
　品質リスク

マーケティングミックス
　ブランド ⇒ プレミアム
　広告　　 ⇒ プレミアム

出所：BB&B社 e-ラーニング教材

心理的要因とは，高価格により高級品を装うこと，リスクシェアリングとは，返品リスク，保障リスク等をカバーするための価格上乗せ，マーケティングミックスとは，ブランドの有無など他のマーケティング要素を加味して価格を決定することである。

第8章　チャンネル

1. チャンネルの意義

1-1　メーカーと消費者の間を流れるもの

サプライヤーから製造者を通じ，商品が消費者に現実に届けられる過程で，製造者と消費者の間にどのようなやりとりがなされているか，その全体図が図8-1である。製品が完成すると，まずその製品情報，その購買勧誘であるプロモーションが伝えられる。最後に商品そのものが，消費者の元に届けられ，お金が消費者から流れて来る。

1-2　チャンネルの役割

情報・プロモーション・商品・お金の流れをスムーズにするのがチャンネルの役割である。情報は広告代理店，プロモーションは小売店，商品そのものは運輸業者，金銭はクレジット会社などによりそれぞれが効率的に流れる。

図8-1　サプライチェーンの流れとチェンネルの役割

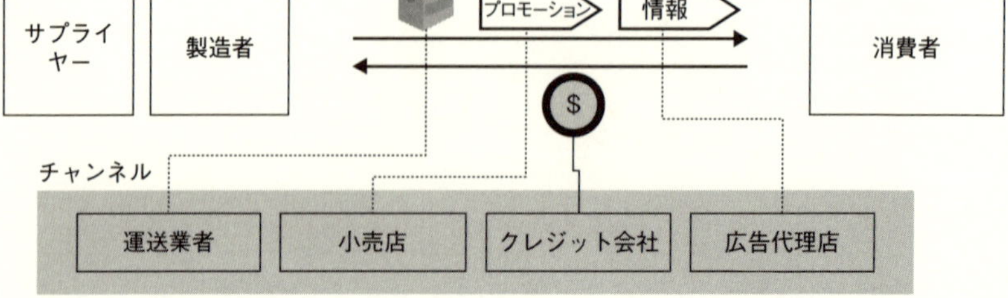

出所：BB&B社 e-ラーニング教材

図8-2 インダイレクトマーケティングとダイレクトマーケティング

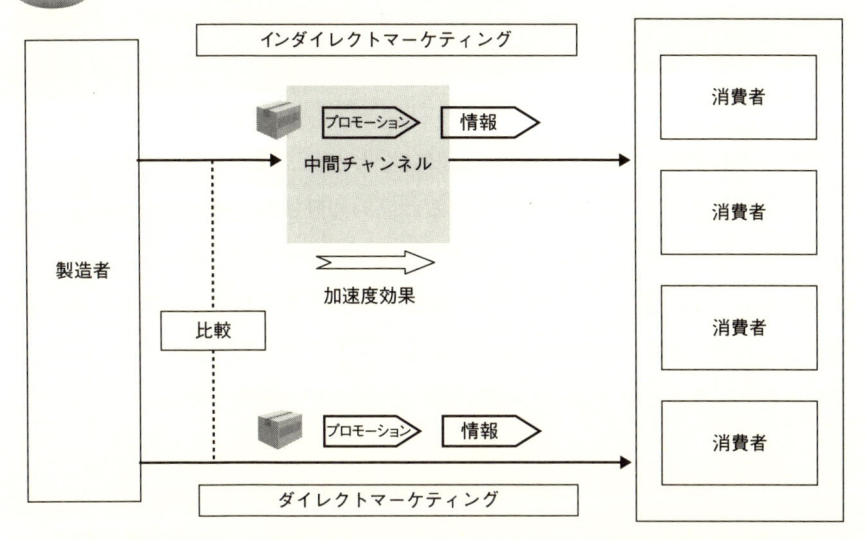

```
          インダイレクトマーケティング
     ┌──────────────────────────┐
     │    [プロモーション]→[情報]→  │→ 消費者
     │      中間チャンネル           │
製造者│                              │→ 消費者
     │       [加速度効果⇒]          │
     │   比較                       │→ 消費者
     │    [プロモーション]→[情報]→  │
     │                              │→ 消費者
     └──────────────────────────┘
          ダイレクトマーケティング
```

出所：BB&B 社 e-ラーニング教材

1-3　ダイレクトマーケティングとの比較

　狭義のチャンネル（卸・小売）を使用しないマーケティングがダイレクトマーケティングである。カタログ販売やネット販売は，ダイレクトマーケティングによる販売である。

　ダイレクトマーケティングと中間チャンネルを使ったマーケティングのどちらが優れているか，中間チャンネルの加速度効果とそのコストを比較して決定する。

2. チャンネルデザインの概要

2-1　チャンネルデザインとは

　商品の特性，ターゲットとするマーケットの性質により，チャンネルの内容を決めることである。

　洗剤，ティッシュペーパー，ペットボトル製品，ビールなどの日常品であれば，その小売店は全国津々浦々，膨大な数になる。メーカーがこれら小売店と

直接に取引するのはいかにも非効率的だ。その間に，卸をまかせるのが現実的といえる。これに対して，同じ全国販売でも，乗用車の場合は日常品と比べ販売量が圧倒的に少ないので，メーカーは小売店であるディーラーと直接取引きすることが可能になる。

　日常品の小売店は，スーパーやコンビニなどが代表的であるが，敢えてコンビニだけで販売するといったこともある。高めの価格設定のヘルシア緑茶は最初コンビニだけで売られていた。ディスカウントを常態としない，コンビニの顧客の方が，180円のペットボトルに躊躇しないと考えたからである。同じ重層構造で，小売店にある程度の排他性をもたせるやりかたである。

　チャンネルデザインは以下の様な手順で行うのが一般的である。

1st STEP　チャンネルの種類の選択（チャンネルの縦の長さ）。
2nd STEP　各層のチャンネルにおける数の選択（チャンネルの横の長さ）。
3rd STEP　自社の関与の程度の決定。
4th STEP　チャンネルデザインの最終決定。

2-2　チャンネルデザインの視点

　チャンネルデザインにおいては，商品特性，マーケット特性，チャンネルに対するバーゲンパワー，チャンネルの強み，弱みを考えながら検討する。

　商品特性と，マーケット特性から，チャンネルに期待する要求度が決まる。その要求を満たすのに，チャンネルの強み，弱みを考えながら上記の1～4th STEPを決定するのである。

● 商品特性

　例えば最寄品，買回品，専門品といった商品の区別である。最寄品とは，上の日常品に相当する。ティッシュペーパー，食料品の様に，頻繁に購買され，個々の購買では，商品比較など購買努力を最小限にしか行わない商品のことである。買回品とは，大型家電，衣料品，家具など，購買の頻度

図8-3 チャンネルデザイン

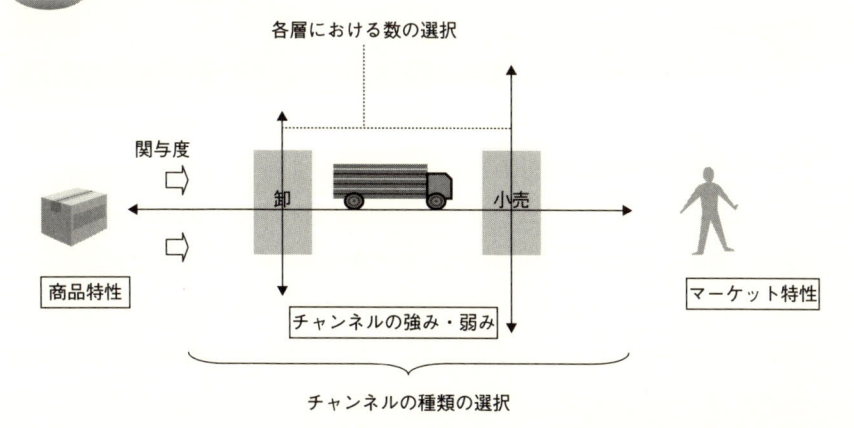

各層における数の選択

関与度

商品特性　卸　小売　マーケット特性

チャンネルの強み・弱み

チャンネルの種類の選択

出所：BB&B社 e-ラーニング教材

が少ない代わりに，消費者が比較・検討に多くの時間を費やす商品のことである。専門品とは，高級バッグ，絵画，宝石など，ブランドや特性に個性があるもの，消費者が比較・検討に，最大限の努力をする商品のことである。この他に商品の容積，質量などが問題となる。

●マーケット特性
マーケットが地理的にどれだけ広がっているか（マーケットの分散度）が重要な視点となる。

●チャンネルのバーゲンパワーとデザイン
チャンネルがメーカーに持っている力である。例えば，小売店が，販売力を持っていたり，消費者データを持っていたりする場合は，権限，価格などの点で，メーカーは彼らの言うことを聞かざるを得なくなる。消費者データを小売店に独占させず，むしろその分析能力により，小売店にコンサルティングできると形勢はメーカーに有利になる。

●チャンネルの強み・弱み
チャンネルの地理的カバレッジ，在庫管理能力，販売力（説明能力），使用する側からの管理容易性といった視点で強み・弱みを考える。

> 実例

【メーカーのバーゲンパワー】

花王は独自の販社を持ち，販社のコンサルティング機能で小売に対するバーゲンパワーを維持してきた。

【チャンネルのバーゲンパワー】

アスクルは，サプライヤーであるメーカーに，自社の販売データやエンドユーザーからアンケートで提案された商品アイデアなどを提供しているが，これは，バーゲンパワーの源泉である。

ウォルマートは，人工衛星を媒介として，世界中の消費者データを集中処理するという壮大なITシステムにより，サプライヤーに対する圧倒的なバーゲンパワーを有している。セブンイレブンは，POSデータをベンダー（メーカー）に提供し，メーカーの商品開発に貢献しているが，これは同社のメーカーに対するバーゲンパワーとなっている。

チャンネルのバーゲンパワーが強い場合，そのまま取引するのは得策でなく，チャンネルのパワーを弱める工夫，あるいはチャンネルを回避する戦略が必要である。

3. 1st STEP　チャンネルの種類の選択

3-1　チャンネルの種類

狭義には，卸，小売，物流である。B2CとB2Bでは，通常図8-4の様になっているのが一般的である。

> 参考　卸・小売・以外のチャンネル

●ダイレクトマーケティングを構成するチャンネル

インターネット以外にテレマーケティングがある。これは，電話やコールセンターを使って，顧客にアプローチする方法である。顧客に積極的に営業のアプローチをする場合（outbound telemarketing）と単に消極的に顧

図8-4 狭義のチャンネル B2 と B2B

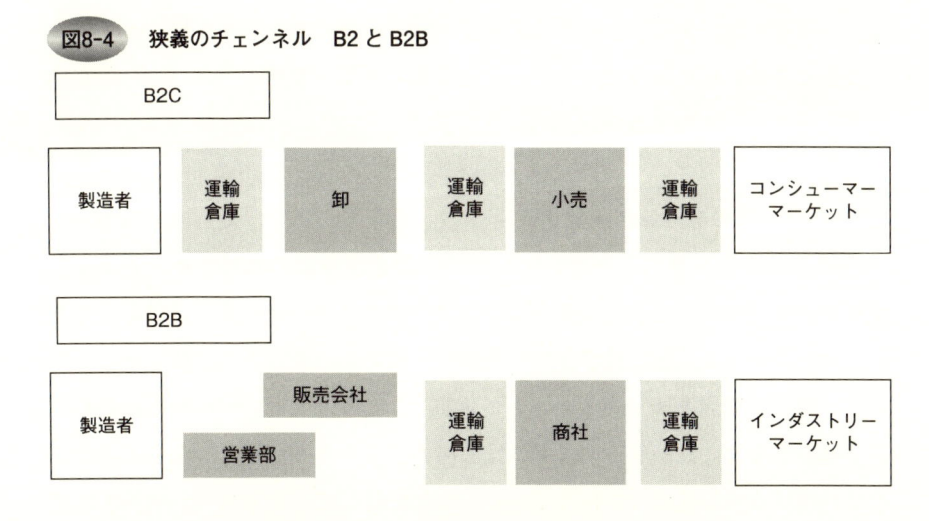

B2C
製造者 → 運輸倉庫 → 卸 → 運輸倉庫 → 小売 → 運輸倉庫 → コンシューマーマーケット

B2B
製造者 → 販売会社／営業部 → 運輸倉庫 → 商社 → 運輸倉庫 → インダストリーマーケット

客のオーダーや質問に答える場合（inbound telemarketing）がある。さらにカタログもダイレクトマーケティングのツールである。これらは，狭義のチャンネルに比べて，メーカー自体の関与度が高く，任せる部分が少ないだけコスト安になる。

●物流以外（情報，金銭）に関連するチャンネル

情報に関する，広告代理店，PR作成会社（第10章で説明），さらに情報をダイレクトマーケティング的に流す場合のインターネットなどである。金銭の流れは，クレジット会社，手形を切る場合の銀行などである。

3-2 チャンネルの意義を考え種類を選択する

小売店だけをチャンネルとして選択する場合は，単層のチャンネル構造，卸も選択する場合，必然的に小売店も選択し，重層のチャンネルとなる。

商品の物流的な側面以外に，商品情報の伝達，商品のプロモーションといった付加機能をどれだけ要求するかによって，コスト高になるのが一般的である。ホームページで情報を発信するだけのインターネット販売に比べて，ターゲットにセールスコールで情報を伝え，同時に商品をプロモートするテレマーケティングは，それだけコスト高である。さらに付加価値の高い代表的なチャンネ

ルは小売店と卸である。小売店に卸をまかせる重層のチャンネル構造を選択することにより，広いエリアカバレッジを確保できる。重層の方が，コストだけであるのは言うまでもない。

3-3　プラスのチャンネルデザイン

　1980年頃から，文具メーカーとしての路線を歩み始めた「プラス」は，古豪「コクヨ」を前に，流通支配力のなさに悩まされていた。文具は最寄品であり，マーケットは全国に拡がっているので，広いカバレッジが必要である。従って，卸と小売店をチャンネルとして選択し，2層のチャンネル構造になるのが一般的である。リーダー，コクヨは2層のチャンネル構造で，全国ほぼ全ての文具店に流れる仕組みを作っていた。これに対して，プラスは，傘下の販売会社や卸，一部直販により，文具店と取引をしていたが，その数は全国の半数にも満たないという状態であった。

　取引を拡大するために，プラスは，①チャンネルを拡大する，②エンドユーザーへの直販の何れかで，対策を打つ必要があった。そして，直販への移行を真剣に検討した。そのために顧客を，大企業，中小企業，個人といったセグメントに分けて検討した。

　従業員30名以上の会社では，文具店の外商が御用聞きの様に出入りしており，商品ディスカウントも行われていたので，このセグメントが通販に切り替えることは当面ないだろうと考えられた。一方，個人の顧客は，最寄品とはいえ，一般に文具を買うのは，月に数回位で，会社帰り，学校帰りに文具店に立ち寄るのが，便利ではないかと考えられた。

　通販のニーズが感じられたのは，従業員30名未満の会社である。この規模の会社は，取引量の少なさから，外商の手が回らず，事務職員が，定期的に近所の文具店に買いに行くという形で，事務用品を調達していた。

　そこで，従業員30名未満の会社をターゲットとしたカタログ通販を検討した。営業をどうするかがネックだったが，プラスは取引のあった文具店にこの営業を委託した。お客様開拓，代金回収，債権管理といった付随業務も委託し，

かれらを事業パートナーとしてインボルブして行った。元々プラスの流通戦略として考えられたカタログ通販だが，通販自体を事業化することを視野に置いて，迅速でリアルタイムなデリバリーを至上命題とした。この思いにちなんで，アスクル（明日来る）事業と命名された。テストマーケットを経た後，1993年3月アスクル事業はスタートしたが，順調な滑り出しを見せ，1997年には，アスクル株式会社としてプラスから分社し，独立した流通事業を展開することになった。

現在「アスクル」は，「プラス」以外の文具は言うに及ばず，食品・飲料，衣料品，医療・介護用品など幅広い消耗品のワンストップサービスを提供している。ターゲットも，当初の30名以下の中小企業から，大企業に拡大しつつある。

3-4 チャンネルの種類の選択とバーゲンパワー

「プラス」の戦略は見事であったが，同じく全国規模で最寄品を扱い，重層のチャンネル構造を安定的に利用している会社でも，重層チャンネルはコスト高なので，そのコストをメーカーが被る程度を軽減する努力，また，チャンネルを回避するチャンスも常に考えておく必要がある。

これは流通がメーカーに与える付加価値との緊張関係になる。流通の付加価値が少ない場合は，直販が可能である。また，直販の可能性を武器に，流通にバーゲンパワーを持つことができる。

これに対して，流通が，販売力，顧客に対するコンサルティング能力，メーカーに対する情報提供力などを持つと，メーカーは流通に依存することになり，簡単に切り離すことはできないことになる。

単なる陳列の場合でも，最終消費者がその陳列に大きなメリットを感じていれば，やはり流通に頼る部分が増大する。最終消費者が店舗での購買を望んでいる様な場合である。

3-5　ビール業界のチャンネル構造

　ビール業界は伝統的に，各ビール会社の特約店である卸と小売店の2重の重層構造によって最終消費者と結びついてきた。

　ビールは最寄品で，販売が全国なので当然の帰結である。しかも，小売店の販売努力は売上の大きなファクターとなっており，これを全て直販に変えるのは短期的にはかなり困難である。さらに，この重層構造は，歴史的に形成されてきたものであり，例え直販が巧く機能しても，これまでの関係を切り離すには，多くの困難が伴うだろう。さらに，酒類免許上もこの構造は必然のものであった。ニッチ的な地ビールであれば直販も可能だろうが，4つのナショナルブランドについては，今の重層構造が基本である。

　この様な重層構造は，戦後一貫して守られてきた制度である。また販売免許制などから特約店の卸の新設は容易ではなく，ナショナルブランドとしてビール業界に参入しようとすると，流通に扱ってもらえないという「プラス」の様な問題にぶつかる。1957年に参入した，タカラビール（キリンより苦いというポジショニングをとった）は，10年で撤退したが，販売網のなさが大きな障害になったと言われている。

4．2nd STEP　各チャンネルにおける数の選択
4-1　チャンネルの数を考える際の視点

　数は，例えば，卸を1社に限定するか，数社にライセンスを与えるか，あるいはフリーにするかの問題である。複数の方がカバレッジは広くなる。さらに，一定のエリアにおける卸の密度が濃くなると，高頻度配送，少量配送が可能になり，コンビニなどの小型店舗の要請に応じ易くなる。複数にする欠点は，流通業者間の価格競争が起こり，仕入価格つまりメーカーの販売価格にも影響する可能性があることである。

　最寄品，買回品であれば，ある程度の幅の卸にライセンスを与える必要があるが，ルイヴィトンなど専門品では，チャンネル限定が可能である。消費者もこの様な高級品のためには，足を運ぶことを厭わないだろうし，メーカー指導

によるそれなりの雰囲気を持った特約店を期待するだろうからである。

●ビール業界の事例

　ビール会社は伝統的に系列化した特約店（卸）を使って価格維持を図ってきた。また，国家も酒税確保の見地から，ビールの値崩れを好まず，卸以外に小売店も免許制にし，価格維持が図られて来た。

　しかし，80年代後半からカテゴリーキラーである酒類ディスカウント店が登場し，1994年には，増税による値上げに対して，スーパーなどが値段を据え置いたことから，希望小売価格でない販売が浸透してきた。

　さらに，1998年から酒類免許制が段階的に緩和，免許取得のネックだった距離基準と人口基準が，2003年時点で完全に撤廃された状態となった。これにより，旧態とした一般酒販店は減少するものの，スーパー，コンビニでの販売が一気に加速され，小売価格のディスカウントに拍車がかかり，生産者価格にまで波及するかに思われた。

　だが，2007年メーカーは，オープン価格制を導入したため，この流れに歯止めがかかることになった。つまり，メーカーから卸へのリベートを廃止したために，リベートを頼りに大幅にディスカウントをするという構図が崩れ始めたのである。

　一方，この様な酒類免許制の実質的緩和は，多種の販売形態に対応した，メリハリのあるチャンネル対策が求められることになる。これまでメーカーは，消費者に対するアピールであるプル，酒類店に対するプッシュを販売戦略としてきた（プル，プッシュについては次の2-5チャンネルへのサポートで説明）が，スーパー，コンビニでの販売促進，ビールに限らず，酒類を食材と合わせたトータルな食品ライフスタイルの提案が求められるようになっている。アサヒは，季節の食材などと一緒にビールを並べて販売し，地域の祭事に合わせて宣伝する（例えば運動会なら，冷凍食品と合わせビールや飲料を並べた販促活動を展開する）といった展開を行っている。キリンビールも，食材メーカーと連携し，地産地消など地元食材を探し，その生産者などと一緒に地元を盛り上げていくという活動を全国で展

開している。

5. 3rd STEP　自社関与の程度の決定

重層のチャンネルなどでメーカーとして直接関与するチャンネル数が限定的で，かつメーカーがある程度のイニシアティブを取ることが出来る場合は，チャンネルに積極的に関与して，販売を促進することになる。

5-1　チャンネルサポートにおけるプル，プッシュという視点

チャンネルデザインでは，プルかプッシュという視点が重要である。ここにメーカー，エンドユーザー，中間チャンネルがある。

図8-5（上）にある様に，メーカーがチャンネルに働きかけるのがプッシュである。プッシュ（押す）とは，チャンネルを使って商品を消費者まで押し込めて行く状態を表す。エンドユーザーに働きかけ，購買意欲を喚起するのがプルである。プル（引く）とは，エンドユーザーを商品に引き寄せる状態を表す。

プルかプッシュか，ある人がデパートで商品を買う場面で考えてみよう。

図8-5　プルとプッシュ

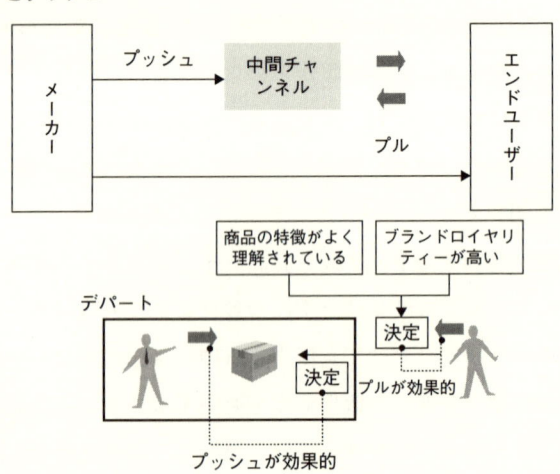

出所：BB&B社 e-ラーニング教材

図8-5（下）は，長方形で表されたデパート，この中に店員，商品が描かれ，長方形の外にデパートを訪れる消費者が描かれている。消費者が商品の性質をよく理解しており，商品に対するブランドロイヤリティーが強い場合，デパートに入る前の段階で商品購買の意思決定が行われることが多い。この場合個人に対するプルが効果的である。

これに対して，デパートの中で購買決定がなされるような商品では，デパートへのプッシュが効果的である。しかし，プルとプッシュは排他的概念ではなく，併用されるのが一般的である。1986年「コクキレビール」が発売される前と後の，アサヒビールのプル，プッシュを見てみよう。

● 「コクキレビール」以前のプルプッシュ

商品よりも営業を重視していた時期になる。商品力がなかったので，その中で少しでも売上を確保するには営業を重視し，チャンネル対策として，卸，小売にひたすらお願いに上がるといった活動に注力していた。中元のカートンの詰め作業の手伝い，倉庫の片付けまで手伝うという有様だった。

一方，プルはこの様なプッシュと必ずしも噛み合わない形で行われる。広告は，消費者にとってのメリットを訴求するというより，広告自体が人の記憶に残るような，インパクトの強い広告が展開される。例えば，金髪の美女2人を登場させ，一方の女性が他の女性の乳房をつまみ，落としどころは「いいおつまみにおいしいビール，アサヒビール」というナレーションの広告がある。あるルーブルの絵画をパロディー化した広告である。確かに記憶に残る広告ではある。この様な広告を強いられた前提として，そもそも特徴，メリットを訴求する自信のある商品に乏しかったという現実があったのではと考えられる。

● 「コクキレビール」以降のプルプッシュ

消費者ニーズに合致した商品を前提としたプルプッシュである。プッシュは文字通りチャンネルをプッシュするのではなく，商品の良さをチャンネルに理解してもらう，そのために，特約店に対する発売発表会でチャンネルの人々に試飲してもらうといった活動である。

プルでは，最初に「コクがあるのに，キレがある。」とのキャッチコピーで，特徴，メリット訴求型の広告を展開し商品認知をさせた後，セールスプロモーション的要素を取り入れ，それがプッシュと見事に噛み合う。例えば「コクキレビール」では，1986年3月8日，九州から桜前線の上昇に合わせた「100万人試飲キャンペーン」と名付けられた，「日本列島銃縦断飲会」を各地で開催し，これが起爆剤となって，「新しいアサヒビールはおいしい」というクチコミ情報が相乗効果で広がって行くこととなった。

6. 4th STEP チャンネルデザインの決定

以上，チャンネルの種類の選択からチャンネルの縦の長さが，各層のチャンネルにおける数の選択からはチャンネルの横の長さが決定され，縦横のチャンネル構造にどう自社が関与していくかが決定されると，チャンネルの形式的構造が定まる。

さらに，この構造を担う具体的業者名を考え，チャンネルデザインを具体化する必要がある。卸（ホールセラー），小売（リテーラー），流通（ロジスティックス）の具体的選択である。そのためにも，これら3つのチャンネルにおける役割を深く理解する必要がある。

続いて，小売，卸，流通に焦点を当て考えてみることにする。

7. リテーラー

7-1 リテーラーの戦略

リテーラーは，チャンネルの最終ランナー，消費者との直接の接点であり，それ自体にマーケティング戦略を持つ。一般に店舗により，各種メーカーからの製品情報を基に商品をアソートメント（品揃え）し，顧客にライフスタイルの提案をすることがその主な使命である。従って，アソートメントの方法が基本になるが，この他，場所の設定も重要になる。プライベートブランドを扱うリテーラーは，メーカー的側面も持ち，アソートする商品の計画・開発そのも

図8-6　リテーラーの戦略

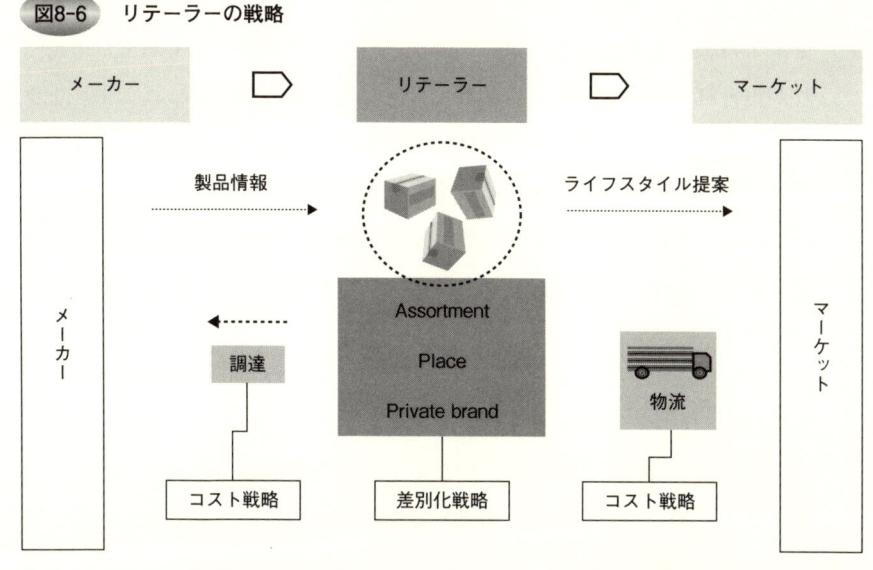

```
メーカー  ▷  リテーラー  ▷  マーケット

       製品情報              ライフスタイル提案
メーカー ─────→   Assortment   ─────→ マーケット
           調達    Place              物流
                 Private brand
         コスト戦略   差別化戦略        コスト戦略
```

出所：BB&B 社 e- ラーニング教材

のにも関与することになる。

　一つは，アソートメント，場所，商品関与を使っての差別化戦略である。ターゲットマーケットに対する，他社とは違う商品アソートメントが秀でたライフスタイル提案となった場合，それは差別化に成功している。場所，商品関与についても然りである。

　加えて，同時に追求するコスト面の工夫は，特に調達以外に物流，在庫面において重要である。理想は，品切れを起こさず在庫をできるだけ持たないことである。これを可能にするのが適切な需要予測と物流の効率性である。IT が重要な役割を果たす。詳細は，第 6 章ロジスティックスを参照されたい。

7-2　アソートメント

●ウォルマートのライフスタイル提案型アソートメント

　　世界最大のリテーラー「ウォルマート」が他の追従を許さないのは，米国各地域の垢抜けない田舎ライフに対する，ライフスタイルアソートメン

トのノウハウがあるからだと言われている。これは，米国では例えロサンゼルスの様な大都会でも，コミュニティーごとにまとまっており，それぞれが田舎町の感を呈していることに対応している。各コミュニティーをターゲットとして，そのニーズに応えているのである。また所得的には，中流以下をターゲットとしている。その提案内容は，一言でいえば質素な生活である。例えば，デリやベーカリーに置かれている食材の品目は極めて限られているが，これがまさにニーズを反映したシンプルライフの提案なのである。

　しかし，そのノウハウは，ライフスタイルの異なる日本の都会では必ずしも通用しない。日本のライフスタイルに対応することは，相当な研究と経験が必要であり，一朝一夕にできるものではないからである。これがウォルマートの日本での発展を阻害している一つの理由と言われている。

●日本の総合量販店（GMS）の商品カテゴリー別アソートメント

　一方，日本のGMSは，マーケットインというよりプロダクトアウト，商品，サプライサイドに立った，商品カテゴリー毎の分類で，アソートメント自体はどこのスーパーも似たり寄ったりと言われている。「何でもあります。カテゴリー別になっています。自由に選んで自分のライフスタイルを実現して下さい」といった観を呈している。

　ニーズとウォンツの関係については，第5章で「ニーズのコンビネーションであるウォンツは最初から存在する訳ではなく，商品を見せたときに発生するのが一般的である」と説明した。そうすると自由に選んで下さいというやりかたでは，ニーズを掘り起こし，需要を喚起することは困難である。従って，アソートメントでは差別化されておらず，勢いセールスプロモーションなど値引き合戦となる。

　現に，日本のGMSの収益性は低下しており，GMSを中心とするイトーヨーカドーはもちろんのこと，イオンでさえGMS事業の収益はよくない。イオンに収益をもたらしているのは，ショッピングセンターを開発するディベロッパー事業やイオンクレジットサービスといった金融事業であ

る。

● ライフスタイル提案型アソートメント

　ライフスタイルに対応したアソートメントとは何か，これはコンビニとスーパーを比較してみれば判る。今や一般化したコンビニであるが，1974年，東京豊洲でセブン－イレブン1号店がオープンしたとき，これは全く新しい業態であった。夜11時まで営業していること以外に，商品のアソートメント自体もターゲットのライフスタイルに対応したものを目指してスタートしたのである。

　今日，スーパーも夜遅くまで営業しているのに，値引きが基本的にないコンビニに足を運ぶ人が少なくない。その理由の一つが，客のライフスタイルに応える，商品アソートメントに他ならない。コンビニも今や一般化し，さらなる工夫が求められている。後で説明する様にセブン－イレブンは，こだわりファーストフード（弁当，おにぎり，おでん等）自体が質の高いライフスタイル提案になっているとともに，そのアソートメントを本部主導ではなく，現場にいる店舗の人材が判断するので，その時々の地域のニーズを反映したアソートメントが可能なのである。これは，同社がフランチャイズ制を基本としており，各店舗に相当の権限が与えられているので，現実のターゲットのニーズを最も現実に把握している店長が，ライフスタイル提案を考える仕組みになっているからである。大規模店でも，例えば丸井は，ターゲットのニーズを捉え，そのライフスタイルに応える商品アソートメントとなっている。提供する商品はある程度高級なものである。同時に月賦支払方法を提案し，比較的所得の低い若年層の購入を可能にすることで，若年層にややアッパーレベルのファッションライフスタイルを提案しているのである。

　また，米国の事例では，ホームデポ（第2章 プランニング 3-4 職能別戦略参照）が行っている，専門のトレーニングスタッフや無料の日曜大工教室は，顧客にDIYライフスタイルを商品と共に提案していることに他ならない。

7-3　場所

リテーラーの場所の決定は，大きな単位から，国，地域，都市，具体的な場所が決定される。

具体的な場所の選定については，この様な地理的視点に加え，「都市型，郊外型」「ビジネスエリアにおける出店」「大型ショッピングセンターにおける出店」「小型ショッピングセンターにおける出店」「商店街」「飛行場等の大型施設内における出店」といった視点が重要になる。

● 1957年に産声をあげたダイエーを皮切りに，1958年イトーヨーカドーが登場し，日本のGMSは，僅か20年という期間で日本の小売業界を席巻するに至った。そのGMSも視野は今や海外にも向けられている。イオンは，1985年のマレーシア店以来，海外で総合スーパー事業を展開している。タイ，香港，中国，台湾へと展開，特に，近年は中国における事業の展開を加速させている。また，中国をアジア戦略の統括拠点と位置づけ，中国における輸出入・卸売・販売のライセンスをすべて備えた「イオンチャイナ」を設立，中国における経営基盤を強化している。

● 立地

都市型，郊外型という観点では，イオンはSC事業（ショッピングセンター）の展開を1970年代から開始してきたが，出店は一貫して郊外型，さらにロードサイドと呼ばれる，主要道路やバイパス沿の立地を行ってきた。ロードサイドとは，モータリゼーションの進行に伴って商業立地として注目されるようになった立地である。こういった立地戦略は功を奏し，単体ベースでは2000年に，連結ベースでは2003年にイトーヨーカドーを抜く規模にまで成長を遂げることになった。

7-4　商品開発

● プライベートブランド

本来，商品メーカー，飲料メーカーなどが製造したものを，アソートメン

トして販売するのがリテーラーであるが，プライベートブランドと呼ばれる自社ブランドの商品を置くことがある。これはリテーラーが企画し，メーカーに製造を依頼し，自社ブランド名で販売するものである。イオングループの「トップバリュー」やダイエーの「セービング」などが代表例である。メリットは，大量仕入れ，中間マージンのカット，宣伝，販促費のカットなどによりコストを下げることが出来るので，安い価格設定が出来ることである。コスト戦略，価格戦略の商品として，食品や日用品などが不況を背景に1990年代から増加している。

● セブン-イレブンの商品戦略

この様にプライベートブランドは自社開発製品であり，差別化された商品というよりも，卸など流通コストを削減して，価格に訴えるものが主流であった。ところが最近のコンビニ，特にセブン-イレブンは様相を異にする。商品の品質で勝負しているのである。チームマーチャンダイジング（チームMD）という手法によるオリジナル商品の開発にセブン-イレブンが深くかかわり，ともに高品質なものを生み出すという戦略である。

これを可能にしているのが，「日本デリカフーズ協同組合（NDF）」と呼ばれる，非営利組織である。NDFは，セブン-イレブンに弁当・惣菜などいわゆるファーストフードを提供する会社で構成されている。その役割は，セブン-イレブンの店舗に並べられる商品について，セブン-イレブン本部のマーチャンダイザーと共同で知恵を出し合って開発することである。生産管理，導入後の品質管理，原材料の共同購入などにも取り組んでいる。

例えば，既に人気商品であったチャーハンをさらに改善すべく，外部の料理専門家も含めたディスカッションを本部とNDFのメンバーが専門のチームを組んで行い，中華料理店の味に及ばないのは，鍋の温度の違いであることを突き止めた。そこで，鍋の改良に取り組み，各ベンダーが新型の鍋を採用することにより，現在の本格チャーハンが実現したのである。

その他，チームMDにおける「ラーメン会議」プロジェクトには，東

洋水産，エースコックなど約30社が参加し，札幌，和歌山などラーメンの有名店の味を売り物にした「ご当地ラーメン」が企画・開発され，1999年に発売された。これに続く日清食品とのプロジェクトでは，さらに進んだ特定のこだわりラーメン店の味を再現した「日清の有名ラーメン店」シリーズが完成し，世に送り出されることになったのである。

7-5 コスト効率性

ITによるコスト削減の先駆者は米国ウォルマートである。日本のGMSは大きく遅れたが，巻き返しを図っている。しかし，販売管理費削減の程度は，まだウォルマート（米），カルフール（仏）などには及ばないという現状もある。

● イオンのコスト戦略，価格戦略

日本のGMSの戦略は，差別化戦略というよりは，コスト戦略にシフトしている（7-2 アソートメント 日本の総合量販店（GMS）の商品カテゴリー別アソートメント参照）。この現れとして例えばイオンの戦略は，「Everyday Low Price（継続的低価格）」を消費者に提供するもので，これを支える「Everyday Low Cost（継続的低コスト）」が必要となる（出所 イオンHP）。

「Everyday Low Cost」のためにイオンが取り組んでいるのが，①商品原価の引き下げのため，海外開発商品を直接仕入れること，②メーカーとの直接取引，③プライベートブランド商品の開発等が可能となる業務プロセスを実現すること，④販売管理費を引き下げるために，店舗後方などの業務を効率化すること，⑤そしてこれらをグループとして活用できるインフラとして実現することである。

これらは，購買におけるコストダウン，プライベートブランド開発によるコストダウン，店舗業務の効率化，物流や在庫管理の効率化によるコストダウンと総括できる。実現する手段としては，ITが重要である。

● イオンにおけるIT導入事例

物流，在庫管理，そしてこれとつながる店舗業務がトータルでネットワ

ーク化され，ITによるトータル管理が実現している。

物流，在庫管理では，商品の「発注→購入→販売→在庫管理」などを一連のフローとしてコントロールできるマーチャンダイジングシステムにより，これらのフローを単品毎に管理し，徹底したコスト削減を図っている。（9節 ロジスティックスで説明するオーダープロセッシング参照）。また売り場では，「売価管理・仕入計上・返品振替・出退勤管理・本社との情報交換」といった作業をシステム化する店舗システム（POSレジやモバイルPCなど）がこれと結びついて稼動している。

● 単品管理

イオンの事例にあった，単品毎に商品を管理する手法の先駆者が，セブン－イレブンである。「単品管理」と言われるマネジメント手法で，個々の商品を単位に，売上・在庫の状況を把握し，品揃え，陳列方法などを考えるものである。この管理方法は，欠品の防止と共に，無駄な在庫を持たないというコスト削減効果をもたらしている。

POS（Point of Sales）システム，POS分析システム，ISDNを採用したネットワークなどがこのコスト管理に貢献しているが，単品管理は売上増強への貢献という側面も大きい（9節 ロジスティックス 9-2 ロジスティックス戦略参照）。

8. ホールセラー

ホールセール（卸）は，メーカーから流れてきた商品を，リセールを目的とするビジネスユーザーに流すことである。

メーカーからホールセールへの商品の流れ，また，ホールセールから消費者への商品の流れは大量なので，公正を確保する等の点から，規制が図られているのが一般的である。例えば，距離基準と人口基準が撤廃され，酒類免許制が大幅に緩和されたリテーラーであるが，ホールセラーについてはいまだに厳格な免許制が貫かれている。ホールセラーの意義は，一つは世界各国の情報を有する総合商社に代表される情報ネットワークである。海外での販売網確立に投

資が伴うとき，ホールセラーが投資を行うこともあるファイナンス機能。さらにリスクテーク機能として，盗難，損害，腐食といったリスクにホールセラーが取ることもある。

9. ロジスティックス

9-1 ロジスティックスとは何か

ロジスティックスは，効率的な物流（原材料，製品など物品の流通）のための物流管理のことである。原材料が商品になり，それがエンドユーザーに届けられる過程を考えて頂きたい。そこには，原材料，製品を運ぶという，物流が不可欠である。物流では最小コストを実現することが要求される。

これに加えて，原材料の段階から，製品が最終消費者に届けられるまでのトータルなプロセスをマネジメントするという観点からは，物流のコスト削減に加え，調達の適切性，加工の効率性等も考慮に入れ，トータルでどれだけのバリューを生みだすことができるか，これをマネジメントするという意味で，バリューチェーンマネジメントと呼ばれている。

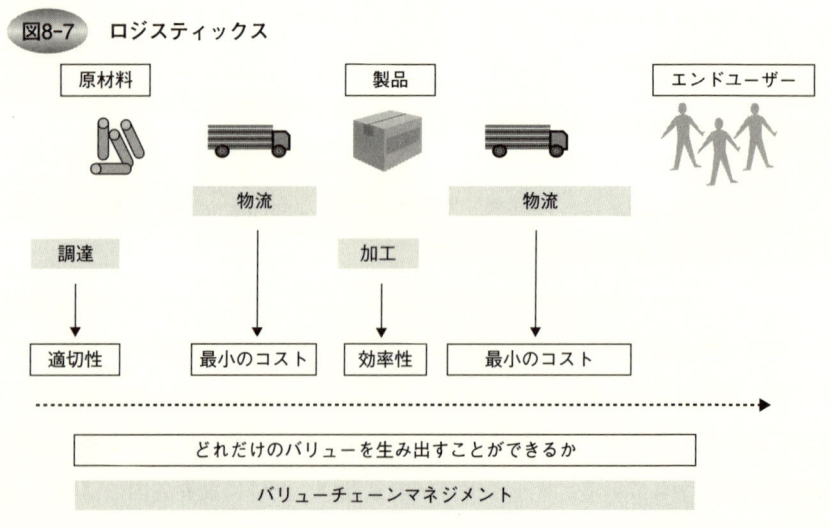

図8-7 ロジスティックス

出所：BB&B 社 e-ラーニング教材

先述の「アスクル」はまさにオフィスサプライ通販物流のコストリーダーとして，高いサービスレベルと業界最低水準のコストで実現しているのである。

9-2 ロジスティックス戦略

メーカーのロジスティックス戦略としては，まずロジスティックスの目的を明確にすること，その目的を実現するためのロジスティックスの内容をデザインすることである。

ロジスティックスの内容は，

① オーダープロセッシング（オーダーを処理する方法）
② 倉庫保管の方法の決定
③ 在庫量の決定
④ 輸送の方法の決定

などが挙げられる。

(1) 目的

●サービスレベル（基本とプレミアム）

メーカーにとってのロジスティックスの目的の基本は，リアルタイムに商品を届けることである。つまり，時間と場所のズレを最小に抑え商品を届けることである。

これ以外に様々なプレミアムの目的として，①スピード，②チルド，③セキュリティー，④トラッキング，⑤小分け運送，⑥高頻度運搬などが挙げられる。さらにコスト管理の観点からは，在庫量をできるだけ少なく，オーダーに対する品切れがないことが要求される。

サービスレベルとコストの関係を，横軸にサービスレベル，縦軸にコストをとると，当然サービスレベルが上がるにつれコストも上昇する。平均的なサービスレベル，コストの関係が，図8-8のグレーのプロッティング

図8-8 ロジスティックスの目的

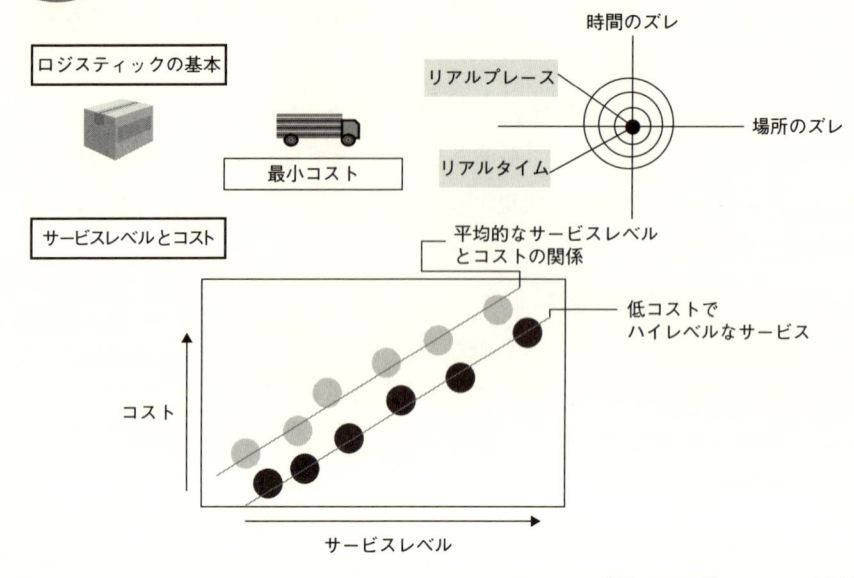

ロジスティックの基本

最小コスト

リアルプレース
リアルタイム

時間のズレ
場所のズレ

サービスレベルとコスト

平均的なサービスレベルとコストの関係

低コストでハイレベルなサービス

コスト

サービスレベル

出所：BB&B 社 e-ラーニング教材

であるとすると，同じサービスレベルでさらなるコストダウンを実現し，黒のプロッティングを実現することが必要である。

● サービスレベルの決定

　ロジスティックスのサービスレベルにも Pros & cons 的な手法を使うことが出来る。つまり，顧客にとってどの程度重要なのか，また，競合の達成度を計測し，サービスレベルを決するのである。

　図 8-9 は，オンタイムデリバリー，緊急対応の早さ，設置サービスレベル，瑕疵担保といったサービスレベルに対して，Pros & cons を行ったもので，競合は平均的に各サービスを提供しているが，その他のサービスはオンタイムデリバリーの達成に徹底した資源の投下を行い，必要最小限の投資に抑える戦略が行われている。

図8-9 ロジスティックスにおけるサービスレベルの決定

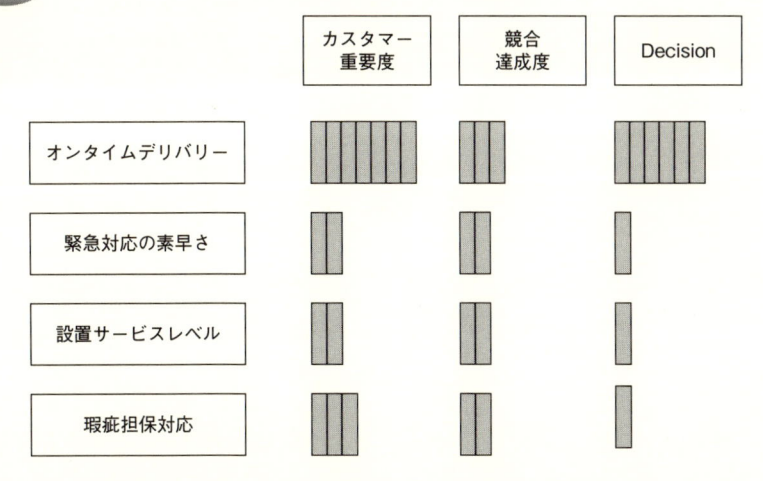

	カスタマー重要度	競合達成度	Decision
オンタイムデリバリー	|||||	|||	|||||
緊急対応の素早さ	||	||	
設置サービスレベル	||	||	
瑕疵担保対応	|||	||	

●サービス事例

①iPod 的な WEB を使ったゼロタイムデリバリー，②ピザの配達についての時間内配達保障，③ ADSL 回線契約でのセッティングを保障や無料電話相談，④注文を受けてから精米した米を配達すること等が挙げられる。

(2) オーダープロセシング

●プロセス

オーダープロセッシングは，商品の注文を受けてから支払いを受けるまでのサイクルである。この過程で在庫調整が行われることから，在庫，運送を扱うロジスティックスの前提となる（図8-10）。サイクルをいかにスピードと正確さをもって実現するかがポイントとなる。そのために情報システムが重要な役割を果たす。

●セブン - イレブンの情報システム

セブン - イレブン・ジャパンでも，情報システムの発展と共に，オーダープロセシングのスピードとクオリティーを向上させている。

図8-10 オーダープロセシング

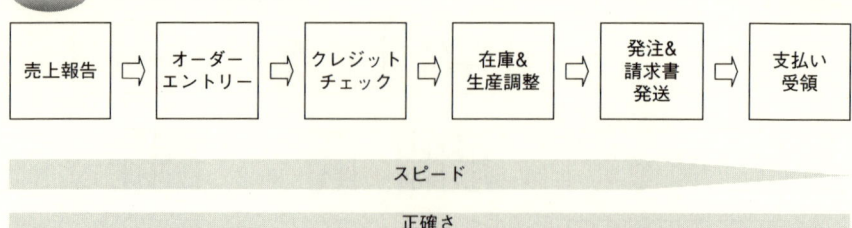

売上報告 → オーダーエントリー → クレジットチェック → 在庫&生産調整 → 発注&請求書発送 → 支払い受領

スピード

正確さ

情報システム

　例えば，HBS（ハーバードビジネススクール）のケースとしても取り上げられた，この情報システムであるが，当初発注データは手入力という状態だった。その後，バーコード入力に変えることにより，入力ミスを回避し，発注作業が効率的になった。しかし，入力情報は店舗からセブン－イレブン本部に送られるものの，その情報をベンダーにオーダー情報として使用することが規制により禁止されていたので，VANの活用により，一端米国に飛ばしてから，ベンダーに送るという過渡的措置を取っていた。この様な迂回経路もその後の規制緩和により解消され，情報インフラシステムの基礎が固まった。情報システムのバージョンアップを重ねて，現在，第6次総合情報システムが稼動している。

　第6次総合情報システムでは，2004年店舗と本部を結ぶ回線を光ファイバーにしスピードアップを図るとともに，ISDN（電話やFAX，データ通信を統合して扱うデジタル通信網）との一体的運用で，配送センターやベンダーやメーカーとも相互のネットワークが構築されている。これにより，発注情報などが取引先に送られることになった。また，各店舗にSC(ストアコンピューター）を導入し，店舗のPOSレジで吸い上げた売上情報を本部で加工し，ストアコンピューターにフィードバックするなど質の高い情報活用が行われている。この様な情報インフラを整えた上で，あえて

図8-11 セブン-イレブン・ジャパンの情報ネットワークの発展

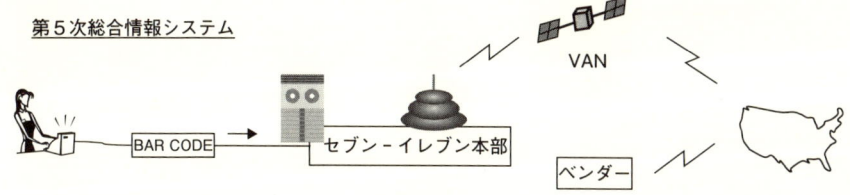

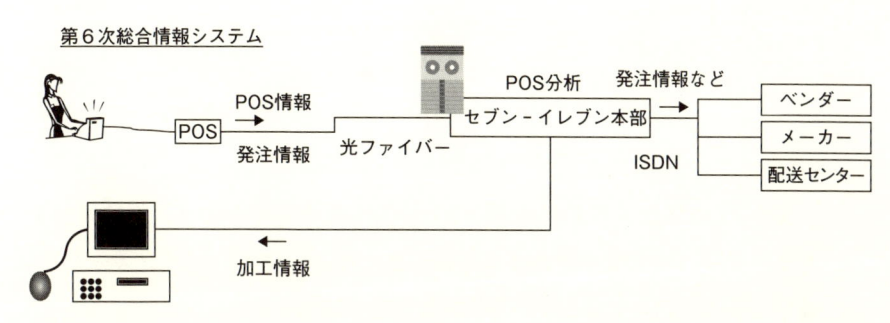

第5次総合情報システム

第6次総合情報システム

BB&B 社作成

　発注業務の自動化は行わず，発注者は，ストアコンピューターの情報を基に，インチューイティブな判断も入れた需要予測を立て，店舗在庫をカウントした上で，発注業務を行っている。

(3) 倉庫保管，在庫量，輸送の方法
●在庫，倉庫の必要性・方法
　メーカーは，①完璧な需要予測はできない，②生産効率性の観点からある程度まとまった生産を行う必要があるといった点から，在庫が必要となる。ホールセラー，リテーラーでも，完璧な需要予測が出来ない以上，欠品を防ぐために，ある程度の在庫を持つことが余儀なくされる。そして，在庫がある以上倉庫管理が必要となる。どれくらいの在庫を持つかの判断，言い換えれば在庫が幾らになったら次のオーダーをかけるか（メーカーであれば次の生産体制に入るか）は，オーバーストック（過剰在庫）とストックアウト（在庫切れ）のリスクの何れをとるかの問題となる。

図8-12　在庫量とリスク

オーダーのタイミング

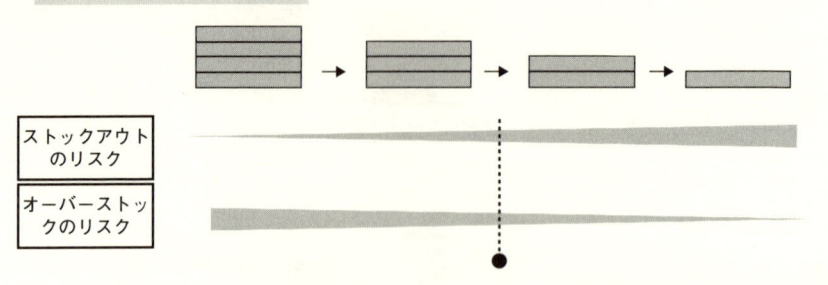

ストックアウトのリスク

オーバーストックのリスク

出所：BB&B社 e-ラーニング教材

　図8-12の様に，在庫が減るにつれ，ストックアウトのリスクは増加するが，オーバーストックのリスクは小さくなる。両者のバランスを考え，両リスクの調和点でオーダーをかけるべきである。

●在庫を最小限に抑える工夫

　欠品がなく，かつ在庫を最小にするためにはどうすればいいか。需要予測の精度が前提となり，メーカーでは生産の効率性との調整，リテーラーではサプライヤーからのデリバリーの方法がさらに問題となる。

①需要予測

　今日の主流は勘による予測ではなく，情報やデータに基づいた相関分析である。

　セブン-イレブンでは個々の商品ごとに需要予測を徹底しており，収集した情報をもとに仮説を立て，商品を発注し，店頭の並び替えなどの工夫を行っている。また，販売結果はデータをもとに検証を行う。これが第4節の最後で触れた単品管理である。

　まず，基礎データである売上情報は，POSレジと，商品のバーコードにより把握される。これにより，個々の商品ベースで販売数量，販売時間，売り切れ時間，売れ残り数量をリアルタイムに把握することが出来る。

次に，こういった基礎データと，天候，周辺のイベントといった因子との相関分析を発注担当者は行う。例えば，不快指数の高さと，ざる蕎麦との相関関係が見出されたとする。検証された結果と仮説情報をもとに，不快指数の高い日にはざる蕎麦の発注を増やし，店舗の目立つところに並べたりする。

②生産効率性との調整

メーカーレベルでは，精度の高い需要予測結果が得られたとしても，その通りに生産することが，最小コストを実現するとは限らない。在庫コストと同時に生産コストも考える必要があるからである。

図8-13の様に，横軸に生産量，縦軸に一単位当りのコストをとると，一単位当りの在庫管理コストは生産量が多くなるにつれ大きくなるが，一単位当りの生産コストは小さくなる。そこで両コストの合計，トータルコストを見る必要がある。トータルコストは両コスト曲線の交点で最小となる。

③デリバリー

精度の高い需要予測と，それに基づくきめ細かい発注を行っても，デリバリーがついて来ないと，在庫の減少に結びつけることは出来ない。きめ細かいデリバリーを実現するには，個々のブランドごとに毎回少量づつ，1日のデリバリーの回数を多くすることである。これが，多品種，少量の

図8-13 在庫管理コストと生産コストの関係

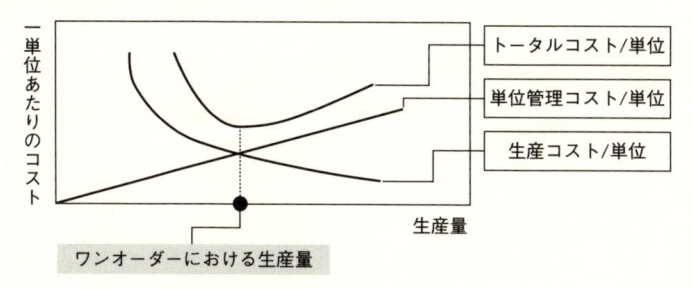

BB&B 社作成

デリバリーである。

　セブン－イレブンは，自社専用の物流センターを持つことにより，この解決に当たっている。この物流センターは，セブン－イレブンと各種ベンダー（卸）の協力で出来上がったもので，本来メーカー毎に系列化されている卸の枠組みを超えて，各メーカーの製品が同居する倉庫がそこには存在する。ここを拠点に，配送も共同配送とすることにより多品種，少量デリバリーを実現している。

　この様なサプライサイドからの工夫に加え，出店の形態そのものについても，少量配送を効率よく行える工夫がなされている。つまりセブン－イレブンでは，そもそも出店計画にあたり，同一地域に集中して出店する方式を取っている（ドミナント出店）。これにより，トラックは短い時間で担当エリアを回りきることが出来，高頻度のデリバリーが実現するのである。

●輸送方法の決定
　輸送手段には，鉄道，空輸，トラック，海運，パイプラインなどがあり，選択規準（スピード，頻度，信頼性，輸送能力，利用可能性，追跡可能性，コスト）に従い選択する。

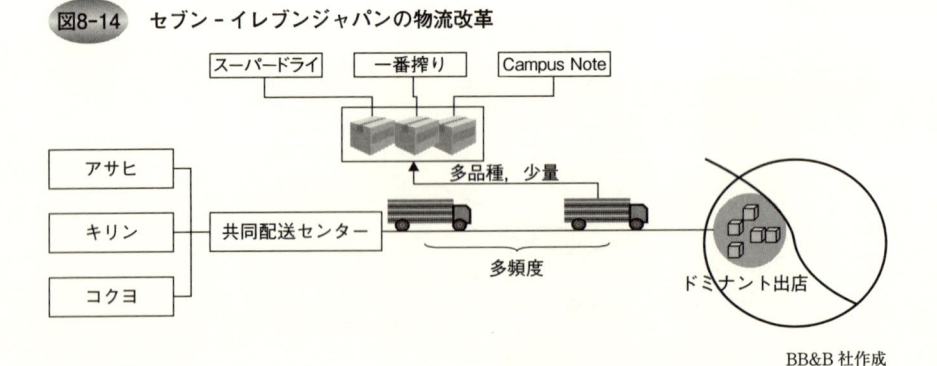

図8-14　セブン－イレブンジャパンの物流改革

BB&B 社作成

第9章　コミュニケーション

　マーケティングプランニングの流れは，ミッションから始まって，分析，計画・開発，実行，コントロールと流れていく。本章で扱うコミュニケーションは，実行の中心，商品情報，特にそのポジショニングをどうマーケットに効率的に伝え，購入，継続，愛用にまでいきつくか，という部分である。

1. コミュニケーションの手段
1-1　プラットフォーム
　コミュニケーションの手段（プラットフォーム）には，①広告，②PR，③セールスプロモーション（以下SP），④パーソナルセリング（営業），⑤クチコミ，⑥ダイレクトマーケティングなどがある。

図9-1　コミュニケーションの位置付け

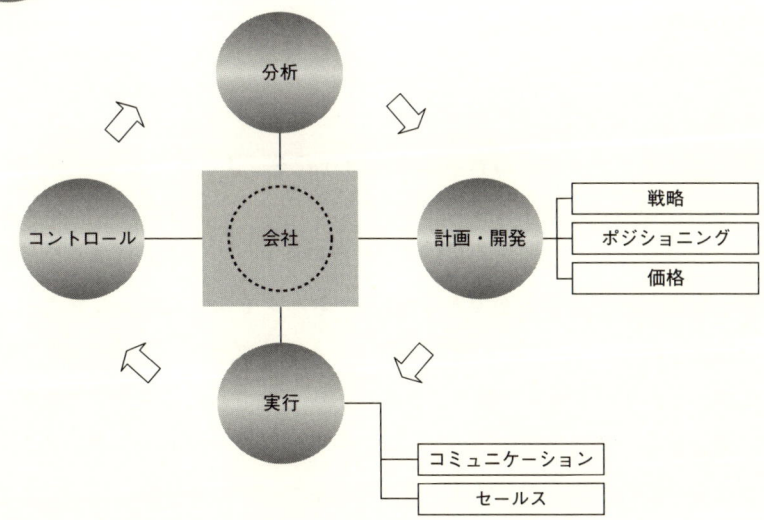

出所：BB&B社 e-ラーニング教材

これらの詳細に入る前に，大きく，人によるコミュニケーションか，メディアによるコミュニケーションかという視点で区別して頂きたい。基本的に①，②，⑥はメディアによるコミュニケーション，③〜⑤は人によるコミュニケーションである。

概ね，人による場合は，説得的なコミュニケーションはできるが，対象エリアがせまいといえる。メディアによる場合は，その逆である。

ソニーのウォークマンが1967年始めて世に送り出された時，メディアをつかった大々的な広告により，宣伝部や営業部のスタッフ，女性社員を使ったコミュニケーションに重点が置かれた。プレス発表会は，記者にウォークマンを配り，スイッチを入れると商品説明が，ステレオサウンドで流れるというものであった。これらの草の根的活動が起爆剤となって，クチコミにより加速度的な情報伝達がおこり，品切れ状態が6ヶ月も続くことになった。

ウォークマンの「歩きながら音楽が楽しめます」というメリット訴求型のポジショニングは，新製品として出すとき，とても言葉だけで説明できるものではなかったであろう。広告やPRにより，広いエリアに一気に伝えるとともに，SPが実際に使用したことで，そのリアルな情報が徐々に広がるコミュニケーションが企画されたのである。

1-2 各プラットフォーム

各プラットフォームは，情報の伝達範囲（広さ，ピンポイント），情報の性質（客観的な情報か，購買を喚起するプロモーションが含まれているのか），情報量（ポジショニングクライムレベルの単純なメッセージか，さらに説明的メッセージを加味することができるか），インパクトなどにおいて異なる。これらの性質を踏まえた上で，予算に応じて，うまくプラットフォームをブレンドしてコミュニケーションを行う。広告においてはさらに，メディアのブレンドが必要となる。詳細は後に，コミュニケーションミックス，メディアミックスのところで説明する。ここでは，各プラットフォームの特徴について説明しよう。

● 広告

メディアによる情報伝達である。手段は，テレビ，ラジオ，新聞，雑誌，屋外媒体，インターネットなど，総じて伝達範囲は広く，情報の性質はプロモーションよりも客観情報に近く，情報量はポジショニングクライムレベルのシンプルな情報である。ただ，メディアによってかなりの開きがある。

● PR

メディアを使った情報提供で，費用を自社が負担しないものである。テレビ，新聞などメディアが記事などで取り上げることにより，商品の情報が伝達されることになる。情報の伝達範囲は広いが，伝えられるのは客観情報で，購買の喚起であるプロモーションは伝達されない。しかし，視聴者の情報への信頼性は高い。ただ，企業にとって好ましくない情報もあるので，メディアからの積極的な取材活動から情報を防衛することも必要である。

● SP

イベント，サンプル，ディスカウントなど消費者の購買意欲を喚起するプロモーションに重点を置いた活動であるが，リアルな商品情報を提供しようとする側面もある。つまり，商品をサンプルとして無料で渡す，クーポンなど商品を買いやすくするなどして，商品を現実に使用する環境を設定し，消費者に商品を実感してもらうものである。「百聞は一見に如かず」の言葉どおり，言葉を超えた真実の情報が伝えられている。

これらは消費者向けのSPだが，これ以外にチャンネルに行うSPがある。チャンネルへのプッシュである。これは，インセンティブの付与や販売協力を通じて，チャンネルに売上拡大努力を促そうとするもので，商品情報のコミュニケーションという色彩は薄く，ピュアなプロモーション活動である。インセンティブの例としては，セールスボリュームに対するリベート，キャッシュバック，販売協力の例としては，ディスプレイ提案，最終消費者への景品の提供などがある。

●パーソナルセリング

　営業活動のことである。相手側の反応を見ながらのコミュニケーションなので，詳細な説明，TPOに応じた説明が可能である。欠点は広範囲に情報を伝達できないことである。従って，詳細な説明は必要だが，高いカバレッジが不要なコミュニケーションに向いている。生産財の販売（B2B）は，ほとんどがこれに当たる。

　B2Cの商品でも，最寄品，買回り品では，メーカーはチャンネルに対して営業をする必要がある。一般的に，まず広告により消費者に商品を認識させ，営業でリテーラーを説得する。広告により，消費者に情報が伝わっていることを武器にすると，リテーラーの説得は比較的容易になる。これにより，スーパー，コンビニ，量販店にシェルフを確保することが可能となる。

●クチコミ

消費者が他の消費者に情報を伝え，プロモーションを行うことができる。回りの人間からの情報は信頼されるので，購買行動に結びつき易いと言える。特に高級バッグ，宝石など専門品には，クチコミの効力が絶大である。企業はコストをかけずに，顧客との関係を深め，ロイヤルティを醸成することができる。しかし，悪い情報のクチコミもある。前提として製品そのもののクオリティーが問われているのである。

●ダイレクトマーケティング

　人やメディアを介さず，直接マーケットとコミュニケーションを図る方法である。

　ダイレクトとは，コミュニケーションの直接性に加え，オーダー，契約，デリバリーも直接行う取引スタイルを意味する。ダイレクトメール，テレマーケティング，カタログ販売，インターネットマーケティングなどがある。特定のマーケット（個人）にピンポイントにメッセージが届くということについては群を抜く。また，メッセージをカスタマイズできるので，レスポンスがあった場合，また次のメッセージを送るという様に，双方向

性もある。痒いところに手が届くマーケティングで，ニッチ戦略と親和性があるといえる。

インターネットによる場合はカスタマイズ性と双方向性はさらに向上する。継続的なフォローが容易なので，一度取引が成功すると長期的な顧客との関係を形成することができる（CRM；カスタマーリレーションマーケティング）。

2. コミュニケーションにおける情報伝達のプロセス
2-1　エンコード化，デコード化

コミュニケーションにおいては，伝えたい情報がストレートに，かつ確実に伝わることが理想的である。メディアは情報を効率的に伝えてくれるが，情報は変質するので，注意が必要である。

メディアを使った場合の情報の流れを見てみよう。

図9-2の様に，情報の送り手と受け手がいる。送り手は情報を発信する。例えばメディアを介して発信する場合，情報がエンコード化（記号化）される。CMに使う女優は一つの記号である。これにより，メッセージにインパクトをもたらすことができる。氾濫する情報から視聴者に自社の情報を受け取ってもらう方法の一つがこれである。

エンコード化された情報はメディアの中を通過していく。そして，メディアを出るときデコード化（解読化）される。問題は，生の情報，本来の情報に戻っているかである。広告のストーリーは憶えているが，その特徴，さらには商品名そのものも憶えていないという場合，デコード化されたときに元のメッセージに戻っていないのである。

しかし，ストーリー性の強い広告はインパクトは強い。サントリー「BOSS」の宇宙人ジョーンズの地球調査シリーズの広告は，エンコード化によるインパクト強化に成功しており，コーヒーとして新しい特長を訴求するというよりも，ボスブランドを消費者に身近に感じてもらうというブランド戦略のCMと考えられ，デコード化による情報復元も問題ない。特に，新しい訴求メッセージ

がない，商品名を憶えてもらうのが第一だというとき，ストーリー性を全面に出した方がいいだろう．

しかし，ストーリーの面白さだけを前面に出した広告は，新しい特徴を伝えたい様な場合には不適切である．

アサヒビールでも，シェアが低迷していた時の広告は，専ら話題のための広告という側面があったことは否定できないだろう．この時代のアサヒビールの商品には強い訴求力がなかったので，この種のCMは必ずしも不適切とはいえない．

しかし，「コクキレビール」以降は，商品特性を訴求した広告に切り替える．続く「スーパードライ」の初期のCMのメッセージは，「苦みの強いビールから，爽快で，すっきりしたビールへ」「飲むほどにDRY．辛口・生」という商品特性や消費者メリットを全面に出したメッセージを基本にした．そして，説明的メッセージをストレートに出すことが出来る新聞を中心に，広告を展開したのである．併用されたテレビCMでは，当時の社会，経済分野でのオピニオンリーダーであった落合信彦氏にエンコード化し，強いインパクトをもたらした．タレントを使ってエンコード化を行う場合は，その商品イメージに合ったタレントを使うことが必須である．これもエンコード，デコードの問題である．

サントリー「伊右衛門」のCMはストーリー性の持つインパクトのある広告であると同時に特徴，メリット訴求にも成功している．本木雅弘と宮沢りえが演じる，江戸のお茶屋のイメージにエンコード化されたメッセージは何か．それは「伊右衛門」がもたらす消費者メリットの一つである「ホッとした日本人の感覚」であろう．背後にはこの様な伝統ある茶屋とアライアンスを結んで提供する本格的日本茶という，ポジショニングクライムが伝わってくる．エンコード化に成功しており，インパクトもある広告である．また，デコード化したとき元のメッセージに戻っている．

これに対して「ヘルシア緑茶」は，①高濃度茶カテキンを含んでいるという商品の特徴，②体脂肪を減らすメリット，③このメリットを得るためには続けて飲むことが必要といったメッセージを社員食堂での会話などで表現してい

図9-2 メディアを使用した場合の情報の流れ

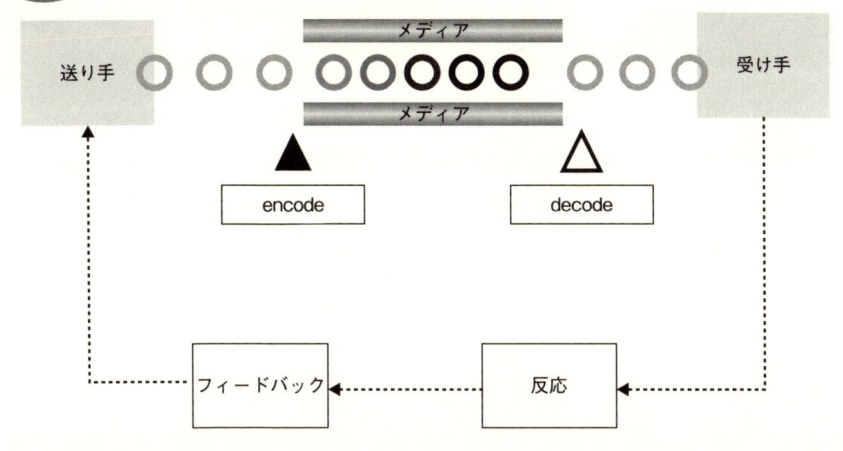

る。エンコード化をあまり用いない，無難なカタログ的広告で，メッセージは曲げられずストレートに伝わっているが，インパクトという点ではどうだろうか。

情報の受け手は，情報に対して反応を示す。ポジティブ・ニュートラル・ネガティブな反応である。反応は，送り手にフィードバックされ，送り手はこれまでの情報に修正を加え，新たな情報を発信する。

2-2　情報選択のプロセス

次にコミュニケーションにおいて，情報が選択されながら消費者の下に届けられるプロセスについての説明である。

図9-3（左側）の様に世の中には，広告は至るところに散乱している。テレビを見ても広告，新聞を読んでも広告，電車に乗っても広告である。散乱する情報に対して，受け手は情報選択する。個人が処理できる情報には限界があるからである。

選択された情報はさらに個人の持っている信念，価値観によるフィルターにかけられる。ある情報はそのままの形でこのフィルターを通過するが，別の情

報はこのフィルターで曲げられて受け手に伝わる。また，そのままの形で消費者まで至った情報も，一部は消費者の記憶から消え去る。ほんの一部の情報だけが消費者の記憶として定着する。

この様な事実に対して，情報の送り手はどのような情報戦略を取るべきか。

情報選択のフィルターを通過出来るのは，情報のインパクトの強い場合に加え，情報に公約がある様な場合である。インパクトを強くするために巧妙なエンコード化がポイントになり，公約は例えばデータで示すことで確保でき，体脂肪を減らす，脂肪を吸収するというのであれば，成功例をデータで見せるといったことを行う。

信念によるフィルターに曲げられない為には，情報は，シンプルで明確であることが求められる。情報を消費者の記憶に定着させる為には，その後のサポートメッセージを送り続けることが必要である。

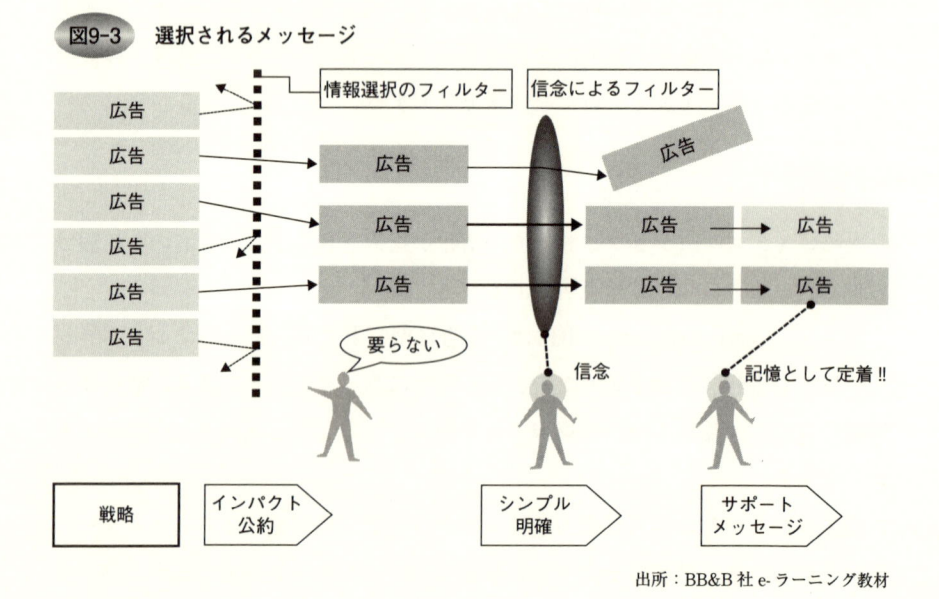

図9-3　選択されるメッセージ

出所：BB&B 社 e-ラーニング教材

3. コミュニケーションプランニング

これまで,コミュニケーションを大づかみに捉え重要なポイントを説明してきたが,これからは,コミュニケーションプランニングとしてシステマチックに考えてみよう。ただ,時間とコストの問題を考えると,以下の様なステップに必ずしも拘泥する必要はない。

3-1 全体のプロセス

コミュニケーションをどの様な順序で進めるか,マニュアル化しておこう。

① コミュニケーションのためのターゲットを設定し,分析する。
② そのターゲットに何を伝えるか,コミュニケーションの目標を設定する。
③ どの様なメッセージで行くか,メッセージのデザインを行い,同時にそのメッセージを流すチャンネルを考える。

ここまでは予算と関係なく,客観的に必要なコミュニケーションの方法のア

図9-4　コミュニケーションプランニング

```
ターゲットオーディエンスの設定
      ⇩
ターゲットオーディエンスの分析
      ⇩
  コミュニケーション目的の設定
      ⇩
     メッセージのデザイン
      ⇩
コミュニケーションチャンネルの設定
      ⇩
        予算確定
      ⇩
コミュニケーションミックス・メディアミックスの決定
      ⇩
        結果測定
```

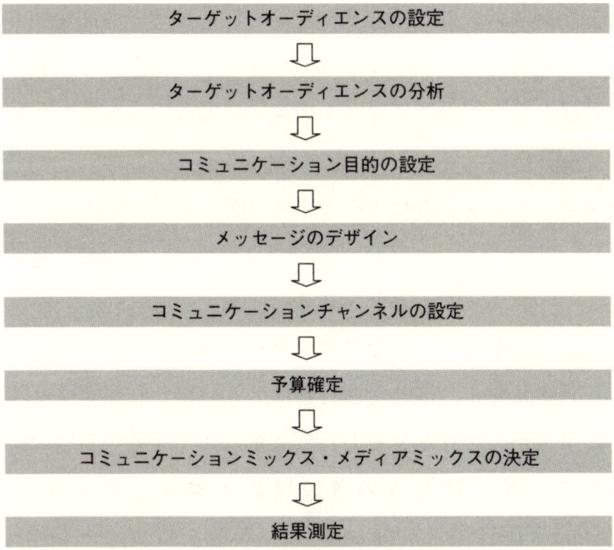

ウトラインである。
④予算を確定させる。
⑤具体的ステップである，コミュニケーションミックスの決定。ミックスとは具体的な組合せのことである。プラットフォームをどうミックスするか，さらに広告であればメディアをどうミックスするか決める。
⑦結果測定。

3-2 ターゲットオーディエンスの設定
●コミュニケーション独自のセグメンテーションの必要性

　ここではコミュニケーションを効率的に行うという観点からセグメンテーションを考える。以前の〈ターゲットマーケットの設定→ポジショニング〉という流れは，同じ商品でも，ターゲットごとに異なる方法で説明するためのものであった。従って，このターゲットマーケットも，コミュニケーションを意識したセグメントに基づいている。

　しかし，実際のコミュニケーションでは，消費者を商品の購買行動まで持っていかなければならないので，さらに精緻な計画が必要である。例えば，ポジショニングのためのターゲットにも，その商品を知らない人，一応知っている人，メリットまで詳しく知っている人，もう使ったことのある人など様々な人がいて，レベルの違いに応じてメッセージに工夫が必要だからである。

　コミュニケーションのためのセグメンテーションのインデックスを考えてみよう。

●セグメンテーションのインデックス
　(1) 認知度，関心度によるセグメンテーション

　　新しい商品情報に接した消費者は，どの様な心理プロセスを経て最終購買に至るか，これを分析した代表的なモデルがAIDAモデルである。AIDAは心理プロセスの各段階のイニシャルを取ったもので，Attention（注目する）→ Interest（興味を持つ）→ Desire（欲する）

図9-5 AIDA モデルとセグメンテーション

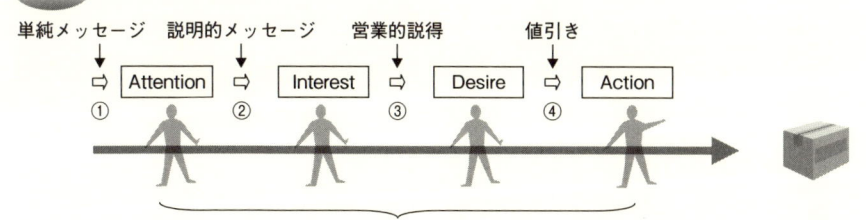

```
単純メッセージ    説明的メッセージ    営業的説得      値引き
    ↓               ↓              ↓            ↓
⇨ [Attention]  ⇨ [Interest]  ⇨ [Desire]  ⇨ [Action]
    ①               ②              ③            ④
```

コミュニケーションという観点からは異なるセグメント

AIDAモデルとコミュニケーションの目的
① 認識させる
② 好きにさせる
③ 選好させる
④ 買わせる

　　→ Action（購買する）というプロセスに分けて考える。
　　AIDA の「認知→興味→購入意思→購入」というステップを念頭に置くと，消費者がこのステップのどこにいるのかによってコミュニケーションの方法を変えることになる。認知していないセグメントにはカタログ的広告を行う，購入意思はあるが購入に踏み切れないセグメントには，SP 的値引きを行うといった具合にコミュニケーションの方法が異なる訳である（3-7 コミュニケーションミックスの決定参照）。
(2) 影響度という観点からのセグメンテーション
　　コミュニケーションの効率性という観点から，あるグループの購買決定に影響を与える，オピニオンリーダーとそれ以外のコミュニケーションは自ずと異なったものになるだろう。
　　医療用医薬品は，その決定に最も影響力を持つ，オピニオンリーダーである医師へのコミュニケーションが主体となるが，ジェネリック（先発品と同じ効能を持つ，低価格の後発品）については，患者自身も医師への働きかけが可能なので，患者もコミュニケーションのセグメントと

なるだろう。

(3) チャンネル，最終消費者という観点からのセグメンテーション

チャンネルに働きかける（プッシュ），最終消費者に働きかける（プル）でコミュニケーションが異なることはこれまでに説明した（第8章 チャンネルのチャンネルへのサポート参照）。

●ターゲットオーディエンスの分析

コミュニケーションを交わす前に，分析を行う必要がある。

分析例を見てみよう。図9-6の四角がターゲットオーディエンスの全体とする。大きくは商品を知っている人と商品を知らない人に分かれる。知らない人は当然コミュニケーションの対象となる。商品を知っている人は，肯定的な人と，否定的な人に分けられる。否定的な人はコミュニケーションの対象となる。知らない人に対しては知ってもらうことが，否定的な人に対しては肯定させることが，コミュニケーションの内容となる。

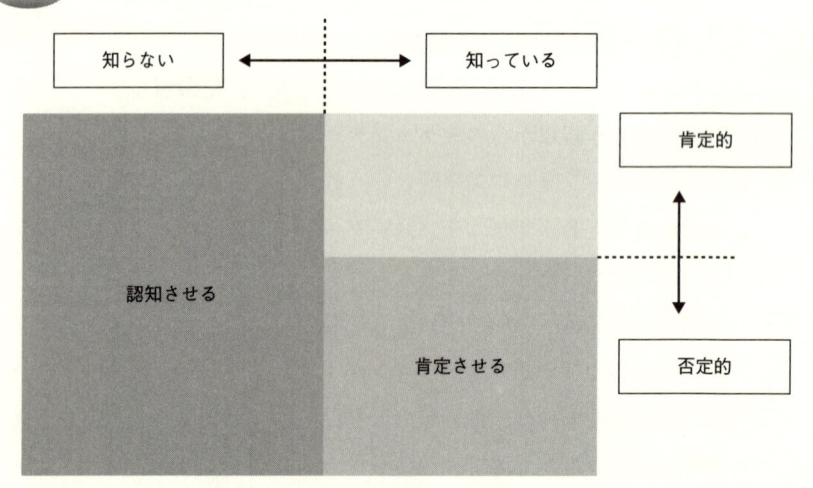

更に詳しい分析例として，イメージアナリシスという方法がある。まず商品イメージのディメンションを洗い出す。レストランであれば①テイスト，②メニューの多さ，③サービス内容，④ロケーションなどはどうか，

図9-6　セグメントの分析

```
知らない  ←→  知っている

                      肯定的
         ┆
認知させる ┆
         ┆
   肯定させる         否定的
```

図9-7　イメージアナリシス

商品イメージのディメンションの設定 ⇒ ディメンションの測定 ⇒ イメージ戦略の樹立

レストラン
- テイスト
- メニュー
- サービス
- ロケーション

（グラフ：横軸 テイスト、メニュー、サービス、ロケーション）
▲ イメージ
● 実態

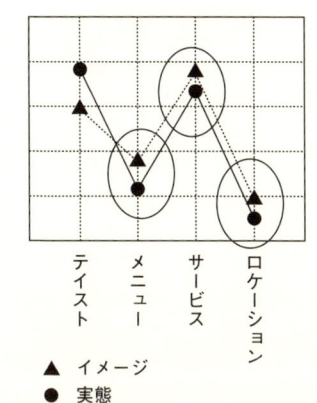

イメージと実態の比較 ⇩ 実態面の改善 ⇩ コミュニケーション

といったディメンションが考えられる。

　次にディメンションの測定を行う。図9-7のようなグラフを描き，テイスト，メニュー，サービス，ロケーションについて，まず，レストラン側が抱いているイメージをプロティングする。次に，顧客リサーチを行い，顧客が実際の評価をプロティングする。その結果，テースト自体はイメージより実際の評価の方が早かったが，メニュー，サービス，ロケーションではイメージより低い評価だったと仮定する。ここで，まず実態面の改善を行う。次に，実態面の改善を消費者に伝えることになる。

3-3　コミュニケーションの目的の設定
● AIDAモデルによるセグメンテーションとコミュニケーションの目的

　ターゲットオーディエンスを分析した後は，コミュニケーションの目的を設定する（図9-4）。自動車販売で考えると，まずテレビ広告やダイレクトメールで新車を認識させる。これだけで気に入ってもらったセグメン

ト，例えばショールームに来場した人に試乗してもらい，他社との競合製品との比較説明を行い，選好してもらう。これは，人的コミュニケーションのうち営業的説明である。さらに，思い切ったディスカウントを提供するなどして，購買まで持って行く。これは，値引きというSPである。最初のテレビ広告で認識さえしなかったセグメント，認識したが好きにはならなかったセグメントに対しては，消費者満足度ナンバーワンといった別のメッセージをさらに送る。

スーパードライが発売された，1987年の商品の特徴，消費者メリットを訴求した「わが国初の辛口ビール」といったポジショニングメッセージは，認識させるというコミュニケーションの目的に主眼が置かれていたと思われる。その後，1993年からの「生ビール売上ナンバーワン」訴求は，「好きにさせる」「選好させる」「買わせる」「最購買させる」という目的にシフトしたコミュニケーションであろう。

● プルとプッシュにおける目的の違い

プルでは，多くの消費者にAIDAモデルに従い，最終消費に至ってもらうのが目的である。プッシュでは，チャンネルに商品を好きになり，売れるという自信を持ってもらい，インセンティブを与えながら最終消費者にプロモーションしてもらうのが目的である。この結果，プルでは広告を中心に続いてSPを展開し，プッシュでは営業，SPが中心となる。

3-4　メッセージのデザイン

メッセージデザインの基礎はポジショニングクライムである。最低限のメッセージとしての，商品の特徴，消費者メリットについての基本的な記述，ブランド名，会社名などの主張である。さらにRies & Trout 的なポジショニングクライムが出来ればベターである。

これを，ターゲットごとの目標に応じてアレンジして，次のステップであるコミュニケーションミックス（手段の組合せ）を念頭に置きながら，メッセージをデザインする。コンテンツと表現手段を考える。これは概ね，図9-8の様

図9-8 メッセージのデザイン　全体図

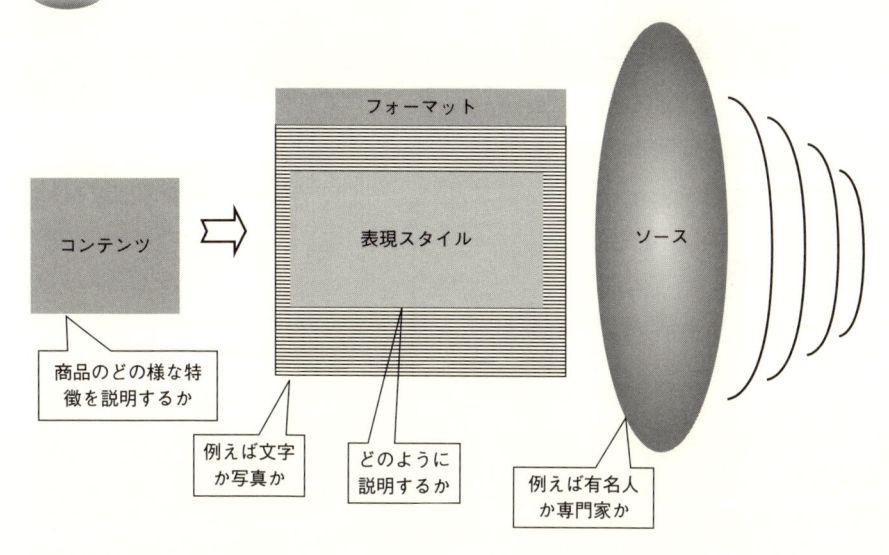

- コンテンツ → フォーマット／表現スタイル → ソース
- 商品のどの様な特徴を説明するか
- 例えば文字か写真か
- どのように説明するか
- 例えば有名人か専門家か

な流れになる。

● コンテンツの作成方法

　消費者の理性に訴える場合と感性に訴える場合についてのコンテンツ作成の基本的考え方が図9-9である。理性に訴える場合，プラス面の商品の品質からマイナス面の商品の価格を考え，その差であるバリューの高さを強調するということになる。感性に訴える場合にもプラス面とマイナス面がある（図9-9）。

● 表現方法のテクニックの一例

　例えば，コンクルージョンドローイングと呼ばれる結論の出し方は，問いかけることにより結論を暗示する方法である。クレジットカードの使用頻度が低い人に対して，それでもクレジットカードを使わないのですかという表現方法で，クレジットカードを使用するメリットを暗示する場合がある。

図9-9 メッセージデザイン　コンテンツ

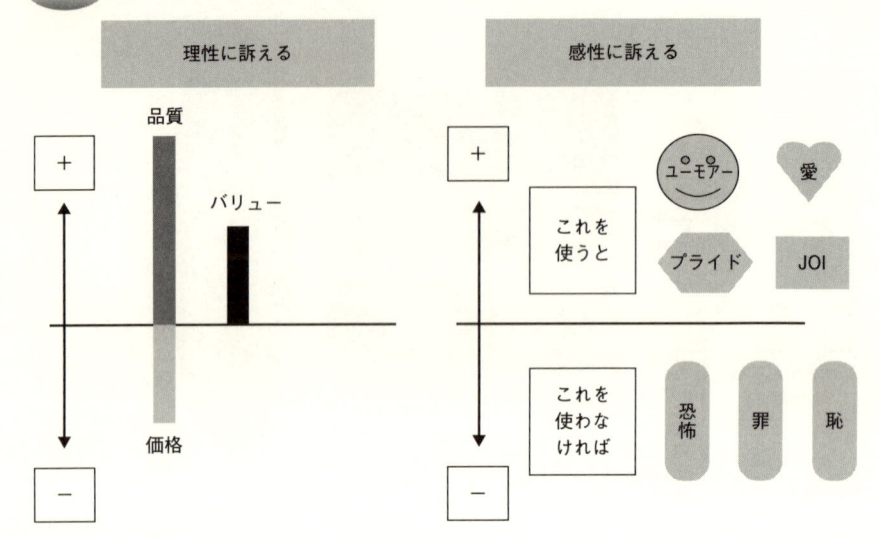

理性に訴える　／　感性に訴える

（品質・バリュー・価格／ユーモア・愛・プライド・JOI・恐怖・罪・恥）

出所：BB&B社 e-ラーニング教材

● メッセージデザインのフォーマット

　フォーマットとは，例えばテレビであれば，人や商品によって表現するといったことである。

● メッセージデザインのソース

　誰が喋るかということで，有名人（インパクトの強さ）か，専門家（信頼性）か，といった観点である。

3-5　コミュニケーションチャンネルの設定

(1) 人によるコミュニケーション

　人的コミュニケーションチャンネルの全体像については図9-10を参照されたい。顧客に最も近いチャンネルとして，家族，友人，隣人，同僚等（社会的チャンネル），会社が積極的に顧客に送り込む人的チャンネル（営業チャンネル），顧客からある程度離れたところで顧客に影響力を持つチャンネル（専門家）がある。

(2) バズマーケティング（Buzz marketing）

　もう1つ重要な人的コミュニケーションチャンネルは，口コミマーケティングと呼ばれる，個々人の口伝えに商品情報を伝えていく方法で，バズマーケティングと呼ばれている。バズとは，人がガヤガヤと騒いでいる状態を表し，噂により商品情報を伝わっていく状態を比喩的に表した言葉である。人によるコミュニケーションのうち，社会的チャンネルによるものと言える。

　バズによる情報伝達は，「情報選択のフィルター」「信念によるフィルター」の問題を克服すると言われている。つまり，社会的チャンネルにおける情報は，マスメディアから発せられる膨大な情報量とは一線を画すので，ノイズとして捉えられない。売り手とは無関係な第三者である消費者の情報なので，あまり懐疑的に捉えないからである。バズ自体は，社会的チャンネル内の現象であるが，これを引き起こす起爆剤となるのは，ある程度影響力のある人物であることが必要である。それは，リーダーであったり，その筋の専門家（オピニオンリーダー）であったりする。この様な，情報の中継地点となるような人たちは「ハブ」（HUB）と呼ばれている。ハブを見つけ出し，人為的に情報を作り出すといったことがバズ成功のポイン

図9-10 人的コミュニケーションチャネルの構造とバズマーケティング

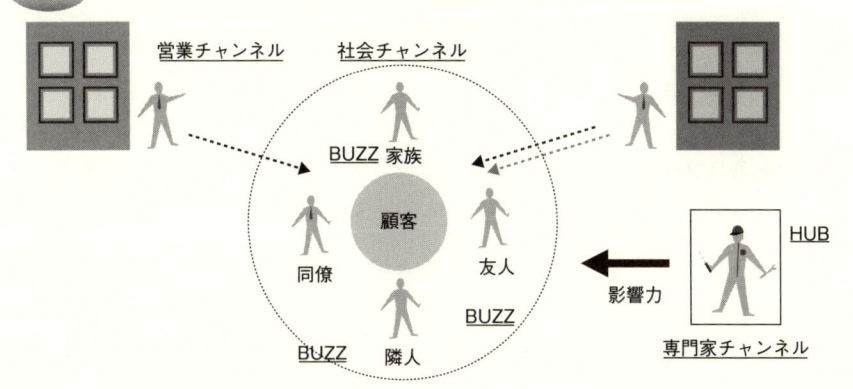

出所：BB&B社 e-ラーニング教材

トとなる。

(3) 人以外のコミュニケーションチャンネル

言うまでもなく，メディアが中心である。さらにイベントがある。イベントは，109前の携帯電話販促キャンペーン，渋谷駅周辺でのフリスクのサンプル配布，サッカーのトヨタカップなど，人を中心としながらも，スピーカー，画面，グッズなどを組み合わせたコミュニケーションの手段である（SP）。

3-6　予算の策定

予算は，B2Bでは売上の5～10％，B2Cでは売上の30～50％等と言われる。一応の目安にはなるが，絶対の基準ではない。売上はプロモーションの結果であって，原因ではないからである。競合の広告費も参考程度で，決定力はない。競合の価格に合理性があるとは限らないのである。

予算の決定は，目的達成費という合理的なプロセスによるべきである。目的達成費では，まずコミュニケーションによって達成すべき目的を定め，必要なタスクを定め，そのためのコストを試算するという手順によることになる。

3-7　コミュニケーションミックスの決定

(1) ミックスの方法

目的を実現するのに，メッセージに応じたプラットフォームのミックス（広告，PR，SP，バズ，営業）を考えることをコミュニケーションミックスという。広告についてはさらにメディアミックスを考えることが必要である。メディアは，①テレビ，②ラジオ，③新聞，④雑誌，⑤屋外，⑥インターネットに分類できる。

各プラットフォームやメディアの特徴（メリット，デメリット）を把握し，さらには商品の特性，マーケットの特性（ビジネスマーケットかコンシューマーマーケットか，マーケットの商品に対する心理状態）などを総合的に考え，予算配分の意思決定を行う。

(2) 各プラットフォームの特徴

　比較の視点は，商品の説明能力，インパクト，即効性，ターゲットとの関連性などである。ターゲットが広いときは，カバレッジが問題となり，絞られているときはそのターゲットにピンポイントに届くかが問題となる（1-2 各プラットフォーム参照）。

(3) 広告における各メディアの特徴

　広告は基本的にカバレッジが広い反面，情報量が限られている。

　インパクトという大きなメリットを持つのが，テレビ，雑誌である。映像，グラフィックスなど感覚に訴えることができるからである。インターネットも，フラッシュ動画などにより，ある程度のグラフィックス性を出せる。情報量の限定がある程度克服されるのが新聞，雑誌である。また，ホームページに誘引するインターネット広告は，ホームページの表現力（文字，動画）次第では，かなりの情報量を提供できる。

　この他ターゲットにピンポイントに届くかどうかについては，テレビ，一般紙は，かなり広い層の読者を対象としているので，無駄が多いといえる。しかし，BSデジタルや，スカパー，WOWWOW，ケーブルテレビといった有料放送では，デモグラフィックな観点や，さらにライフスタイルという観点からもかなりのセグメンテーションが可能になっている。雑誌やラジオは，読者のセグメント（特に，デモグラフィック，ライフスタイル）がかなり特定される。インターネット広告のうち，オプトインメールは，その分野に興味のある読者に情報を提供するもので，ターゲットはかなりピンポイントとなる。

　各メディアのメリット，デメリットについては，図9-11を参照されたい。

(4) 商品の特性

　生産財，最寄品，買回り品，専門品といった製品の種類という視点に加え，商品のライフサイクルという視点が重要である。

　最初に商品の種類で考えると以下のようになる。

図9-11　メッセージのデザイン　全体図

メディア	メリット	デメリット
テレビ	・感覚に訴えるのでインパクトが強い。 ・広いマーケットカバレッジ。	・コストが高い。 ・ターゲットを絞りにくい。 ・情報量が限定されている。
ラジオ	・地理的，デモグラフィックにターゲットを絞りやすい。 ・コストが低い。	・表現力が限定されている（音声のみの表現）。 ・テレビと比べてインパクトが弱い。 ・視聴者が限定されている。
新聞	・ロジカルな説明が可能。 ・期日を指定することができるので，タイムリーな情報を発信することが出来る。	・感覚に訴える表現が困難である。 ・1回限りで破棄されてしまう。 ・コストが比較的高い。
雑誌	・グラフィックス性により，感覚に訴えることができる。 ・デモグラフィック，ライフスタイルによるターゲットを絞り易い。 ・媒体価値が持続する（新聞と比較して）。	・表現力が限定されている。 ・テレビとインパクトが弱い。 ・視聴者が限定されている。
屋外	・地理的なターゲットを絞りやすい。 ・再接触の機会が多い。 ・コストが低い。	・ターゲットを絞りにくい。 ・情報量が限定されている。 ・内容の差し替えを頻繁に行うことができない。
インターネット	・ターゲットを絞り易い。 ・双方向性がある。 ・比較的コストが安い。 ・ホームページとリンクさせ，比較的豊富な情報を提供できる。	・メール広告など迷惑メールのイメージがあり，信頼性が低い。

出所：Philip Kotler, MARKETING MANAGEMENT, 11th EDITION, p.601を参考にBB&B社作成

● 生産財

新しいプラスチック素材を開発したメーカーが，電気メーカーに売り込みをかける様な場合，詳細な説明が必要で，プロモーションをかなり強く出すことが必要である。インパクトの強さ，イメージ喚起能力，カバレッジの広さなどは普通あまり重要でない。それ故，パーソナルセリング，テレマーケティングなどが中心となる。

● 最寄品

消費者についてのメッセージは比較的単純で，広いカバレッジが必要なので，広告が重要である。また，個々の金額が小額なので，実際のお試しを喚起するSPを併用する（プル）。チャンネルに対する，営業,SPを行う（プ

ッシュ)。
- ●買回り品

  消費者に対するメッセージは，最寄品よりは複雑である。カバレッジは広い。従って，広告により広く初期情報を伝える（プル）とともに，チャンネルの説明能力を高める必要がある（プッシュ）。消費者に対しては，SPも補完的に用いることができるが，高額なので，景品などの配布，体験イベントの開催などが行われる（プル）。チャンネルに対しては，SPと共に商品情報を如何に理解してもらうかが重要となる（プッシュ）。

- ●専門品

  ブランド形成のための広告が重要である。高額な商品を購買に結びつけるには，リテーラーのイメージ作り，トークがカギとなる。メーカーサイドとしては，チャンネルに対する営業，SPとともに直営店によるダイレクトマーケティングも視野に入れる必要がある。

- ●商品のライフサイクル

  商品のライフサイクルとは，①新製品の開発後，最初に世に送り出され，②市場に受け入れられて成長し，③成長が止まりピークの状態が暫く続き，④やがて衰退して行く過程，つまり「導入期→成長期→成熟期→衰退期」という順を辿ることになる。

  導入期には，まさにマーケットがその商品情報に始めて接する段階で，AIDAモデルを考えたミックスを考える。成長期にはクチコミによる拡大が期待できる。衰退期には，何とか売上を死守するしかなく，値引きなどSPを行う。衰退期では，情報伝達や，ブランド形成のための広告やPRは影を潜める。

(5) マーケットの特性

産業マーケットかコンシューマーマーケット（B2BかB2Cか）か，マーケットの商品に対する心理状態，マーケットの分散度が問題になる。

- ●B2BかB2Cか

  産業マーケットは，顧客が限定的だが，詳細な説明と説得が必要であり，

かくて営業が第一となる。次に，インセンティブの付与や販売協力であるSPが，特にメーカーの卸や小売に対する取引において重要となる。総じて，営業→SP→広告→PRの順に重要と言われている。これに対して，コンシューマーマーケットでは，何よりカバレッジが優先されるので広告は重要である。しかし，即効性という点では，SPが優れている。総じて，SP→広告→PR→営業の順に重要と言われている。

●マーケットの商品に対する心理状態

AIDAモデルにリピートつまり再購買というプロセスも加えると，図9-12の様になると言われている（リピートはA2で表現されている）。注目させるには，ターゲットに広く知ってもらうため，シンプルな情報を強いインパクトで伝える必要がある。これは広告やPRが得意とする仕事である。さらに，興味を抱かせ，購買意欲を喚起させ，購入まで持って行くためには，詳細な情報，プロモーションを伝える必要があり，営業，SPの出番となる。

図9-12 マーケット特性とコミュニケーションミックス

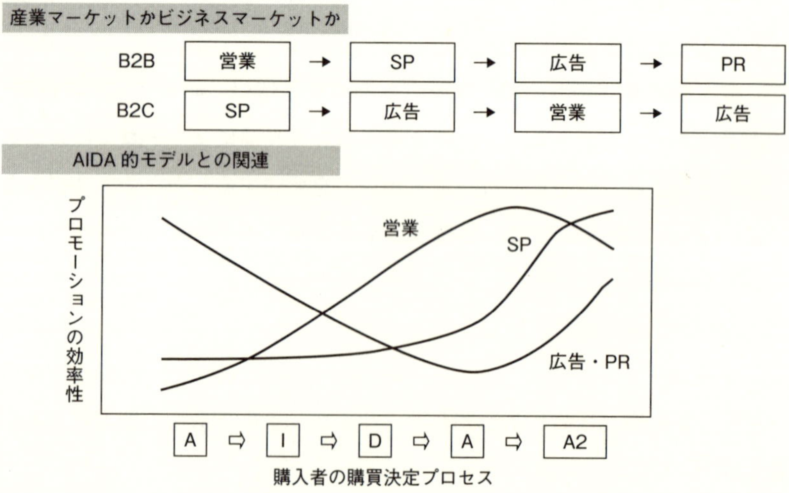

産業マーケットかビジネスマーケットか

B2B	営業	→	SP	→	広告	→	PR
B2C	SP	→	広告	→	営業	→	広告

AIDA的モデルとの関連

縦軸：プロモーションの効率性
曲線：営業，SP，広告・PR
横軸：A ⇨ I ⇨ D ⇨ A ⇨ A2
購入者の購買決定プロセス

出所：Philip Kotler, MARKETING MANAGEMENT, 11th EDITION, p.582

3-8 結果測定

コミュニケーションの効果は最後に測定されることが理想的であるが，大々的に効果測定を実施することは容易でない。そこで，簡易な測定方法として行われるのが，マーケットリサーチの中で行う方法がある。

例えば，最近の飲料の広告をPC画面などで次々と見てもらい，

- この広告を①確かに見た，②見たような気がする，③見た憶えはない
- この広告は，①好き，②どちらとも言えない，③嫌い
- この広告によって，①買う気になった，②どちらとも言えない，③買う気にならなかった
- この広告によって，①製品の特徴がよく分った，②どちらとも言えない，③特徴が伝わって来ない
- この広告で憶えているシーンは，という質問に続き，①ブランド名，②音楽，③女性がこの飲料を飲んでいるシーン，④取れたての果実を使っているという特徴，⑤値段

の該当箇所を選択させる。

一定のサンプル数によるこれらの結果を分析し，他社の広告と比較して，自社の広告は，注目されたか，見る気にさせる広告か，全体として効果のある広告か，特徴，メリット訴求はちゃんと伝わっているといった点を把握することができる。また，これまで飲んだことのあるペットボトル飲料，知っているペットボトル飲料を聞き，最近のペットボトル飲料のコマーシャルで憶えているものを挙げて下さいと質問して，テレビ，新聞，雑誌，屋外といったメディア別に，具体的内容を記入してもらうといった方法もある。これは記述式の質問である。

そして，この様な調査・分析結果に基づいて，現実に放映されたり，掲示されたりしている広告の頻度，規模などを考え，大まかな効果を推定することができる。

第10章　コントロール

　商品を販売した後はコントロールのステージに入る。コントロールとはビジネスの結果をモニターすることである。そして，新たなる計画，戦略に繋がって行く。コントロールは基本的に数字で行う。つまり，年間ベース，四半期ベースで，目標の数値に対して，実績はどうだったかという分析をする。
　①売上を見るもの（売上分析，マーケットシェア分析），②売上に費用も加味して見るもの（費用・売上分析），③売上，費用の比率つまり，利益率などを見るもの（ファイナンシャル分析）という定量的な財務分析に加え，マーケティングの観点から，マーケットの意見を反映する定性的なコントロールが重要である。これを含んだ分析がバランススコアカードである。上記で挙げた各コントロールの共通したプロセスは，①目標設定，②結果の測定，③原因分析，④修正案を出すという流れである。

1. 数値によるコントロール
1-1　売上分析・マーケットシェア分析
　売上高に注目した分析である。自社の売上を単独で考える売上分析と，競合

図10-1　コントロールの種類とプロセス

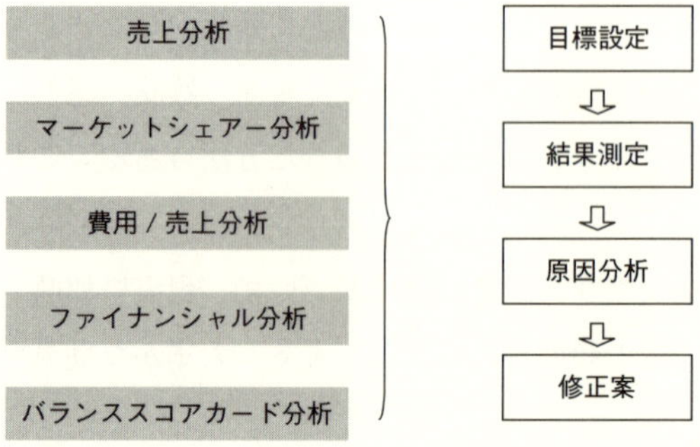

- 売上分析
- マーケットシェアー分析
- 費用／売上分析
- ファイナンシャル分析
- バランススコアカード分析

目標設定
⇩
結果測定
⇩
原因分析
⇩
修正案

BB&B 社作成

を考えた，マーケットシェア分析がある。

●売上分析

価格×ボリュームで弾き出される売上高について，年間計画が達成されたかどうかを見るものである。売上分析をさらに細かく見るのが，マイクロ売上分析で，例えば，特定商品，特定地域について，売上分析を行う。

●マーケットシェア分析

競合と比較した分析である。次に述べるような，様々な視点のマーケットシェアが考えられる。

① 顧客数に関する分析は，対象顧客の何パーセントが自社の顧客か。
② 顧客の忠実度に関する分析は，顧客はどんな割合で自社を選択してくれるか。
③ 顧客の選択特性に関する分析は，顧客の1回あたりの購入量が他社と比べてどうか。
④ 価格に関する分析は，顧客の1回あたりの購入価格が他社と比較してどうか。

図10-2 数値によるコントロール

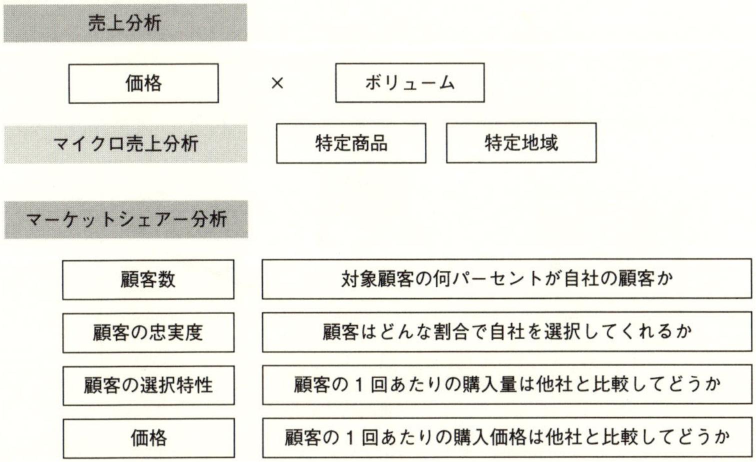

売上分析

| 価格 | × | ボリューム |

マイクロ売上分析

| 特定商品 | 特定地域 |

マーケットシェアー分析

顧客数	対象顧客の何パーセントが自社の顧客か
顧客の忠実度	顧客はどんな割合で自社を選択してくれるか
顧客の選択特性	顧客の1回あたりの購入量は他社と比較してどうか
価格	顧客の1回あたりの購入価格は他社と比較してどうか

BB&B社作成

1-2　費用・売上分析

売上に加え，費用を加味して分析する方法である。費用には様々な費用が考えられる。営業費，広告費，SP費つまりセールスプロモーションの費用，調査費，管理費等である。これらについて，費用・売上モニターを行う。

例としてSP費・売上のモニターを見てみよう。縦軸に売上分のSP費をとり，横軸に時系列をとる。この会社はSP費の上限を12％，下限を6％に設定したとする。

年間を12期に分けると，SP費・売上は，第6期までは，許容範囲内の数値を維持していたが，第7期，第8期では上限を超えた。一方第9期においては一気に下がり，その後また上向きに転じた。ここで，第7期と，第8期についてその原因を分析すべきなのは当然である。それ以外にも，方向性が逆転した第8期から第9期，さらに反転した第9期から第10期にかけても分析すべきである。

図10-3　売上／費用分析

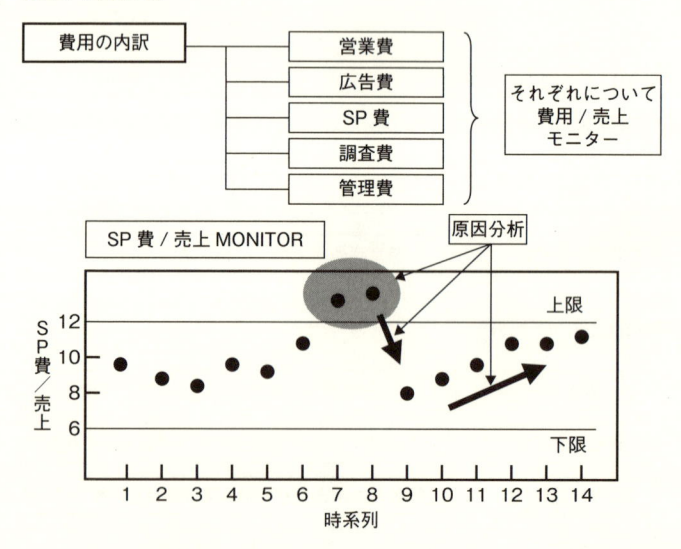

Philip Kotler, MARKETING MANAGEMENT, 11th EDITION, p.687 を参考に作成

1-3 ファイナンシャル分析

　売上，利益，総資産，純資産などの相互関係から会社の活動実績を評価するものである。本来はファイナンスの守備範囲なので，ここでは簡単に分析の例だけ挙げておこう。利益は，1年間，四半期といった期間におけるフローの概念であるのに対して，総資産，純資産はある時点でのストックの概念であることに注意されたい。また，利益には図10-4の如く様々な概念がある。この内，経常利益から特別利益や特別損失を加減した税引前当期純利益を，ここでは利益ととらえておこう。また，純資産は，総資産から負債を差し引いたものである。これらをベースとした，代表的な指標を挙げておこう。

- 売上と純利益の関係→純利益を売上で割る＝利益率
- 純利益と総資産の関係→純利益を総資産で割る＝総資産収益率（ROA）
- 純利益と純資産の関係→純利益を純資産で割る＝純資産収益率（ROE）
- 売上と純資産の関係→売上を純資産で割る＝資産回転率

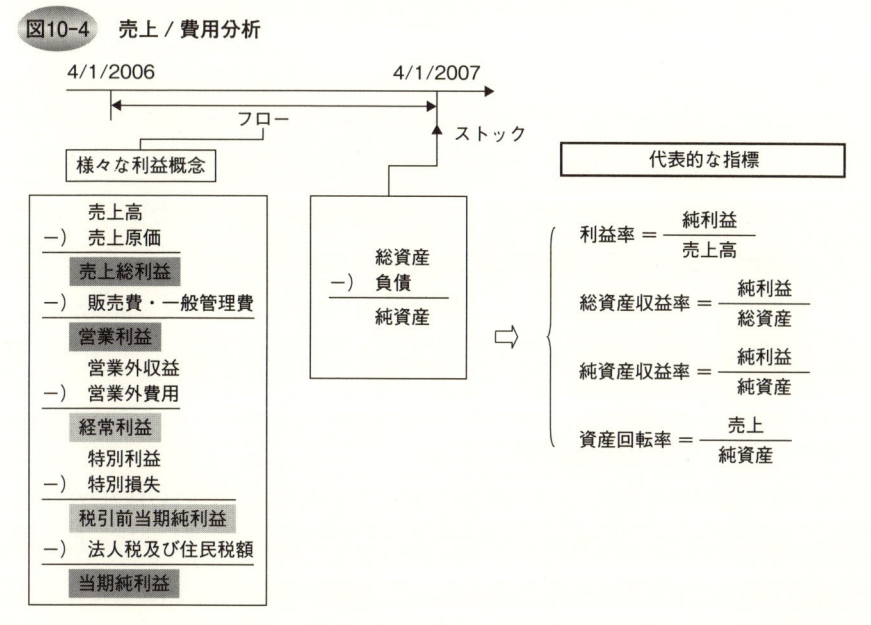

図10-4　売上／費用分析

様々な利益概念:
- 売上高
- －）売上原価
- **売上総利益**
- －）販売費・一般管理費
- **営業利益**
- 営業外収益
- －）営業外費用
- **経常利益**
- 特別利益
- －）特別損失
- **税引前当期純利益**
- －）法人税及び住民税額
- **当期純利益**

ストック：総資産 －）負債 ／ 純資産

代表的な指標：

$$利益率 = \frac{純利益}{売上高}$$

$$総資産収益率 = \frac{純利益}{総資産}$$

$$純資産収益率 = \frac{純利益}{純資産}$$

$$資産回転率 = \frac{売上}{純資産}$$

BB&B 社作成

2. 総合的なコントロール

●総合的なコントロールの必要性

　確かに，財務指標は，過去の一定期間における企業活動のパフォーマンスに対する評価を明確に与えてくれる。しかし，悪い財務指標は，戦略や業務の何かに問題があることは伝えるが，原因について具体的には教えてくれない。根本的な原因を把握し，これを解消する新たな戦略を考えることがコントロールの目的であるので，ここで経営者は，直感的に原因を把握するか，さらに原因究明のリサーチをする必要がある。

　今日の経営環境は複雑であり，めまぐるしく変化している。複雑系を適切に解析し，迅速な修正アクションを起こすことは，経営者にとって至難の技となりつつある。そこで，経営者の判断の基礎資料として，財務指標につながる様々な活動のパフォーマンスを示す指標がさらにあると，経営判断のスピードと質は向上する。経営活動を総合的に判断するのに適した指標とは何か，これについて戦略的に考えられたのがバランススコアカードである。

●バランススコアカード

　バランススコアカード (BCS) は，米ハーバードビジネススクールのRobert S. Kaplan 教授と，経営コンサルタントの David P. Norton 博士によって唱えられたものである。いわば経営各部の指標の総合体，しかも，各指標は最終的な財務指標を起点としてロジカルに配列されている。また，各指標は相互に関連しており，全体として指標がどうバランスするかが重視される。

2-1　総合的な評価指標の内容

　大きく，財務的な視点と，財務以外の視点に分けられ，財務以外の視点はさらに，顧客の視点，内部業務プロセスの視点，イノベーションと学習の視点というインデックスが設けられている。このうち顧客の視点と，内部業務プロセ

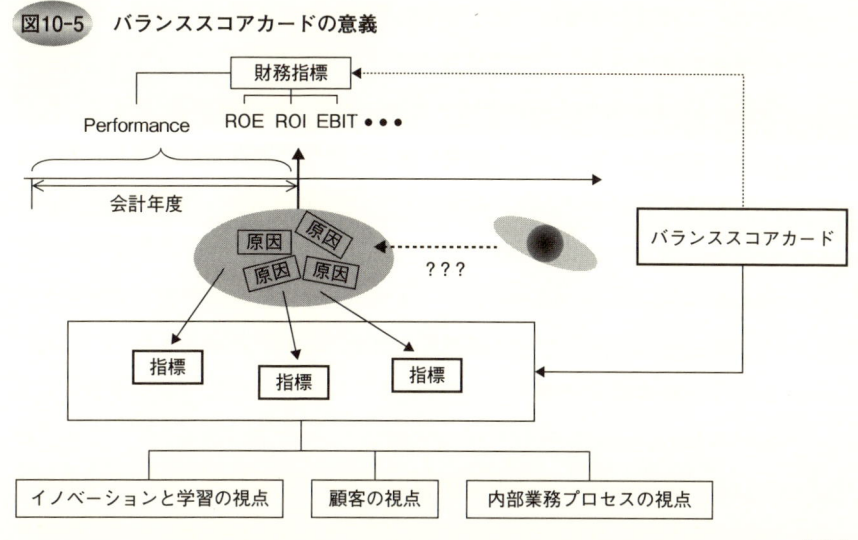

図10-5　バランススコアカードの意義

財務指標
ROE ROI EBIT ・・・

Performance
会計年度

原因 原因 原因 原因 ???

バランススコアカード

指標　指標　指標

イノベーションと学習の視点　顧客の視点　内部業務プロセスの視点

BB&B社作成

スの視点は，現在進行しているビジネスを外面・内面から見た視点である。

　イノベーションと学習とは未来に向かっての視点と位置づけられる。財務の視点は過去の一年，四半期のビジネスパフォーマンスを財務から見た視点である。

　思考の手順としては，①未来に向かった視点で改善や価値向上を図る，②現実のビジネスの中で，業務のプロセスを改善し，顧客の評価を上げる，③これら活動の結果として，利益率の向上といった財務パフォーマンスを成し遂げる，というプロセスになる。そして，各段階でその達成度を示す指標を設定し，戦略ごとに実施していく。

2-2　仮想コンビニ事業の事例

　例えばコンビニチェーンを展開する会社の「新しい商品提案により他社との差別化を図る」という戦略に流れるBCSを作成したものが，図10-5である。

① 学習，イノベーションの視点として，「開発のためのサプライヤーを巻

き込んだ研究会の発足」と「製品開発スタッフの教育，増員」という個別視点が挙げられ，この達成度を表す指標として，『月当り研究会の開催数』『一定の教育を受けたスタッフの数』が掲げられる。
② 内部プロセスの視点には「新開発商品が実際にどれだけ出現したか」という個別視点が挙げられ，指標としては『取扱スタート後3ヶ月以内の新商品の割合』が掲げられる。
③ 顧客の視点，顧客へのバリューとして，「新製品が実際顧客満足をどれだけ向上させたか」という個別視点が挙げられ，指標としては『新製品に対する顧客満足度調査』，あるいは『トータルな顧客満足度調査』が掲げられる。
④ これらの活動を集約する財務的視点として，「売上増」という個別視点が挙げられ，これに対する指標として『売上高』が掲げられる。新製品の開発は差別化戦略，企業の成長性に結びついた戦略であるが，「業務の効率化を図る」というもう一つの戦略について，図10-6の右半分に

図10-6　仮想コンビニエンスストア運営会社のBCSの一例

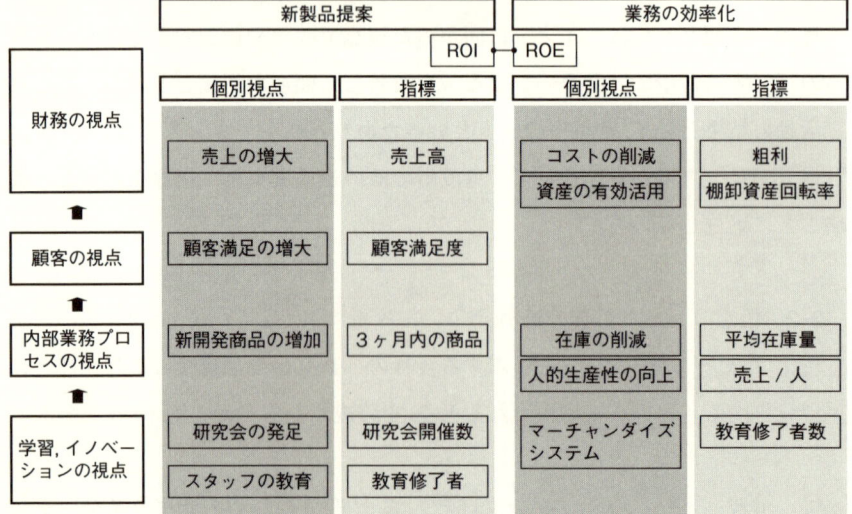

		新製品提案		業務の効率化	
			ROI →	ROE	
		個別視点	指標	個別視点	指標
財務の視点		売上の増大	売上高	コストの削減	粗利
				資産の有効活用	棚卸資産回転率
顧客の視点		顧客満足の増大	顧客満足度		
内部業務プロセスの視点		新開発商品の増加	3ヶ月内の商品	在庫の削減	平均在庫量
				人的生産性の向上	売上/人
学習, イノベーションの視点		研究会の発足	研究会開催数	マーチャンダイズシステム	教育修了者数
		スタッフの教育	教育修了者		

「Harvard Business Review」August 2003（ダイヤモンド社）p.141 等を参考にBB&B社作成

ある様なBCSを描くことができ，この戦略にも学習・イノベーションから始まるBCSの流れを設定する。2つの戦略を統括する財務意表として，ROI（投資利益率），ROE（自己資本利益率）などが掲げられている。

2-3 作成マニュアル

作成方法について，根本からマニュアル化すると，BCSは戦略の存在が前提となり，戦略に先行するものとしてミッションがあるので，①ミッションの設定，②戦略の策定，③各戦略を流れる，4つの視点に基づく重要アクティビティーの設定，④各重要アクティビティーの評価指標の設定，⑤スコアカードの測定，⑥重要アクティビティー，戦略の変更，といった手順で流れることになる。

2-4 BCSのメリット

財務以外の指標を設定することにより，悪い（良い）財務結果をもたらした原因はどこにあるのか，様々なアクティビティーにブレークダウンして明らか

図10-7　BCSの作成手順

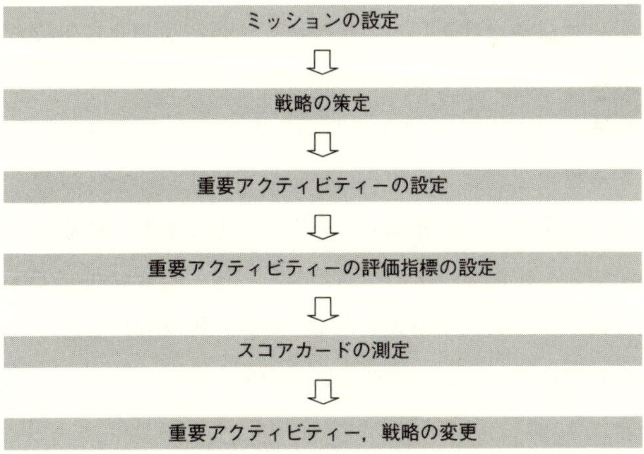

```
        ミッションの設定
            ⇩
         戦略の策定
            ⇩
     重要アクティビティーの設定
            ⇩
  重要アクティビティーの評価指標の設定
            ⇩
       スコアカードの測定
            ⇩
   重要アクティビティー，戦略の変更
```

BB&B社作成

にする。これが最初の目的であったが，これに関連して様々な効果が期待できる。

　一つは，BCSは戦略を測定可能な目標に置き換えるので，トップマネジメントが事業を迅速かつ総合的な視点で見ることが出来ることである。BCSを作成することによって，各業務のパフォーマンスを向上させるためのリエンジニアリング，TQC，社員の個の確立といったプログラムを全体として統合することが出来るのである。

　第二に，BCSにより，社員は抽象的なミッションの実現のために何をすればいいか，その具体的行動を理解できる点が挙げられる。これにより，経営者，マネージャー，一般社員を含めた全員が，組織としてコンセンサスを形成するに至ることになるのである。

　第三は，戦略の検証を定期的に実施することができることである。つまり，戦略は未来に対する一定の仮説に基づいて，ビジネスにこう働きかけようという意思決定であるが，未来は予測どおりに動いてくれるとは限らない。そこでBCSの進捗状況を毎月報告し，リアルタイムな研究で実世界のデータと経験に基づいて戦略を検証することができる。例えば，コンビニエンスストアが素材に拘ったプレミアム店を出すことにより，企業を成長させるという戦略を考えていた場合，この戦略のパフォーマンスを示す指標は高いが，顧客評価はあまり変わらず，利益率は低下しているという結果が現れたとすると，この戦略の変更を余儀なくされることになる。

　最後に，BCSを作成しトータルで見ることにより，成長性と収益性の様に相互に矛盾する指標を調整しながら，部分最適ではなく全体最適を見ることができる。さらに，指標相互の相関分析を行うことにより，直感的には把握できなかった相関関係を把握し，次の戦略である戦術の形成に役立てることも可能になる。例えば，アーカンソー大学がPC業界の統計分析を行ったところ，顧客満足と価格弾力性のマイナスの相関関係が明らかにされた。つまり，顧客満足度の高い会社は，価格競争の影響を受けにくいことが分った。これによると，顧客満足を高める戦術に資源投下しても，やや高めの価格設定で，それ以上の

増収を見込むことができるならば，最終的な財務指標において，利益率の増大をもたらすことが出来るということになる。

応 用 編

第1章　マーケティングにおける最新のトピック

1．マーケティングにおける重点の変化

　米国マーケティング協会（AMA）は 2004 年 8 月，マーケティングの「定義」を改訂した（AMA2004）[1]。今回の 19 年ぶりの改訂では，顧客指向のトレンドがさらに鮮明になっている。再定義された内容は以下のようである。

　マーケティングとは，組織及びそのステークホルダー（利害関係者）に便益を与えるような方法で，顧客に価値を創造，伝達，提供したり，顧客との関係を管理するための，組織機能と一連のプロセスである（長山訳）。

　今回の定義の変更から読み取れることは，より顧客志向になったということと，いかに顧客が認識する「価値」をマーケティング活動において築けるか，いかに顧客のそれぞれの心の中に入り込めるかがポイントとなったことである。
　顧客指向で，顧客の心の中に入るマーケティングが近年の潮流の中で，これ

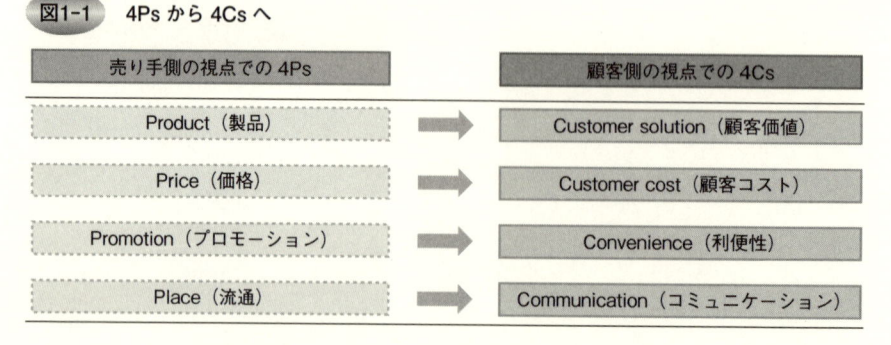

図1-1　4Ps から 4Cs へ

売り手側の視点での 4Ps	顧客側の視点での 4Cs
Product（製品）	Customer solution（顧客価値）
Price（価格）	Customer cost（顧客コスト）
Promotion（プロモーション）	Convenience（利便性）
Place（流通）	Communication（コミュニケーション）

出所：Philip Kotler, Kevin Lane Keller, Marketing management, 12th edition, 2006, p20

までマーケティングミックスでいわれてきた4Pから4Cへ，マーケティングの重点が移行したといわれている。これは，Robert Lauterborn[2]により主張されているもので，これまでの4P（売り手の視点）を重視することから4C（顧客の視点）を主流に考えるべきであるというものである（図1-1）。適切なマーケティングミックスには，顧客側の視点が必要である。

　Marketing management 12th editionは，この版からマーケティングマネージメントの第一人者Philip Kotler氏に加えて，ブランディングの第一人者Kevin Lane Keller氏との共著で出された。この中で, Holistic Marketing[3]（全体論的なマーケティング）が提唱されている。これは，インターネットや携帯電話が登場する中で，市場環境が大きく変化し，これからのマーケティングにはHolistic（全体的な）視点が必要であり，リレーションシップ・マーケティング，統合マーケティング，インターナルマーケティング，社会的責任マーケティングの4つのコンポーネントを包括的に含んだ次元（Dimension）でみるべきということである（図1-2）。統合マーケティングは，顧客に対する統一のある総合的なマーケティングプログラムを提供するものである。リレーションシップ・マーケティングは新規顧客開拓も重要であるが，既存の顧客，チャ

図1-2　ホリスティック・マーケティングの次元

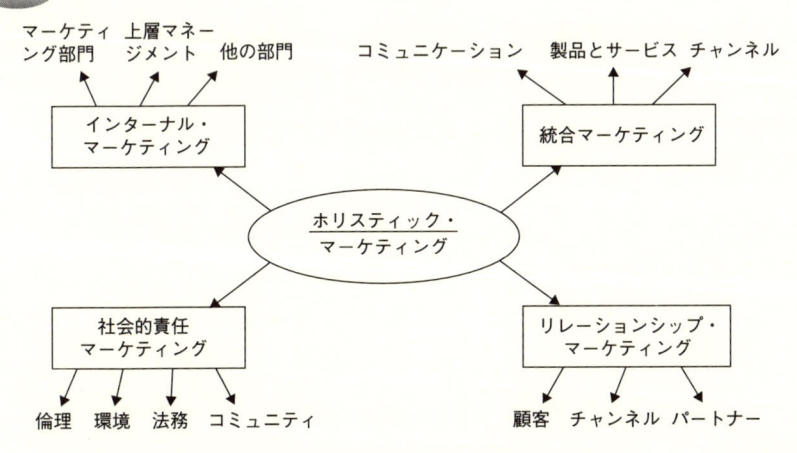

出所：Philip Kotler, Kevin Lane Keller, Marketing management, 12th edition, 2006, p18

ンネル，パートナーとの長期間のお互いに満足のいく関係を重視していくという考えかたである。これからは企業間の競争でなく，マーケティングネットワーク（企業と関係する全ステイクホルダーからなる互恵あるネットワーク）間の競争になるであろうからである。インターナルマーケティングは企業のすべて，特に上級マネージメント層がマーケティングに対する基本方針を持っているということであり，社会的責任マーケティングは長期的な社会的厚生に十分配慮したマーケティングを行うべきということを意味する。つまり，インターネットや携帯電話の急速な普及により市場構造が変化し，より統合的なマーケティングを行う必要があるということになる。

2. 最近の注目トピック

近年，従来の「消費者分析」から「消費者理解」がより必要とされてきている。これまで，パレートの法則にある「上位2割の顧客が売り上げの8割を占める」という経験則に基づいた企業の効率的な行動が，インターネットや携帯電話の普及もあり，これまでのように消費者のニーズを掴めず，行き詰まりを見せてきたことを表している。ここで紹介するコンシューマーインサイトは新しい社会構造の中で，個の顧客の動きをその深層心理から捉え，ターゲットに必要な広告を打つことの重要性を指摘している。ロングテールマーケティングは，個別の顧客の動態的な動きにきめ細かく対応できるインフラ（プラットフォーム）を整備することが，インターネット社会で対応するポイントであることを指摘している。今後は顧客の動向を的確に捉え効果的なマーケティングコミュニケーション戦略を行うことが必須となろう。

2-1　コンシューマインサイト

コンシューマインサイトとは，消費者分析とは違って，消費者の心の奥底を深く洞察することである。米国にはGOT MILK?（ミルク飲んだ？）というカリフォルニア州牛乳加工業者協会（The California Milk Processor Board）のCMがある。1993年からCMが始まり，2006年には急増するスペイン語系

人口の膨張を背景にスペイン語のバージョンまでできている。同CMのいくつかはインターネットでも見ることができ，たくさんのコメディーバージョンがあるが，特徴的なものとして，「ミルクはクッキーやシリアルと一緒に食べるものなのに，ミルクがなくなったらどうしよう」，という状況を作り出し，ミルクがなくなったときに初めてその価値がわかるように，クッキーやシリアルはあるがミルクはない場面によって，消費者に飢餓的な要求を強調した。CM[4]では，いずれもミルクを飲まないと大変なことになる，もしくは飲むと（例え，おじいさんでも）異常なパワーが出ることを表現している。そしてこれらCMの最後には決まって「Got Milk?」という文字がでる。

共通してみられるのは，CMの訴求対象を，これまでのマーケティング対象と一般にとらえられてきたミルクの非ユーザーでなく，既ユーザーとし，彼らの消費者の深層心理に訴えかけることで既ユーザーの消費をさらに拡大させる戦略をとっていることが読みとれる。

2-2 ロングテールマーケティング（The theory of the Long Tail）

ロングテールマーケティングは，米国のWIRED誌の編集長であったCris Anderson氏が2004年10月に，「the Long tail」という記事[5]で紹介したのが始まりであった。これは，売り上げの数量も少ないアイテムが，図1-3のように，右の方向に長く伸びている状態をロングテール（長い尾）とみたものである。オンライン上でビジネスを行うDVDのNetflixや書籍のAmazonは，これまで主流だった店構えをもつBlockbuster VideoやTower Records，そしてBarnes & Nobleとは，異なった収益構造を持ち，売れ筋でないところの収益が大きいということを示している。これまでは，商品販売ではパレートの法則（80対20の法則）が成立するといわれ，2割の在庫アイテムが売上の8割を占めるとされてきた。2割の売れ筋に経営努力を集中することが，固定費を圧縮し，経営効率をあげる企業戦略の要諦とされてきたのである。ところが，MITのErik Brynjolfsson, Yu "Jeffrey" Hu, Michael D. Smith[6]らの研究(2006)によると，実在するリアルな本屋（Brick and mortal stores[7]）では，売れ筋ラ

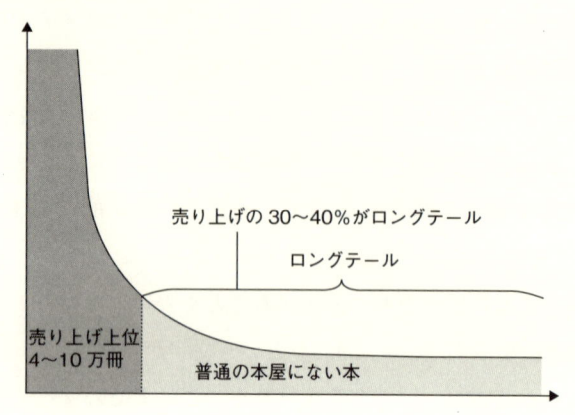

図1-3 Amazon書籍の売上げ分布

売り上げの30〜40％がロングテール
ロングテール
売り上げ上位4〜10万冊
普通の本屋にない本

Brynjolfsson, E. J. Yu, and M. D. Smith.（2006）From Niches to Riches：The Anatony of the Long Tail. より作成

ンキング上位4〜10万のタイトルの本しか扱っていないが，Amazonでは売り上げの30〜40％程度が，普通の本屋に在庫の置いていない販売数量の少ない本からあがっているということである。これはインターネットの検索環境に加え，地価の安いところに広い在庫スペースを確保するビジネスモデルが，成功していることを検証している。ネット販売によって，顧客との距離がほぼなくなるからである。ロングテールに在庫をもつことで，逆に顧客の細かいニーズに対応でき，客の囲い込みを行うことができるのである。

第 2 章　ケース分析

本章では，P&G 社とキリン社の 2 社をケースとして取り上げ，マーケティング戦略上の成功点について，実例をみてみたい。

1. P&G 社のファブリーズ[8]―消費者理解に基づくマーケティング

P&G 社は 1837 年に米国シンシナティで創業され，現在では世界の約 160 カ国で展開している家庭用一般消費財メーカーである。同社は，ブランドマネージメント制度の導入や，マーケティングの分野での先駆者的取り組みで有名な企業である。同社の社是は 'We will provide branded products and services of superior quality and value that improve the lives of the world's consumers（世界の消費者の生活を向上させる，優れた品質と価値を持つ P&G ブランドの製品とサービスの提供）' であり，これまで数々のヒット商品を生み出してきた。同社のブランド創造の手順は，(1) マーケットの理解，(2) 消費者理解，(3) ターゲット消費者の選定，(4) 製品便益・メッセージの選定，(5) 具体的なマーケティング・プランの創造である。

ここでは同社の中の成功事例のひとつとして，エアケア・ブランド「ファブリーズ[9]」の日本導入時およびその後約 3 年間のマーケティングについて取り上げてみたい。

ファブリーズは図 2-1 の通り，スプレータイプと置くタイプのものに分かれ，市場にはスプレータイプの導入が先に行われた。

スプレータイプのファブリーズに代表される布用消臭スプレー市場は，1999 年のファブリーズ全国発売によって創造され，2006 年現在，150 億円程度の市場規模（小売価格ベース）になっている。ファブリーズの導入以前，消費者は「布の消臭」の必要性をあまり認識していなかった。室内用の置き型消臭剤，芳香剤では，それぞれ約 120 億円規模の大きな市場があった。そこで同社は基

図2-1　ファブリーズの全ブランド

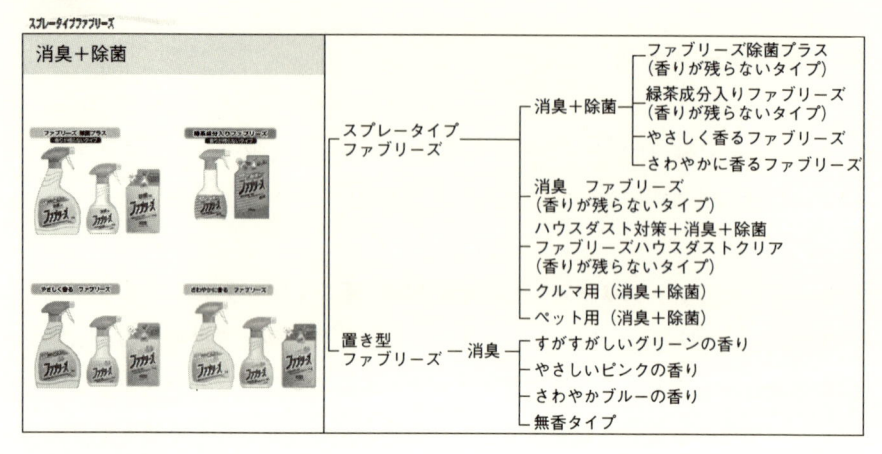

```
スプレータイプファブリーズ

消臭＋除菌
                                    ┌ ファブリーズ除菌プラス
                                    │  （香りが残らないタイプ）
                      ┌ 消臭＋除菌 ──┼ 緑茶成分入りファブリーズ
                      │             │  （香りが残らないタイプ）
                      │             ├ やさしく香るファブリーズ
  スプレータイプ      │             └ さわやかに香るファブリーズ
  ファブリーズ ───────┤
                      │             ┌ 消臭　ファブリーズ
                      │             │  （香りが残らないタイプ）
                      └ 消臭 ───────┼ ハウスダスト対策＋消臭＋除菌
                                    │ ファブリーズハウスダストクリア
                                    │  （香りが残らないタイプ）
                                    ├ クルマ用（消臭＋除菌）
                                    └ ペット用（消臭＋除菌）

  置き型                            ┌ すがすがしいグリーンの香り
  ファブリーズ ─── 消臭 ────────────┼ やさしいピンクの香り
                                    ├ さわやかブルーの香り
                                    └ 無香タイプ
```

資料：P&Gホームページより作成

本方針である「消費者の声を聞く」ことにより，消費者の潜在的なニーズを理解することから始め，以下のフェーズを通じ，市場の拡大を図った。

フェーズ1.【市場導入時】
新規マーケットへの導入。このとき，ターゲットを絞ることで，導入早期に所与のサイズを確保するようにする。

フェーズ2.【製品リポジション時】
消費者の部屋のニオイに対する認知を変え，リポジショニングを行う。

フェーズ3.【製品拡張時】
さらに消費者ニーズを探り，エクイティと一貫性を図りながら隣接カテゴリーへと製品拡張する。

〈フェーズ1〉
　同製品の導入時は，ターゲットとして，喫煙者のいる家庭，ペットのいる家庭，車のニオイが気になる人を対象とし，便益（ポジショニング）は洗いにく

図2-2 ファブリーズ導入前（1998年）の状況

```
           香りつき
              │
    ┌─────────┤部屋をよい香り│
    │         │にする芳香剤   │
    │         │約120億円     │
洗いにくい布──┼──────────空気中
    │         │部屋のニオイを │
    │         │取る消臭剤     │
    │         │約130億円     │
              │
           香りなし
```
出所：P&G

図2-3 ファブリーズ導入後（1999年）の状況

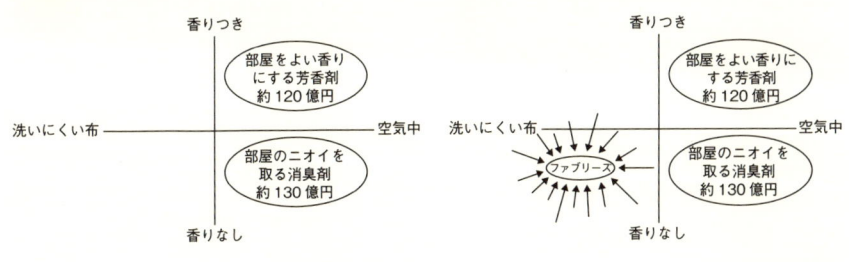

```
           香りつき
              │
    ┌─────────┤部屋をよい香り│
    │         │にする芳香剤   │
    │    ↘↓↙ │約120億円     │
洗いにくい布─→ファブリーズ←─空気中
    │    ↗↑↖ │部屋のニオイを │
    │         │取る消臭剤     │
    │         │約130億円     │
              │
           香りなし
```
注：矢印は顧客
出所：P&G

い布のニオイを取るというものであった。当時，同社が設定したポジショニングマップでは，市場にこれまで「洗いにくい布」を消臭するという製品が存在しなかった（図2-2）。この時点でのファブリーズのCMは，喫煙者のいる家庭，ペットのいる家庭，車のニオイが気になる家庭などの一般の家庭で起きる日常的なニオイの中で，消費者の証言を取るような形にし，ファブリーズを使わなければいけない状況を消費者に想定させるものであった。これにより消費者自らが，ファブリーズを自分の心の中に取り込むメカニズムをつくった。またパッケージは，これまでのトイレ用品や掃除用洗剤との差別化をするため丸いボトル型にして，むしろインテリアの一部として認識してもらうようにした。

ここでのポイントは，洗いにくい布（車内やカーテン，スーツや絨毯など）のニオイを気にしていながらも，「消臭」という根本的な解決ができていなかった消費者に対し，「布に吹きかけて消臭する」解決策を提案し，消臭剤や芳香剤とは全く異なる新規市場を開拓したことにある（図2-3）。

〈フェーズ2〉

この段階では本製品のリポジショニングを行った。リポジショニングにあたって，同社の優れた点は，導入時の「いかにファブリーズの消臭性能がすぐれているか」を訴求したこれまでの手法とは異なり，消費者の深層心理を深く洞察し，「布のニオイが部屋のニオイの原因（だからファブリーズを使おう）」と

いう認知構造を消費者の心の中に確立させる手法をとったことである。消費者の中に「布のニオイが部屋のニオイの原因」という認知が確立すれば，消費者の支持は得られる，という方針から同コンセプトおよび製品の認知の確立に注力した。

　図2-4はニオイの循環構造を図示したものである。ニオイのもとは部屋に拡散し，布にしみ込む。その布からニオイがでてくる。そこで，布のニオイを絶てば，部屋のニオイも取れる。このコンセプトのもと，部屋のニオイが気になる家庭をターゲットとし，同製品のリポジショニングを行った。図2-4の斜線部分は，これまで顧客の中に無意識にあった潜在意識の部分であり，ファブリーズはここに注目，リポジションしたことになる。このため図2-5で表されるように，ファブリーズは布そのものから，空気中に移行するようになる。

　ここでのポイントは，徹底的な消費者理解である。消費者理解とは，消費者の言葉だけを聞くのではなく，言葉にできない「何か」をマーケッターが察知すること，つまり「消費者インサイト」に対する洞察力を踏まえた消費者理解である。実際,「ニオイの循環」というコンセプトは消費者の言葉ではなかった。しかしP&G社のマーケッターは，消費者が言葉にできない「何か」から「ニオイの循環」というコンセプトを発見し，同コンセプトを消費者に調査した。そして消費者に納得してもらえることをマーケティング展開前に確認し，リポ

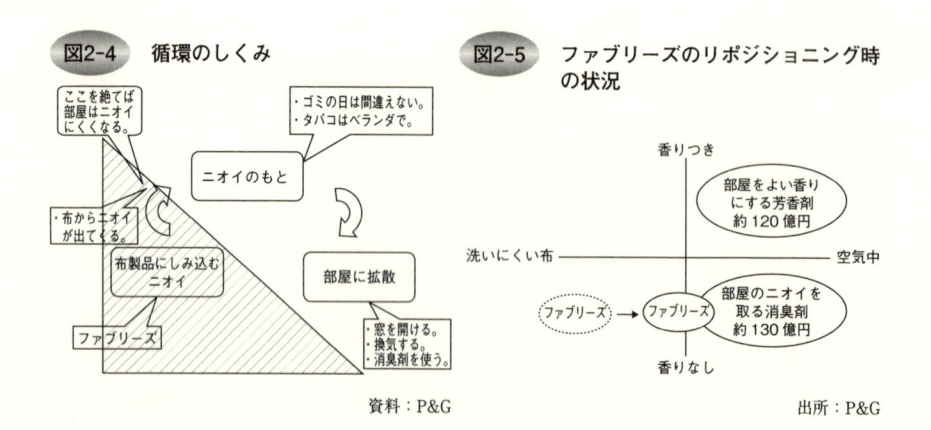

ジショニングを行った。この段階において室内消臭剤の大きな市場に参入したとも言える。

〈フェーズ3〉

このフェーズではニオイを取るだけでなく，いい香りを少し残すという微香性香料を製品に取り入れ，布が動いたときにほのかに香るような，微香性のファブリーズの導入（製品拡張）を行った（図2-6）。ファブリーズの導入前のマーケット環境（消臭剤が約130億円規模，芳香剤が約120億円規模）からも分かるように，約半数の消費者は無香タイプを好むが，残りの半数は，ほのかに香るタイプを好んでいることが，消費者調査から判明した。つまり，この製品のターゲットは部屋のニオイを取るだけでなく，少し香りで演出したい家庭である。この時点のCMはファブリーズを使った後の家で「やさしく香りが残っている」ことを訴求したものであった。

図2-6はファブリーズの製品拡張時の状況を表したものである。製品拡張によって，ファブリーズが下の象現だけでなく，上の象現にも表れたことで，室内芳香剤の市場にも参入したことになる。

ここでのポイントは，消費者の理解を通じ，無香タイプだけでは満たしきれていない消費者ニーズが存在することを察知すること，そして確立している「ニ

図2-6 ファブリーズの製品拡張時の状況

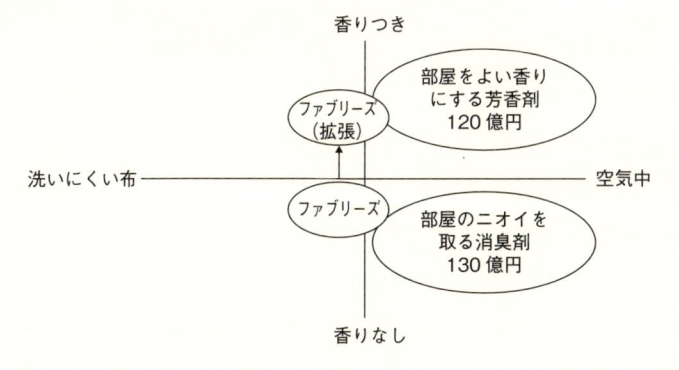

出所：P&G

オイの循環」というコンセプトから逸脱することなく，市場に展開したことである。

P&G社のファブリーズ導入〜拡張までの3つのフェーズにわたるマーケティングから学ぶ大きなポイントは，まず，これまで消費者ニーズが顕在化していなかった「布用消臭スプレー」に対する認知を向上させたこと，次に，「布のニオイが部屋のニオイの原因」という認識構造を消費者の心の中にビルドインし，製品を布用消臭スプレーから室内消臭剤へとリポジショニングしたこと，そして，香りをつけることで製品ブランドを芳香剤へと拡張していったことにある。これらの活動すべてにおいて，消費者の徹底的な理解や洞察があり，消費者が言葉にできない「何か」を潜在的なニーズとしてくみ取ったことも大きい。これはまさにコンシューマー・インサイトの手法の応用であり，消費者のために消費者の心の中に入って洞察（インサイト）し，製品に反映させ，結果的に製品の市場も拡大させることになった。同製品は，同社の企業戦略にある「消費者はボス」という方針を最も具現化した商品のひとつであろう。

2．キリンビール社の「のどごし〈生〉」にみるマーケティング戦略[10]

キリンビール社では，2005年4月に第3のビール・新ジャンルとよばれるキリン「のどごし〈生〉」の発売を開始し，2006年9月には累計販売本数20億本（350ml缶換算）を突破，年間では約2,800万箱の販売実績となり，発売初年度としてはキリンビール社の中でビールの「キリン一番搾り生ビール」や発泡酒の「麒麟淡麗〈生〉」に次ぐ記録的な大ヒット商品になった。

この背景にはキリンビール社の総合力と「のどごし〈生〉」独自のマーケティング戦略があり，キリンビール社の製品開発力・販売力に加え，「のどごし〈生〉」対応の市場調査，ポジショニング，コミュニケーション戦略といった個別マーケティングツールが統合されたことがある。

図2-7は「のどごし〈生〉」の商品コンセプトである。「のどごし〈生〉」では以下の3つのブランドイメージが選択され，製品開発，コミュニケーション戦略などの戦略選定の根幹となることになる。

第2章 ケース分析　211

図2-7 のどごし〈生〉商品コンセプト

◆商品コンセプト案
「気のおけない仲間と，ごくごく飲みたい〈生〉」
〜親しみやすく，理屈抜きにおいしそうな商品〜

◆品質保証
「すっきり」と「うまさ」を両立させた中味に対する自信と期待感

新技術ブラウニング製法により，すっきしたのどごしとしっかりしたうまさを実現したキリンの新・定番

出所：キリンビール社資料

◆味覚：「すっきり」と「うまさ」の両立

◆価値：「皆でワイワイ楽しめる」

◆パーソナリティ：「明るい」「信頼できる」

第3のビールは，ビールと比べ原料を麦芽やホップなどに限定しないアルコ

図2-8 ビール各社課税出荷数量

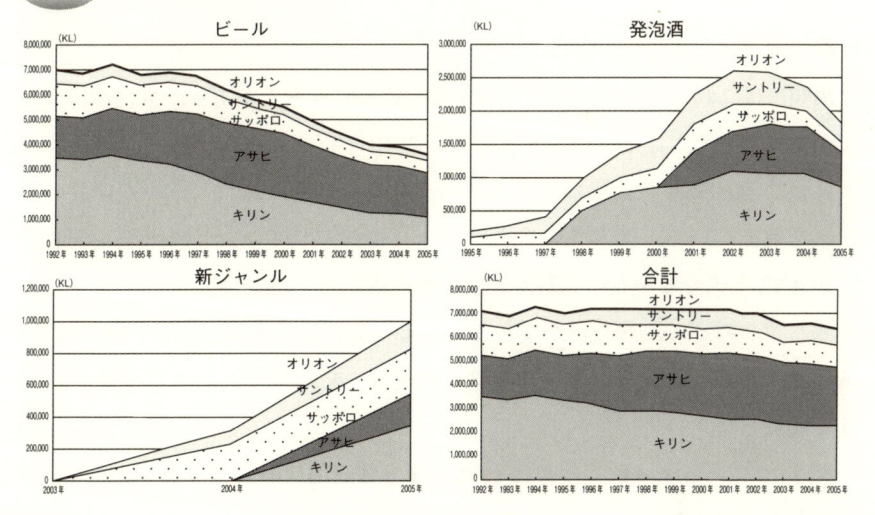

資料：国税庁資料より作成

ール飲料で課税額も低いため，価格も低く抑えられている。このため，家計消費の低迷の中で，図2-8にあるようにビール市場が大きく落ち込み，発泡酒の市場も伸び悩んでいる中で，キリンビール社の売上，業界シェア向上に大きく貢献している商品となっている。

● 「のどごし〈生〉」の開発の方針

キリンビール社では「のどごし〈生〉」を上市するにあたり，発泡酒「淡麗〈生〉」との棲み分けを意識し，「のどごし〈生〉」に対して，発泡酒である「淡麗〈生〉」とはあきらかに異なるマーケティング戦略を用いた。そのため「のどごし〈生〉」の開発にあたっては以下の3つの要件を満たすことが求められた。

(1) 既存の新ジャンル商品とも，「淡麗〈生〉」とも似ていない商品であること（ブランド差異性）。
(2) 単に「安くてうまい」合理的な選択ではなく，「買いたくなる」固有のイメージを持った商品であること（ベネフィット提供）。
(3) メーカーのコミットメントが伝わる商品（下方伸長戦略を成功させる必須要件，企業レバレッジ）であること。

● 酒類市場の変化

酒類にはこれまで，時代時代でもっとも飲まれるものがあり，世代別におおまかにまとめると図2-9のようになる。約10年ごとに周期があり，70年代前半には清酒，80年代前半にはウイスキー，90年代前半にはビールが消費のピークを迎えている。90年も年を追うごとに焼酎，ワイン，リキュールが右肩上がりで，その分ビールの消費が大きく落ち込み，それを発泡酒とその他（2005年から第3のビール含む）が支えているような状況である。特に2005年に大幅に拡大した「新ジャンル」市場は，ビール・発泡酒を合わせた市場の16%まで成長した。

図2-10にあるようにビールは1996年より継続的に消費量が落ち込んでいるが，発泡酒，新ジャンルの投入で，全体の消費量における落ち込みをおさえて

第 2 章　ケース分析　213

図2-9　酒類課税推移

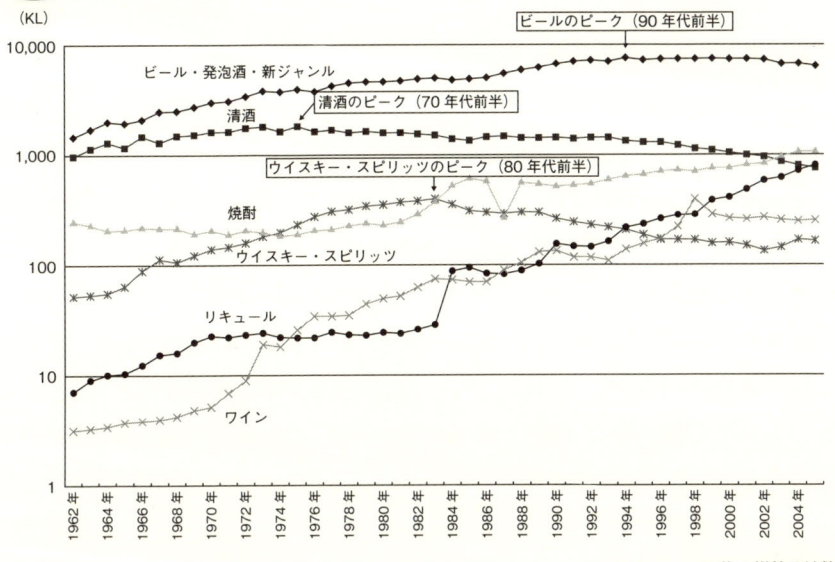

ビール・発泡酒・新ジャンル
清酒
清酒のピーク（70年代前半）
ビールのピーク（90年代前半）
ウイスキー・スピリッツのピーク（80年代前半）
焼酎
ウイスキー・スピリッツ
リキュール
ワイン

注：縦軸は対数
国税庁資料より作成

図2-10　ビール系飲料（大手5社）課税数量の推移

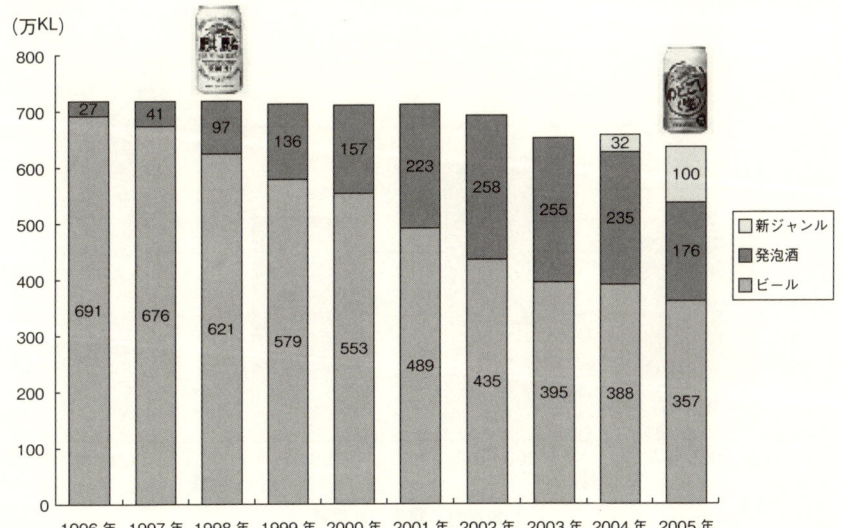

（万KL）

年	ビール	発泡酒	新ジャンル
1996年	691	27	
1997年	676	41	
1998年	621	97	
1999年	579	136	
2000年	553	157	
2001年	489	223	
2002年	435	258	
2003年	395	255	
2004年	388	235	32
2005年	357	176	100

国税庁資料より作成

いる状況である。

●消費者意識の変化とそれを捉えるマーケティング戦略

発泡酒の市場拡大を背景に，消費者の中で，ビール系の飲料についての意識が変わってきたのではないか？という仮説がたてられた。その１つが価格に対する意識である。実勢価格[11]ではビール（「キリンラガー」）207円，発泡酒（「淡麗〈生〉」）で152円するのに対し，第３のビール（「のどごし〈生〉」）は135円と，発泡酒よりさらに安い。キリンビール社の調べによると図2-11のように発泡酒の市場拡大を背景に，顧客の価格に対する意識は急速に高まっているという調査結果が出た。これは「ビール類の商品を選ぶ時に価格を重視しますか」という質問に対し，顧客の価格意識を男性と女性に分けた1,500人のサンプルを元にした，東京で毎年９月に行っている調査結果で，1995年と2004年

図2-11　顧客の価格意識

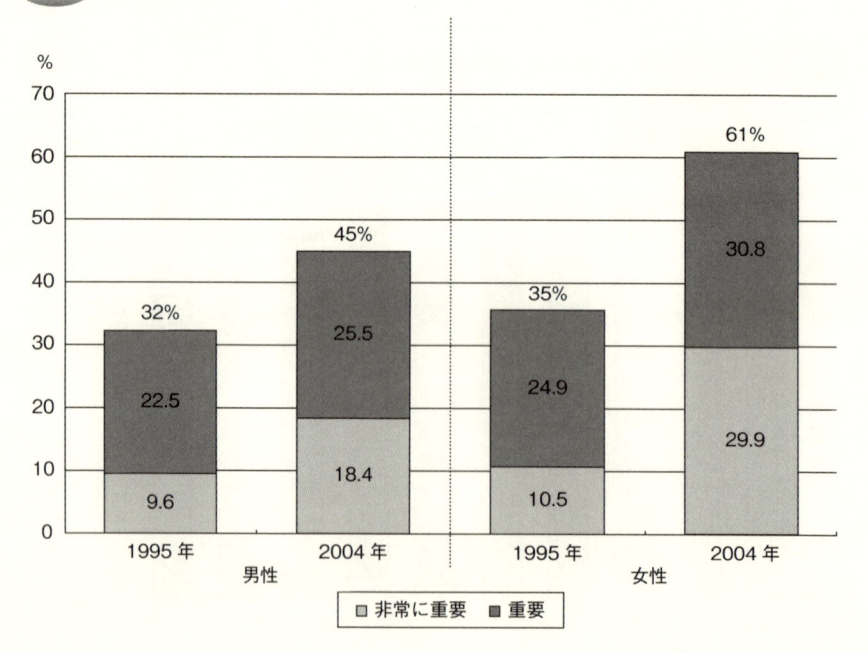

	1995年（男性）	2004年（男性）	1995年（女性）	2004年（女性）
合計	32%	45%	35%	61%
重要	22.5	25.5	24.9	30.8
非常に重要	9.6	18.4	10.5	29.9

出所：キリンビール社調べ

を対比したものである。男性，女性ともに，より価格に敏感な傾向となっている。

またこの価格意識の高まりに加えて，図2-12のように，1995年から2004年にかけての調査では顧客はこれまでの「キレ味」「味わい」といった，ビールが本来持つ属性から，「すっきり」「マイルド」味（＝飲みやすさ）へ顧客の味覚意識（嗜好）が変化していることが確認された。

こうした中で，2004年，市場分析・商品開発を急ぐ一方，参入すべきかどうかについてキリンビール社社内で論議が重ねられた。

この時点において想定されたリスクは以下の3つであった。

(1) 顧客の視点，顧客の価格志向＝低関与を加速するリスク。

図2-12 顧客の味覚意識の変化

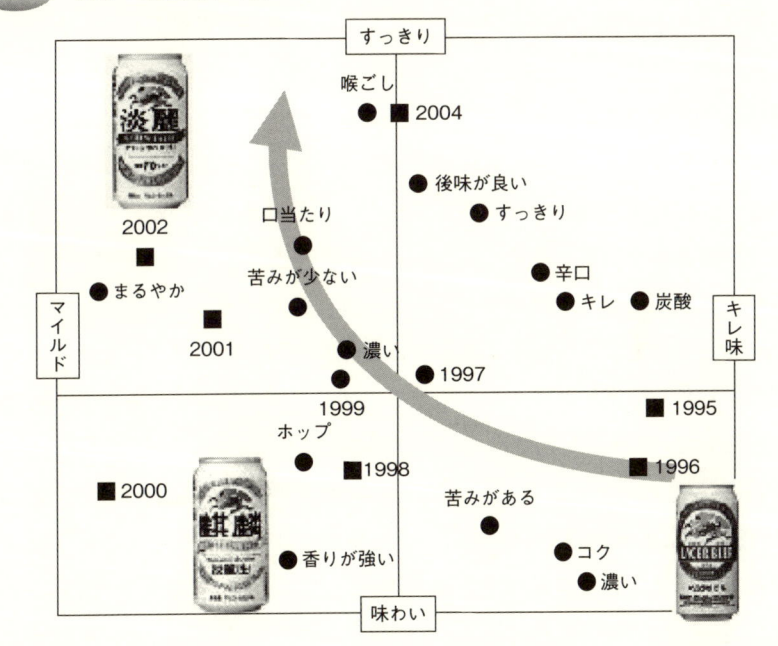

注：因子分析による
出所：キリンビール社資料

(2) 競合の視点，追随により先行ブランドを正当化し，強化するリスク。サッポロビールが2004年に投入した第3のビール「ドラフトワン」(「スッキリした味の新アルコール飲料」) が先行していた。

(3) 商品戦略の視点，発泡酒 No.1 ブランドである「淡麗〈生〉」の弱体化を招くのではないかというリスク。これは市場全体としては，新ジャンルという低価格商品を投入することで，発泡酒とあわせ，ただでさえ全体消費量が落ち込んでいる中で，短期的に販売量を伸ばせても，中長期的にはビール系飲料市場の長期的なシェアダウンにつながるというリスクがあった。

しかしながら顧客ニーズがあり，キリンビール社がそれに十分に応えることができるのであれば，そこに新商品を出すべきとの最終判断が下された。このため新ジャンルにおける No.1 ブランドになるため，キリンビール社らしく，かつ新ジャンルの新しいベネフィットを提案する商品の開発を目指した。

● 新ジャンルのポジショニング―発泡酒との対比において

新ジャンルのポジショニングにあたっては，既存の製品であるビール及び発泡酒とどう相対化するかがまず検討された。これは今までのビールから発泡酒の開発経緯から見ると「新ジャンル」は"ポスト発泡酒"と捉えがちであるが，顧客の受容意識は違うのではないか？という認識である。

ビールから発泡酒を展開する過程では，原料が同じ麦，麦芽のため，消費者の「おいしさ」の基準はビール，発泡酒で同じ尺度で比較されるであろうという仮説を立て，ビールとの対比の中で，発泡酒のポジショニングが考えられた。

発泡酒はビールより55円安い。しかし同じ麦芽を使用している。ならばこの55円の価格差を消費者が自分に「言い訳」をすることができるようなビールにはない属性を付加することが検討された。これらは「飲みやすい」「すっきり」「軽くてよい」「爽快である」「水代わりに飲める」といった発泡酒の属性である。発泡酒の缶のデザインやラベルにおいてもビールでの基本設計をベ

図2-13 顧客ニーズ仮説

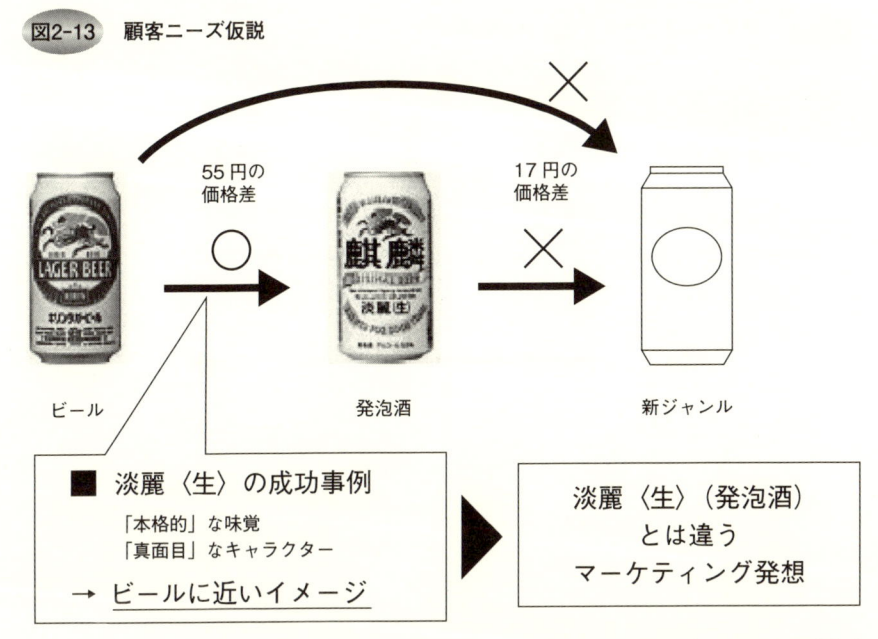

| ビール | 55円の価格差 | 発泡酒 | 17円の価格差 | 新ジャンル |

- 淡麗〈生〉の成功事例
  「本格的」な味覚
  「真面目」なキャラクター
  → ビールに近いイメージ

淡麗〈生〉（発泡酒）とは違うマーケティング発想

出所：キリンビール社資料

ースに行われた。発泡酒の「淡麗〈生〉」のデザインは「キリンラガー」「一番搾り」といったビール主力ブランドと比較的近いものである。これに対し，新ジャンルの「のどごし〈生〉」の位置づけはどうあるべきであろうか？ 実勢価格で発泡酒と新ジャンルは17円程度の価格差があるにすぎない。

このため新ジャンルのポジショニングにあたっては，ビール・発泡酒の差異化戦略でもなく，同質化戦略でもない新たなポジションを取ることが求められた（図2-13）。新ジャンルは麦・麦芽を使っていないため，ビールや発泡酒がもつ麦ならではの苦み，コクはない。このため麦芽系でこれまでビール，発泡酒とすすめてきた延長線上の同質化戦略では消費者に過剰な期待を抱かせてしまい，本格的なビールを本来期待する消費者とのギャップが大きすぎることが予想される。他方，ビールではない飲料であることを強調する差異化戦略では，「すっきり」「軽い」「カジュアル」が強調され，嗜好性も欠如し，物足りないと思われてしまう。

図2-14 新ジャンルのポジショニングの考え方

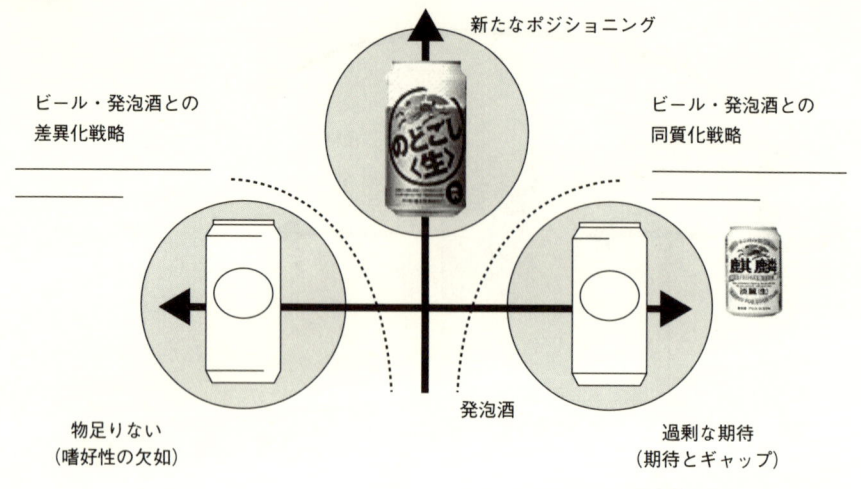

新たなポジショニング

ビール・発泡酒との差異化戦略

ビール・発泡酒との同質化戦略

発泡酒

物足りない
（嗜好性の欠如）

過剰な期待
（期待とギャップ）

出所：キリンビール社資料

　そこで「ビールとは違う原料なのにうまさがある」というコンセプトで，これまでのマーケティング戦略とは全く発想の異なる軸で，ポジショニングを行い，パッケージ，販促，広告を進めることにした（図2-14）。その基本方針は，「顧客に自由に感じ取ることができるようにする」である。顧客が第3のビールに対し「麦芽を使わない新しい飲料」と考えることができ，そこに新しい価値を見出せるということが意識された。例えばパッケージでは，図2-7にあるように，泡や液色では影やグラデーションで立体感をだし，グラスにいれた〈生〉を連想させるリアリティを追求したシンプルで力強いデザインとなっている。これにより顧客は，飲用シーンを思い描くことができる。

●発泡酒・新ジャンルの中のポジショニングにあたっての心理効用モデル
　発泡酒・新ジャンルの中のポジショニングにあたっては図2-15のような心理効用からの分析から投入製品のラインアップが準備された。消費者，ビールの消費者にとっての最も大きな効用は「仕事が終わってからの自分への報酬」である。これに加えて「休息」「至福」「帰属」「元気」「止渇」「開放」といっ

図2-15 新ジャンル・発泡酒における心理効用モデル

淡麗グリーンラベル （爽やかに気持ち良く）　　　　　　　　　　　キリン円熟 （くつろいで味わいながら）

休息 (Relaxing)
開放 (Releasing)
幸福 (Happiness)
報酬 (Rewarding)
止渇 (Refreshing)
帰属 (Belonging)
元気 (Invigorating)

麒麟淡麗〈生〉 （渇いた時にスカッと）

のどごし〈生〉 （皆で楽しく気軽に）

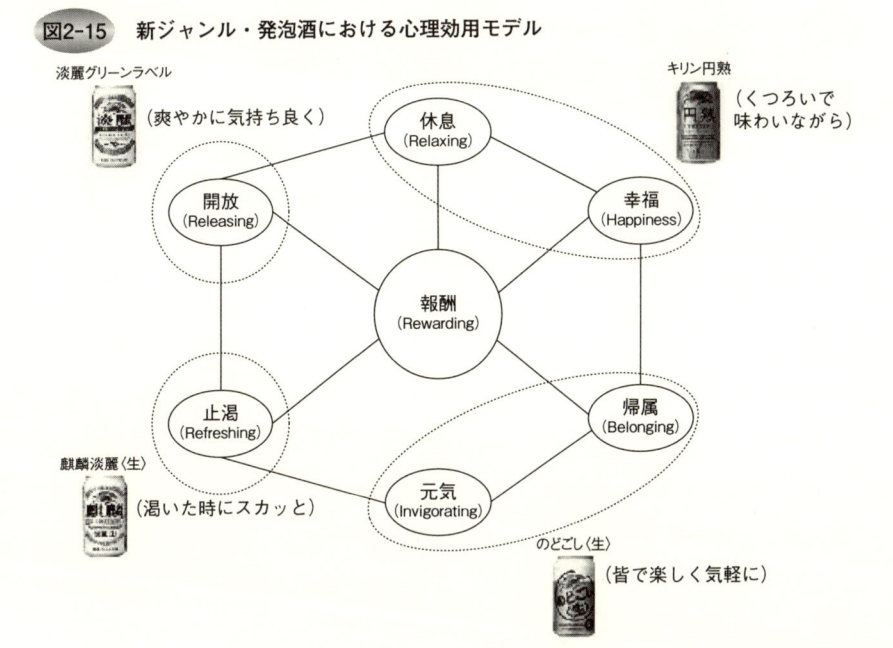

出所：キリンビール社資料

た情緒価値がある。キリンビール社が2006年に1500人の男女に対して行った調査では，1人の顧客が「普段飲んでいる」と認識している銘柄数は，3.78本であることから，1人の消費者の心に中に3～4つの情緒価値の居場所があると想定し，それらをカバーできるようなフォーメーション戦略の最適化がとられた。

● 「のどごし〈生〉」シーズ開発の経緯

新ジャンルにおいては，着色料を使わずに大豆原料本来のうま味を引き出し，ビールと同じ色を出すことが求められた。

発泡酒の先を行くシーズとして，遡ること2000年8月から，麦芽を使わずおいしいアルコール飲料をつくる技術開発が着手されていた。キリンビール社が目指した新しいおいしさとは「すっきりと飲めて，しっかりうまい」という

表2-1 「のどごし〈生〉」の開発略歴

2000 年	◇麦芽を使用しない技術開発に着手
2001 年	◇試験醸造品での消費者調査を実施
2002～2003 年	◇様々なたんぱく素材での試験醸造を継続 大豆ペプチド・コーン・ポテト・エンドウたんぱく等20種類以上の候補から160回を超える試験を繰り返す。
2004 年	◇原料に大豆たんぱくを選定 ◇「ブラウニング製法」(特許出願中) を開発

出所：キリンビール社資料

2つの相反する味わいを両立させることであった。それまでの新ジャンル製品のイメージは「軽くて飲みやすい」「カジュアルな感じ」といったものであった。キリンビール社はビールなどよりカジュアルでありながらも，一方で「うまさ」「飲みごたえがある」などの潜在ニーズもあると仮定し，すっきりした飲みやすさとしっかりしたうまさの両立という，一見相反する味覚の実現に向けて研究が重ねられた[12]（表2-1）。

麦や麦芽を使用しないと，うま味やコクが足りず「すっきり」した味わいだけが目立ってしまう。単にすっきりと飲みやすいだけでなく，すっきりとした味わいの中にもしっかりしたおいしさ（キリンビール社らしい新しいおいしさ）の実現を目指した。

結果，ブラウニング製法を開発し，大豆たんぱくからペプチド・アミノ酸を生成し，糖を加えて加熱することにより，「すっきりとしたのどごし」と「しっかりしたうまさ」の両方を実現するとともに，黄金色の液色を引き出すことに成功した。

● 「のどごし〈生〉」のコミュニケーション戦略

商品カテゴリーごとの購買意志決定によって，購買行動は4つのタイプ（象限）に分類される。低価格で購入頻度が高いたばこやビール類は，図2-16及び図2-17に見られるように消費者のカテゴリーに対する関与度が低く，選択肢間の実質差異が小さい「行動モデル」に分類される。従い，ビール類に対す

るあるべきマーケティング戦略は，ブランドイメージをコミュニケーション戦略により徹底的に顧客に植え付けることにある。キリンビール社の「のどごし〈生〉」では，商品→広告→店頭が直結され，「のどごし〈生〉」のブランドが消費者に間断なく露出される状況がつくられた。

広告では好感度・話題性の高いタレントの山口智充さんを起用したシリーズ広告がブラッシュアップされ，進められた。キリンビール社の営業マンに扮した山口さんが熱くアピールする姿をストーリー仕立てで展開している。これらを通じて，カジュアルで親しみやすく，元気なイメージを伝えるとともに，商品に対する自信と意気込みが伝達された。山口さんは「のどごし〈生〉」への思いを伝える営業マンの代表であると共に共感できる等身大のユーザー（サラリーマン）像である。発売前から予告広告を放映し，話題性を喚起するとともに，発売前後で，5000GRP[13]というかつてない規模のCMを放映したほか，夏の最盛期には，花火篇や，海の家篇などを投入した結果，CMも高い評価を受けることになった[14]。

他方，販促では商品→広告→販促を大規模に連動させて行う戦略がとられ，サンプリングと大規模な店頭陳列活動を実施された。発売時には全国の営業担当者と，キリンコミュニケーションステージ社のマーチャンダイジング担当が

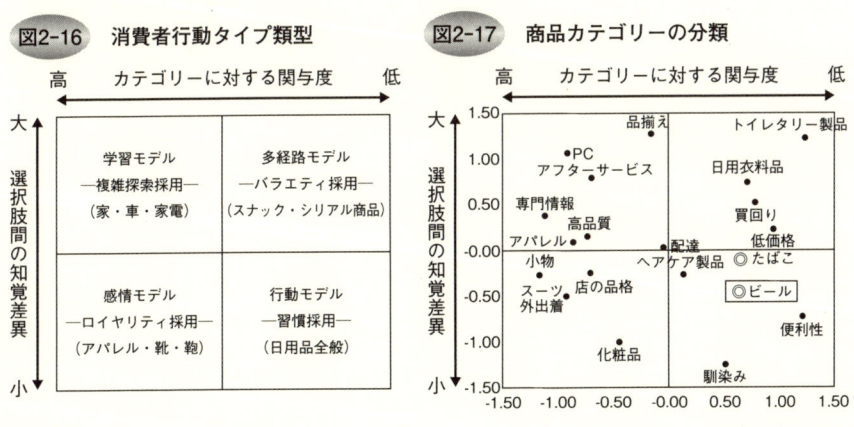

図2-16 消費者行動タイプ類型

	カテゴリーに対する関与度 高	カテゴリーに対する関与度 低
選択肢間の知覚差異 大	学習モデル ―複雑探索採用― （家・車・家電）	多経路モデル ―バラエティ採用― （スナック・シリアル商品）
選択肢間の知覚差異 小	感情モデル ―ロイヤリティ採用― （アパレル・靴・鞄）	行動モデル ―習慣採用― （日用品全般）

図2-17 商品カテゴリーの分類

（散布図：横軸「カテゴリーに対する関与度」高←→低，縦軸「選択肢間の知覚差異」大←→小。プロット項目：品揃え，トイレタリー製品，PC，アフターサービス，日用衣料品，専門情報，買回り，高品質，アパレル，配達，低価格，小物，ヘアケア製品，◎たばこ，スーツ，店の品格，◎ビール，外出着，便性性，化粧品，馴染み）

注：因子分析による
出所：キリンビール社資料

一体となった売り場作りが集中的に行われた。6000店の売り場スペース獲得目標に対し，10000店を上回る量販店舗での売り場獲得が実現した[15]。

　キリンビール社が会社として，第3のビールに対して深くコミットし，同製品に企業が真剣に取り組んでいることは，「のどごし〈生〉」で丸い判子のようなラベルになっていることからも推測される（「淡麗〈生〉」は，ラベルがビールの主力ブランドに近い）。実はこれにはキリンビール社の「太鼓判」の想いが込められている。以上のような，「のどごし〈生〉」に対するコミュニケーション戦略を通じて，キリンビール社に対する躍動感，活力イメージ「元気なキリンビール社」というイメージを消費者にもたせることに成功した（これに対して，ビールの主力ブランドである「一番搾り」「キリンラガー」は本格感，伝統感である）。

　これまでみてきたように，「のどごし〈生〉」では，消費者ニーズの変化，消費者の深層心理を掴んだマーケティング戦略を構築し，その上で，キリンビール社の資源を最大限に投入した製品開発，販促活動が統合的に行われたことが，市場において評価されている要因であるといえよう。

第3章　マーケティングリサーチ実務

　マーケティングリサーチはあくまで，マーケティング戦略を実行するためのツールに過ぎず，適切な戦略の確立を行った上での設計がなによりも重要である。本章ではマーケットリサーチの主な手順と手法の紹介を行う。

1. マーケットリサーチの手順
1-1　調査フロー
　中国の家電市場調査の例をみながら海外でのマーケットリサーチのフローをみてみたい。例えば，昨今，大型液晶テレビが中国で人気があるとする。某家電メーカーが，中国においてどのくらいの大型液晶テレビの市場が望めるか，また，どの地域にどのような商品（画面のインチ，その他機能）を，いくらぐらいの価格レンジで，どのような販売チャネルで投入したらよいかを，検討するとする。その場合は，以下のような手順で調査が行われる。

　①調査全体の設計
　　調査の期間，予算などを考慮しながら，全体のスケジュール，予算配分，アンケート票配布，回収を中国現地機関に委託するか，アンケート票を配布する数と地域等を決める。
　②仮説の構築
　　同メーカーでのこれまでの経験をベースに，文献，インターネットなどの2次データにより，勘所を掴み，現地インタビュー等で，フォーカスを行う。
　③アンケート票の設計
　　日本市場で成功しているテレビが持つ品質・機能，価格の大型液晶テレビが必ずしも中国で売れるとは限らず，取引条件も異なる可能性がある。また，地域によっても消費者の嗜好が異なることが予想され，また所得の低

図3-1 （例）中国家電市場調査の調査フロー

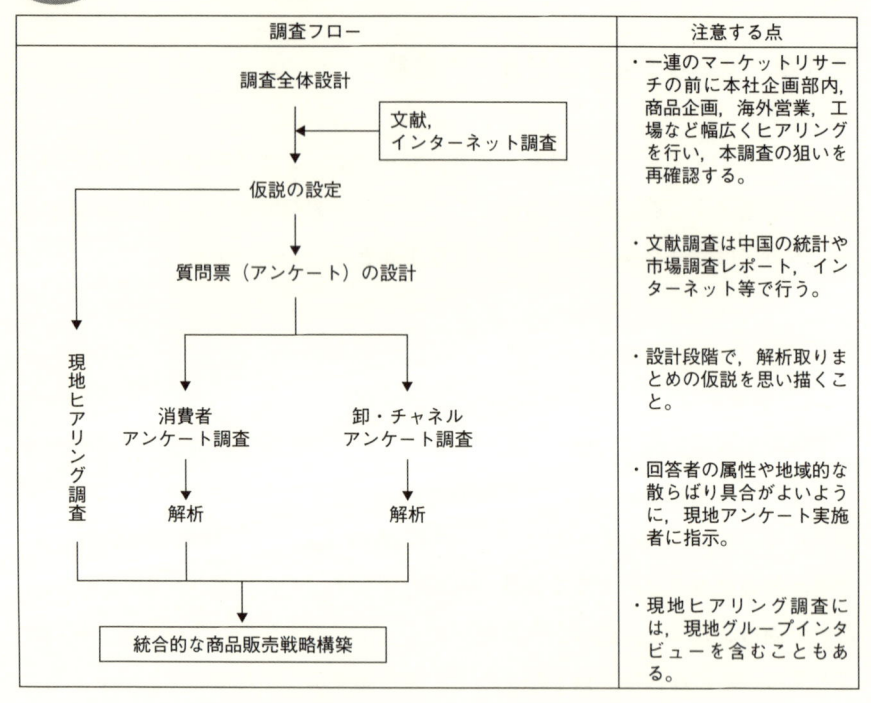

調査フロー	注意する点
調査全体設計 → 文献，インターネット調査 ↓ 仮説の設定 ↓ 質問票（アンケート）の設計 ↓ 消費者アンケート調査 → 解析／卸・チャネルアンケート調査 → 解析 ↓ 統合的な商品販売戦略構築（現地ヒアリング調査）	・一連のマーケットリサーチの前に本社企画部内，商品企画，海外営業，工場など幅広くヒアリングを行い，本調査の狙いを再確認する。 ・文献調査は中国の統計や市場調査レポート，インターネット等で行う。 ・設計段階で，解析取りまとめの仮説を思い描くこと。 ・回答者の属性や地域的な散らばり具合がよいように，現地アンケート実施者に指示。 ・現地ヒアリング調査には，現地グループインタビューを含むこともある。

い内陸地方の農村部の潜在需要が大きい可能性もある。極端な例では，現金収入はないが，羊を多く保有していて，物々交換で購入するということもある。必要によっては，統計データではつかめないこれらの要素も考慮にいれたアンケート票の設計を心がける。

④データの解析

セグメント（地域，所得，職業等の属性）ごとに行い，これらのデータをもとにして，全体的な販売戦略を構築する。流通形態の把握という点から，アンケート調査は，流通業者に行うこともある（図3-1）。

1-2 アンケート

アンケートは，オリジナルな一次情報を収集するという意味で，重要なツー

図3-2　アンケート票の設計方法

調査票の設計	
設問	仮説
Q1 選択肢	
Q2	
Q3	
Q4	

本調査結果の
アウトプットイメージ

（例）
・A国B地域では価格○○○くらいの，△△△の機能を持ったテレビが好まれる。
・購入費は□□□であり，その購入方法はローンが○○○％。現金一括が×××％程度である。
・販路はB地域では△△と××を併用することが望ましい。

ルである。アンケートはプロジェクトのいろいろな段階で活用される。例えば，新商品の機能追加に関するニーズ調査，商品の使用実態調査，広告効果の測定，市場予測，顧客満足度調査など，あらゆる段階で活用される。アンケート調査票の設計の際には，調査結果のアウトプットイメージを念頭において，設問ごとの仮説がどのようにフィットするかを考慮する（図3-2）。

アンケート票作成時の注意事項には以下のようなものがある。

・質問内容を論理的にする。質問は検証すべき仮説を意識してつくる。その仮説をベースに必要なクロス集計をとる。クロス集計は，回答者の属性グループ別の傾向を明らかにするためであるが，すべての属性×属性の分析を行うと作業が膨大になるので，仮説から絞ったほうがよい。また，クロス集計の結果にあわせて，相関分析を行う傾向がより客観的につかめる。
・誘導的な質問はしない（例：ある製品の問題点を質問した後で，その製品の購入意志を聞かない）。
・選択肢の数は6～8つが最大で，かつ，網羅性を持つようにする。
・自由記述は，データ加工が難しい（テキストマイニングという手法もあるが）ので，なるべくカテゴリカルデータにできるような選択肢をつくるようにする。
・日本で行う場合は，謝礼の有無（あると回答率上がる），個人情報保護対応のためのデータ収集（アンケート実施者の基本姿勢と利用目的）についての注意書きを書く。
・アンケートの方法は，訪問留置，郵送，FAX，電話，WEB等がある。それぞれに，回収ベースでのコストが異なる。
・アンケート集計はエクセル，SAS等でも出来るが，SPSSがパッケージソフトとしては比較的よく使われる。
・市場予測を行う場合の質問項目は，商品の年間販売金額が算出できるようにする。普及商品については価格弾力性が予測できる質問項目を工夫する。

1-3 グループインタビュー

　グループインタビュー調査は，新製品の導入や，広告の効果測定，企業の社会的責任（CSR）等におけるマーケティングを成功に導くために，消費者を深く，正確に知る方法である。作業手順としては，(1) 対象者のリクルーティング，(2) インタビュー項目の作成。これにより何を質問し，何を必ず押さえて聞くべきかを考慮し，質問項目を確認する。この段階で想定される回答（仮説）も念頭にいれておく。続いて (3) グループインタビューの実施，(4) 各発言者の取りまとめの順となる。なお，調査の厳正な記録のため，筆記記録とカセットレコーダー等による録音・記録をする場合があるが，それは対象者のリクルーティングの用紙にあらかじめ記載しておく。また，個人の名前や話しの内容等が外部に漏れる心配がないことも明記しておく。

　例えば，図3-3はアイデア段階の新製品の市場導入における質問をグループ

図3-3　（例）新製品の市場導入における主な質問事項

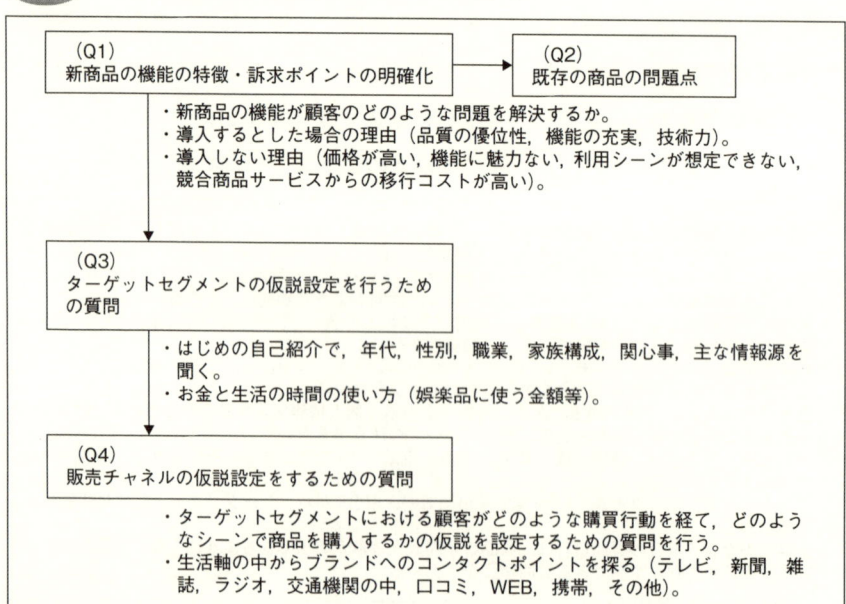

(Q1) 新商品の機能の特徴・訴求ポイントの明確化 → (Q2) 既存の商品の問題点

- 新商品の機能が顧客のどのような問題を解決するか。
- 導入するとした場合の理由（品質の優位性，機能の充実，技術力）。
- 導入しない理由（価格が高い，機能に魅力ない，利用シーンが想定できない，競合商品サービスからの移行コストが高い）。

(Q3) ターゲットセグメントの仮説設定を行うための質問

- はじめの自己紹介で，年代，性別，職業，家族構成，関心事，主な情報源を聞く。
- お金と生活の時間の使い方（娯楽品に使う金額等）。

(Q4) 販売チャネルの仮説設定をするための質問

- ターゲットセグメントにおける顧客がどのような購買行動を経て，どのようなシーンで商品を購入するかの仮説を設定するための質問を行う。
- 生活軸の中からブランドへのコンタクトポイントを探る（テレビ，新聞，雑誌，ラジオ，交通機関の中，口コミ，WEB，携帯，その他）。

注：上記の質問はアンケートの質問項目でもほぼ同じである。

インタビューで行う場合の例である。

2. マーケティングリサーチにおける数量的な手法

　数量解析の一般的な流れは一次データの収集→データの補充，加工→分析用のデータセットの作成となる。以下に主な数量的なマーケティングリサーチ手法を整理した。何を分析するかによって，当然リサーチ手法は異なることになり，適切なものを選ぶことが肝要である（図3-4）。

　重回帰分析と主成分分析の違いは，簡単にいうと，前者は，被説明変数を説明変数で表すが，被説明変数の予測値と実績値のずれが最小になるように式を

図3-4　主な数量的なマーケティングリサーチ手法

モデル名	分析の概要と目的
（重）回帰分析	被説明変数と説明変数の間の相関関係，因果関係を求める場合に使う。説明変数間に相関関係がないことが必要。市場予測等に使う。
順序ロジットモデル	質的選択モデルの一つ。例えばアンケートの回答が，「強く希望する」「どちらかというと希望する」「どちらかというと希望しない」「まったく希望しない」というように，量で表せないデータを順位のある0，1…という質的従属変数に変える。これを被説明変数として，いくつかの説明変数とともに推計式をつくる。
コンジョイント分析	商品力評価や新商品投入に多く使われる。いくつかの属性のある商品を回答者に示し，ランクをつけてもらう。これにより，それぞれの属性が，その選択に影響を与えているかを定量的にみる方法。
判別分析	判別関数を直線か曲線かで推定し，目的とするデータがどちらに属するかを決める。判別的中率等の指標がある（例：犯罪を再び繰り返す人とそうでない人の判別）。
主成分分析	マーケットリサーチから得られた互いに相関のある多数の変数の情報を整理して，互いに無相関な少数の合成変数（主成分）に要約する分析手法。プラント評価やセグメンテーションに使う。
因子分析	マーケットリサーチから得られた情報を元に，現実での相関関係を見つけ，その現実の背景にある共通の因子を探し出し，集約整理，解釈する分析手法（例；主要4教科の背景にある基礎学力という因子）。
クラスター分析	外的基準を設けないで，データの内部構造を分析し，サンプルをいくつかのグループ（クラスターという）に分類する方法。セグメンテーションを行う時に使う顧客をグループ分けするような場合に使う。

図3-5　重回帰分析と主成分分析の違い

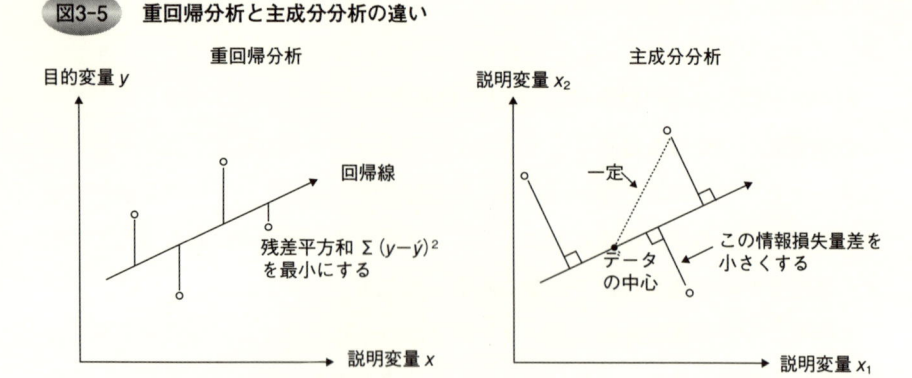

重回帰分析

目的変数 y / 説明変数 x

回帰線

残差平方和 $\sum (y-\hat{y})^2$ を最小にする

主成分分析

説明変数 x_2 / 説明変数 x_1

一定

データの中心

この情報損失量差を小さくする

注：情報の損失量は主成分への垂直の線の長さで表される

導こうというものである（図3-5）。これに対し後者は，説明変数から主成分という変数を合成してつくり，情報損失量を小さくしようというものである。主成分分析では，例えば，ある商品の購買行動をライフスタイルの観点からセグメントしたい場合，いくつかの変数から3〜4つくらいの主成分（例：低コ

図3-6　判別分析

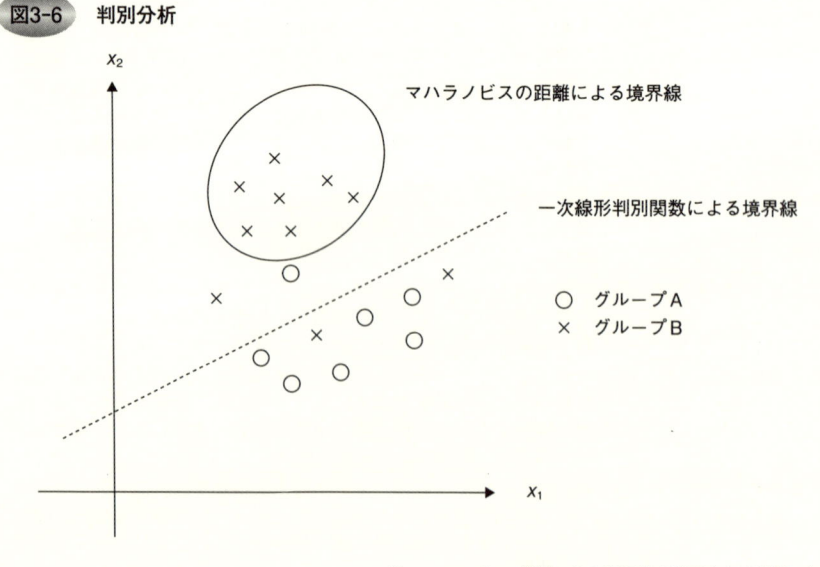

x_2 / x_1

マハラノビスの距離による境界線

一次線形判別関数による境界線

○　グループA
×　グループB

注：マハラビスの距離による境界線は楕円または双線になる

スト志向，ブランド名／ストアロイヤリティ，感情的購買）などをいくつかの識別できる成分に合成する。この合成した名前は分析者がつける。

判別分析は異なった特性をもつグループのサンプルデータがあり，それぞれの分布がわかっているとする。例えば，刑務所に入った人で，犯罪を再び繰り返す人とそうでない人の判別を予測したとする。一次線形もしくは非線形で判別式が想定できれば，今後新たに受刑者がきた場合，再犯の予測をすることができる。グループ間にデータの散らばり具合の違いがあるときは，一次線形でなく，マハラノビスの距離を使う（図3-6）。

3. コンジョイント分析

3-1 コンジョイント分析の理論

コンジョイント分析はマーケティングの他にも計量心理学や，1990年代に至っては，環境，エネルギーの分野における分析でも用いられている。市場にどのような属性の商品を投入するか，もしくは，どのような属性をもった新商品が需要があるかを調べるため，アンケートを用いて，消費者の選好を評価する。

財を，いくつかの属性のプロファイルから成り立っていると見なし，消費者はいくつかの代替案について，全体効用を比較し，それに基づいて比較選択を行うとすれば，コンジョイント分析においては，プロファイルの作成が最も重要である。属性の数や項目は基本的には調査者の判断によるが，属性の数や水準が少なすぎると，十分な結果が得られず，逆に多すぎると，回答が困難になる。属性と水準の組み合わせにおいて，あらゆるパターンを想定すると膨大な組み合わせになり，また属性間に相関があると多重共線性の問題が生じる。このような問題を回避するため，直交計画法により組み合わせを決定する。これにより，すべての組み合わせについて，属性間の相関がゼロになる。属性は重要なものに絞り，有意な差がでるように工夫する。

全体効用は下式のように，いくつかの属性の部分効用の合計と仮定される。アンケート調査等を通じて得られた消費者の代替案の選択順序から，b_{ij} を推

定する。

$$U_j = \sum_{i=1}^{n} b_{ij} = （属性1からの部分効用）+ \cdots +（属性iからの部分効用）\cdots$$

U_j：プロファイル j に対する選好度で全体効用という。

右辺：1つ1つの属性に対する効用（n：属性の数，b_{ij}：代替第 j の属性 i の部分効用）。

3-2　コンジョイント分析の実際

下の例は，某発展途上国で新車を投入する場合，どのような商品をどの地域に投入すべきかについて，簡単なコンジョイント分析を用いた例である。アンケートにおけるコンジョイント分析に関する質問は以下のような表をみせて，選好の順に番号を付けさせるものであった。

$U_j =$（属性：キャブオーバー(C/O)／ボンネット(B/N)からの部分効用）+
　　　（属性：車両の大小からの部分効用）+
　　　（属性：open か close からの部分効用）：$j =$（A〜H：車種）

表3-1は今回の分析に用いる「プロファイル群」である。本ケースでは価格は属性に応じて決定されているものとした[16]。価格が他の属性（例えば，車の大きさ）と相関が高い場合は，価格は明示的に出さないで，他の属性に依存して決まるようにしたほうが回答者の選択において，機能に対する選好を明示させる上でよい。車の写真は実際の投入予定の車の写真を見せる。

コンジョイント分析では，属性とその水準に対応する部分効用，相対重要度が推定される。図3-7は，ユーザートータルでみた選好パラメーター（属性別部分効用値）をプロットしたものである。自動車の持つ属性（ここでは，「キャブオーバーかボンネットか」「大か小か」「open か close か」の3属性）それぞれについて，そこから消費者がどのような効用を得るのかを比較できる。この図で効用値がプラスに大きな値をとっている水準ほど，購入意向も高くな

表3-1 コンジョイント分析に用いる自動車のプロファイル群

プロファイル No.	属性			価格比	車の写真
	キャブオーバー(C/O)/ボンネット(B/N)	大/小	価格比	Open/Close	
1 (A)	C/O	大	1	open	大
2 (B)	B/N	大	1.7	open	大
3 (C)	C/O	小	0.65	open	小
4 (D)	C/O	小	0.78	close	小
5 (E)	C/O	大	2	close	大
6 (F)	B/N	小	0.66	open	小
7 (G)	B/N	小	0.87	close	小
8 (H)	B/N	大	1.3	close	大

欲しい順に,番号をつけさせる。

□ → □ → □ → □ → □ → □ → □

ることを意味する。従って効用値が高い水準を組み合わせて作った商品投入が対象セグメントでは,販売も行いやすくなることが予測される。相対重要度では,回答者が各属性をどの程度重視しているかが示される。

ユーザートータルでみるとキャブオーバー,大きな車,Close が好まれることが分かる。とりわけ,大きな車,Close の効用が高かった。この効用値は地域別,購入者タイプ別(例:政府,民間企業,個人等)に算出することができる。

図3-7 ユーザートータルで見た車両属性別効用値

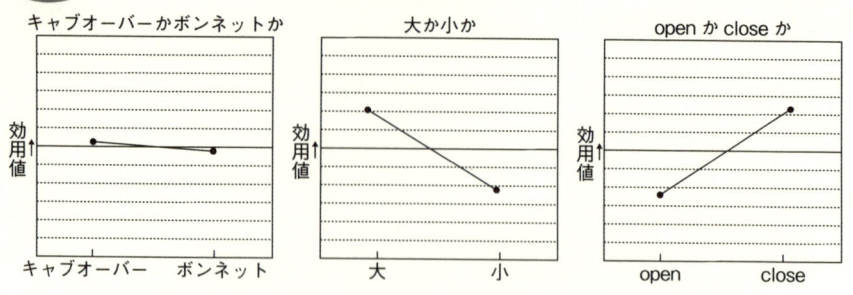

キャブオーバーかボンネットか／大か小か／openかcloseか

このほか，購入者タイプ別や，所得などの属性ごとの各セグメントごとの特性がわかることになり，各セグメントのニーズにあわせてきめ細かな商品投入戦略が必要であることがわかる。

コンジョイント分析では，商品別のシェアの推定や，ある商品の価格だけを変化させて，潜在的シェアがどう変化するかをみることができる。この種のシュミレーションを行うことによって，商品相互間の競合関係についての情報が得られる。

コンジョイント分析ではプロファイルの作成が最も重要であり，属性の数と水準の適正性，サンプル数等を考慮して，慎重に構築する必要がある。通常は，インタビュー調査を十分に行い仮説（試験的なプロファイル）を構築した上で，地域を限定して，アンケートとコンジョイント分析を行い，その結果をみながら，プロファイルの修正を行い，本格的な全国でのコンジョイント分析を行うといった手順を踏んだほうが，確実である。

もう1つの重要な点は，プロファイルを作るにあたり，消費者が無意識のうちに行なっている「絞り込み」をどの程度行なった上で，プロファイルを作れるか，ということにある。本書の例では発展途上国においてどのような車か？という事例であったが，先進国においてはニーズがより細く分かれており，消費者は直感的に車の大きさ，ブランドイメージ，デザイン，評判などで心積りを行なっている。例えば高級車の例では，BMWかベンツかアウディかレクサスか，価格は500〜700万円で，等の絞り込みを行なっているのである。マー

ケティングリサーチではこの段階での絞り込みをうまく行なえば，より顧客価値にあった選択肢を提供できる。これによりコンジョイント分析によるマーケットリサーチの精度も良くなるのである。

4. マーケティングリサーチにおける注意

　マーケティング・リサーチの手法自体は客観的なものではあるが，仮説作りや，結果の解釈には調査者の経験，センス等の主観的な部分が大きく影響する。また，新製品の投入等では，実際は，企業の中では，「この製品」という心積りがあるにも関わらず，その確認（社内決裁）のために，マーケティングリサーチを行うことも多い。このようにマーケティングリサーチにおいては，調査者の裁量に委ねられる部分が大きいため，調査者のしっかりとした方針と心構えが求められよう。

応用編注

1. http://www.marketingpower.com/content24159.php（2006年12月20日参照）
2. Kotler, Philip, Kevin Lane Keller, Marketing management, 12th edition, 2006, p20
3. Kotler, Philip, Kevin Lane Keller, Marketing management, 12th edition, 2006, pp.17-18
4. http://www.gotmilk.com/fun/ads.html（2006年12月20日参照）
5. http://www.wired.com/wired/archive/12.10/tail_pr.html（2006年12月20日参照）
6. Brynjolfsson, E. J. Yu, and M. D. Smith. (2006) From Niches to Riches : The Anatomy of the Long Tail. Forthcoming in Sloan Management Review, Summer 2006, 47, No. 4, pp.67-71.
7. 「ブリック＆モルタル（Brick and Mortal）」をもじって『クリック＆モルタル』（デビッド・S. ポトラック，テリー・ピアース著）という同名の著書があり，インターネット社会における企業文化，経営のありかたを述べている。
8. 本稿は，P&G 社へのインタビュー（2006年10月）をもとに作成した。
9. ファブリーズのネーミングは布（fabric）とさわやかな風（breeze）からきている。
10. 本稿はキリンビール株式会社のインタビュー（2006年12月）をもとに作成した。
11. コンビニエンスストアでの調べ（2006年12月15日）。いずれも350ml。
12. "「キリンのどごし〈生〉」ヒットの軌跡とリニューアルの狙い"（2006年3月プレス資料）。
13. GRP（Gross rating point）延べ視聴率。各回の聴取・視聴率の合計。広告効果の算出に利用する。
14. "「キリンのどごし〈生〉」のヒットを探る"（キリンビール社広報資料）。
15. "「キリンのどごし〈生〉」ヒットの軌跡とリニューアルの狙い"（2006年3月キリンビール社広報資料）。
16. 価格は対価を払うためマイナスの効用として総効用から引く場合もある。この場合は $U_j = \Sigma b_{ij} - a \log P$ となる。価格 P が対数変換されているのは，これによりパラメータ a が価格弾力性になるためである。

出　典

<u>基礎編</u>

Philip Kotler（2003）"Marketing Management" 11th edition, Prentice Hall
Philip Kotler/Kevin Lane Keller（2006）"Marketing Management" 12th edition, Prentice Hall
William O. Bearden/Thomas N. Ingram/Raymond W. LaForge（2004）"Marketing Priciples And Perspectives" McGRAW-HILL
Al Ries/Jack Trout（2001）POSITIONING "The Battle for Your Mind" The 20th Anniversary edition with comments by the authors, McGRAW-HILL
C. Merle Crawford（1991）"New product management" Third edition, IRWIN
George E. Belch & Michael A. Belch（2004）"Advertising and Promotion" IRWIN
Naresh K. Malhotra（2004）"Marketing Research" 4th edition, Prentice Hall

松井康雄（2005）『たかがビール　されどビール　アサヒスーパードライ 18 年目の真実』B&T ブックス　日刊工業新聞社
舘澤貢次（2003）『シャープの「オンリーワン経営」』インデックスコミュニケーション
峰尚如之介（2006）『なぜ，伊右衛門は売れたのか。』すばる舎
長田貴仁（2006）『検証と提言「日本的経営」の可能性　The Panasonic Way』プレジデント社
西村克己（2005）『解明！7 つの謎，49 の秘密　トヨタ力』プレジデント社
ロボート・スレーター／宮本喜一［訳］（2000）『IBM を甦らせた男　ガースナー』日経 BP 社
P. F. ドラッカー／上田惇生［訳］2005『ドラッカー 365 の金言』ダイヤモンド社
ソニー広報センター（1999）『ソニー自叙伝』ワック出版部
西村晃（1999）『アサヒビールの経営戦略　13 年間伸び続けるスーパードライ』たちばな出版
山田泰造（2000）『新生キリンビールの反撃』プレジデント社
島田陽介（2005）『なぜウォルマートは日本で成功しないのか？』カナリア書房
田中陽（2006）『セブン – イレブン　覇者の奥義』日本経済新聞社

"バランス・スコアカードの実学" Harvard Business Review 8.（2003）ダイヤモンド社
"P. コトラーのマーケティング論" Harvard Business Review 2.（2004）ダイヤモンド社
"T. レビットのマーケティング" Harvard Business Review 2.（2004）ダイヤモンド社

"ASAHI NEWS LETTER" No.2004-P-022，アサヒビール株式会社
"アサビビール 会社案内 2006" アサビビール株式会社
"SUNTORY GROUP PFOFILE" サントリー株式会社
"サントリー百年誌" サントリー株式会社
"KIRIN FACT BOOK 2006" キリン株式会社

参照したホームページ

サントリー… http://www.suntory.co.jp/
アサヒビール… http://www.asahibeer.co.jp/
キリンビール… http://www.kirin.co.jp/
サッポロビール… http://www.sapporobeer.jp/
花王… http://www.kao.co.jp/
セブン‐イレブン…
セブンアンドアイホールディングス… http://www.7andi.com/
イオン… http://www.aeon.info/
キヤノン… http://canon.jp/
キングソフト… http://www.kingsoft.jp/
マテル… http://www.mattel.com/index.asp?f=true
「ヱビスブランド戦略」についてのリリース
　http://www.sapporobeer.jp/CGI/news/index.cgi?key=index&seq=977

応用編

Philip Kotler, Kevin Lane Keller（2006）Marketing management 12th edition
和田浩子（2006）『すべては消費者のために‐P&Gのマーケティングで学んだこと』
Davis Dyer, Frederick Dalzell, Rowena Olegario, Rising Tide, Lessons from 165 years of Brand Building at Procter & Gamble, Harvard Business School Press（2004）
Brynjolfsson, E. J. Yu, and M. D. Smith.（2006）From Niches to Riches: The Anatony of the Long Tail. Forthcoming in Sloan Management Review, Summer, Vol.47, No.4, pp 67-71

索　引

あ行

アイダモデル（AIDA モデル） ………………………………… 174
アウトバウンドテレマーケティング（outbound telemarketing） ……………… 140
アソートメント ………………………………………………… 149
アンケート ……………………………………………………… 224
生き残り価格 …………………………………………………… 121
イメージアナリシス …………………………………………… 176
イミテーション商品 …………………………………………… 77
インダストリーコンセプト …………………………………… 64
インタビュー …………………………………………………… 55
インバウンドテレマーケティング（inbound telemarketing） ……………… 141
ウォンツ ………………………………………………………… 80
売上分析 ………………………………………………… 188・190
エンコード化（encode） ……………………………………… 169
オーダープロセシング ………………………………………… 157

か行

外部環境 ………………………………………………………… 24
外部環境分析 ……………………………………………… 26・50
買回品 ……………………………………………………… 138・185
価格 ……………………………………………………………… 115
価格弾力性 ……………………………………………………… 123
価格目的 ………………………………………………………… 121
囲い込み攻撃 …………………………………………………… 75
カスタマイゼーション …………………………………… 82・83
カスタマーバリュー …………………………………………… 117
観察 ……………………………………………………………… 55
企業理念 …………………………………………………… 24・25

経験カーブ …………………………………………………… 128
継続的低価格（everyday low price）…………………… 154
継続的低コスト（everyday low cost）…………………… 154
機能（function）……………………………………… 99・104
競合分析 ……………………………………………………… 63
競争優位の戦略（Competitive strategy）……… 32・42・68・118
クチコミ …………………………………………… 165・168
グループインタビュー …………………………………… 226
クローン商品 ………………………………………………… 76
計画・開発 …………………………………………………… 11
ゲリラ攻撃 …………………………………………………… 76
広告 ………………………………………………… 165・167
小林一三モデル ……………………………………………… 37
コストリーダーシップ（cost leadership）………………… 43
コピー商品 …………………………………………………… 76
コーポレートストラテジー（Corporate strategy）…… 32・33
コミュニケーションプランニング ……………………… 173
コミュニケーションミックス …………………………… 182
コントロール …………………………………………… 11・188
コンセントレーション（Concentration）………………… 33
コンシューマーインサイト ……………………………… 202
コンジョイント分析 ……………………………………… 229

さ行

サプライチェーン …………………………………………… 62
資産回転率 ………………………………………………… 191
システマチックな判断 ……………………………………… 48
実行 …………………………………………………………… 11
実勢価格 …………………………………………………… 130
シミュレイテッドストアテクニック（simulated store technique）…… 58
需要曲線 …………………………………………………… 123
純資産収益率（ROE）…………………………………… 191
シェア最大化 ……………………………………………… 122
ジオグラフィックエクスパンション（Geographic expansion）…… 35

職能別戦略	32・46
ストラテジー	25
ストラテジックゴール	25・28
ストラテジックビジネスユニット（SBU）	33
ストラテジックプランニング	25
差別化	113
差別化戦略（Differentiation）	42・44
正面攻撃	73
セグメンテーション	80・84～85
セグメント	80
属性（attribute）	99・104
セールスプロモーション（SP）	165・167
生産財	184
総合量販店（GMS）	150・154
総資産収益率（ROA）	191
側面攻撃	74
専門品	185
戦略分析	66

た 行

ダイベストメント（Divestment）	42
ダイレクトマーケティング	165・168
多角化（Diversification）	33
ターゲットマーケット	80
ターゲットリターン価格設定	132
単品管理	155
特徴（feature）	99・104
短期利益最大化	121
知覚価値価格設定	133
強み・弱み分析	67
直感的な判断（intuitive）	48
定性分析	54・55
定量分析	54・56
テクノロジー	19～22

デコード化（decode） ………………………………… 169
チームマーチャンダイジング …………………………… 153
チャレンジャー ……………………………………… 69・73
チャンネル …………………………………………… 136
長期平均コスト ……………………………………… 128
ドミナント出店 ……………………………………… 164

な行

内部環境 ……………………………………………… 24
内部環境分析 …………………………………… 27・50・60
ニーズ ………………………………………… 10・11・80
ニッチ ………………………………………………… 82
ニッチ戦略（Niche） ………………………………… 42
ニッチャー ………………………………………… 69・78

は行

バイパス攻撃 ………………………………………… 75
パーソナルセリング ……………………………… 165・168
バズマーケティング（Buzz marketing） …………… 181
バランススコアカード分析 ……………………… 188・192
プロダクションコンセプト ……………………………… 13
プロダクトコンセプト ………………………………… 13
バーゲンパワー ……………………………………… 139
バーティカルインテグレーション（Vertical integration） … 40
ハブ（HUB） ………………………………………… 181
バリュー価格設定 …………………………………… 133
バリューチェーンマネジメント ……………………… 157
ピーアール（PR） ……………………………… 165・167
費用／売上分析 ………………………………… 188・190
ファイナンシャル分析 …………………………… 188・191
フォーカス戦略（Focus） ……………………… 43・44
フォーカスグループインタビュー ……………………… 56
フォロアー ………………………………………… 69・76
プッシュ ………………………………………… 176〜178

プライベートブランド ……………………………………………… 153
プラットフォーム …………………………………………………… 165
プル ……………………………………………………………… 176〜178
フルマーケティング ………………………………………………… 48
フレキシブルマーケティング ……………………………………… 87
プロスアンドコンズ（Pros and cons）………………………… 60・158
分析 …………………………………………………………………… 11・47
平均コスト ………………………………………………………… 126〜128
便益（benefit）……………………………………………………… 99・104
ポジショニング ……………………………………………………… 91
ポジショニングクライム …………………………………………… 113
ポジショニングマップ ……………………………………………… 66・101
ホリゾンタルエクフパンション（Horizontal integration）…… 35
ホールセラー ………………………………………………………… 155
ホリスティックマーケティング（Holistic Marketing）………… 201

ま行

マークアップ価格設定 ……………………………………………… 131
マクロ環境分析 ……………………………………………………… 50
マーケットコンセプト ……………………………………………… 64
マーケティングコンセプト ………………………………………… 13
マーケットターゲティング ………………………………………… 88
マーケット分析 ……………………………………………………… 54
マーケットスキミング ……………………………………………… 122
マーケットシェア分析 ……………………………………………… 188・189
マーケットペネトレーション（Market penetration）…………… 35
マーケットリーダー ………………………………………………… 69
メモリーセル ………………………………………………………… 92
最寄品 ………………………………………………………………… 138・184

ら行

ライズアンドトラウト（Ries & Trout）的ポジショニング ……… 92
利益率 ………………………………………………………………… 191
リスクシェアリング ………………………………………………… 134

リテーラー ……………………………………………………………… 148
リトレンチメント（Retrenchment）…………………………………… 42
リポジショニング ……………………………………………… 98・207
ロジスティック ………………………………………………………… 157
ロングテールマーケティング ………………………………………… 203

株式会社 Business Box & Broadband（BB&B）

住所
〒105-6027
東京都港区虎ノ門4-3-1
城山トラストタワー27階

URL　http://www.ebbb.us

■著者紹介■

河井　年夫（かわい　としお）
慶應義塾大学文学部卒業。キャリア官僚を経て，Peter F. Drucker Graduate School of Management で MBA を取得。その後鹿島建設にて主に新規事業開発を手がける。この間，日本 GIF に出向し，海外超巨大インフラの事業プランニングを担当。その後，Business Box & Broadband を設立し，コンピューターグラフィックスによるマネジメント教育を始める。現在，同社代表取締役。
本書では基礎編の第1章から第10章を担当。

長山　浩章（ながやま　ひろあき）
1988年慶応義塾大学経済学部卒業。同年，株式会社三菱総合研究所入社。1992年エール大学経営大学院（米国）MBA 修了。三菱総合研究所にて，海外事業戦略，国際協力に関わるコンサルティングに従事。
2004年～2005年ケンブリッジ大学（英国）応用経済学部客員研究員。現在，三菱総合研究所より㈶地球環境戦略研究機関に出向中。
福島大学非常勤講師。
本書では応用編を担当。
主な著書・論文に『世界の自由化は今』（共著，㈳日本電気協会新聞部，2004年），
「Effects of regulatory reforms in the electricity supply industry on electricity prices in developing countries」（Energy policy，2007年）等がある。

超図解　ケースで学ぶMBAマーケティング

2007年5月28日　第1刷発行

　　著　者　　河井　年夫
　　　　　　　長山　浩章
　　発行者　　清水　正俊
　　発行所　　シグマベイスキャピタル株式会社
　　　　　　　〒103-0022 東京都中央区日本橋室町1-7-1
　　　　　　　　　　　　　　　　　　　スルガビル8F
　　　　　　　TEL 03(5203)5505　FAX 03(5203)5502
　　　　　　　http://www.sigmabase.co.jp/
　　　　　　　印刷・製本　東京書籍印刷株式会社

Ⓒ2007 Printed in Japan
ISBN978-4-916106-95-7
乱丁・落丁本はお取替えいたします。